Josep Lluís Sert

Editorial Gustavo Gili, S. A.

08029 Barcelona Rosellón, 87-89. Tel. 322 81 61
28006 Madrid Alcántara, 21. Tel. 401 17 02
1064 Buenos Aires Cochabamba, 154-158. Tel. 361 99 98
México, Naucalpan 53050 Valle de Bravo, 21. Tel. 560 60 11
Bogotá Calle 58, N.° 19-12. Tels. 217 69 39 y 235 61 25
Santiago de Chile Vicuña Mackenna, 462. Tel. 222 45 67

josep ll. sert

Jaume Freixa

GG

Traducción/Translation
Graham Thomson

1.ª edición español/inglés: 1989
1.st spanish/english edition: 1989

ISBN: 84-252-1417-3
Depósito Legal: B. 32075-1989
Typeset: Tecfa, S.A. - Barcelona
Printed in Spain by Imprenta Juvenil - Barcelona

Indice

Index

Agradecimientos

Las obras presentadas en este libro han sido realizadas gracias al trabajo en equipo con mis socios y colaboradores. Entre las personas cuya contribución debo reconocer y a quienes expreso mi agradecimiento más sincero están:
Mis antiguos compañeros:
Josep Torres-Clavé, Sixte Illescas y Joan B. Subirana y los otros miembros del G.A.T.E.P.A.C.
En París, Luis Lacasa y Antonio Bonet.
En Nueva York, mis socios de Town Planning Associates Paul Lester Wiener y Paul Schulz.
En América Latina, M. Benacerraf, C. Guinand, F. Carrillo, J. Gaitan, H. Ritter, M. Rodríguez, L. Dorich, C. Arbelaez, F. Ramírez, M. Suito, M. Romañach, A. Iriarte y R. Gutiérrez.
En Cambridge, Massachusetts, mis socios: Huson Jackson, Joseph Zalewski, Paul Krueger, William Lindemueller y Ronald Gourley.
Y mis colaboradores: K. Bastlund, R. B. Brown, R. Campbell, M. Corea, J. Freixa, A. Goodwin, H. Goyette, J. Herold, K. Herdeg, G. Howes, J. Ingwerson, R. Kramer, F. Maki, C. Michaelides, T. A. Monacelli, R. L. Mullin, A. Ozawa, H. Russell, E. Schumacher, D. Schnebli, M. Takeyama, E. Tsoi, G. Tully, J. G. Williams, K. S. Woo.
En Ibiza, R. Torres y A. Ferran.
En Mallorca, A. Juncosa.
En Barcelona, J. Anglada, D. Gelabert, J. M. Fargas y E. Tous.
En Cannes, Cabinet Lizero.
Y en especial Knud Bastlund, gracias a cuya paciente labor la Editorial Artemis, de Zurich, pudo publicar el primer libro sobre mi obra.
Y a Jaume Freixa, que tras nueve años de colaboración conmigo, ha dado cima a la difícil tarea de ampliar el contenido de mi obra, cuyo resultado es esta nueva publicación al alcance de todos, como era mi deseo.

Josep Lluís Sert

Acknowledgements

The projects which this book presents were the outcome of joint work by a team of partners and collaborators. Among the people whose contribution I must call attention to, and to whom I express the most sincere thanks, are:
my former colleagues:
Josep Torres-Clavé, Sixte Illescas and Joan B. Subirana and the other members of G.A.T.E.P.A.C.;
in Paris, Luis Lacasa and Antonio Bonet;
in New York, my partners in Town Planning Associates, Paul Lester Wiener and Paul Schulz;
in Latin America, M. Benacerraf, C. Guinand, F. Carrillo, J. Gaitán, H. Ritter, M. Rodríguez, L. Dorich, C. Arbelaez, F. Ramírez, M. Suito, M. Romañach, A. Iriarte and R. Gutiérrez;
in Cambridge, Massachusetts, my partners Huson Jackson, Joseph Zalewski, Paul Krueger, William Lindemueller and Ronald Gourley; and my collaborators K. Bastlund, R.B. Brown, R. Campbell, M. Corea, J. Freixa, A. Goodwin, H. Goyette, J. Herold, K. Herdeg, G. Howes, J. Ingwerson, R. Kramer, F. Maki, C. Michaelides, T.A. Monacelli, R.L. Mullin, A. Ozawa, H. Russell, E. Schumacher, D. Schnebli, M. Takeyama, E. Tsoi, G. Tully, J.G. Williams, K.S. Woo;
in Ibiza, R. Torres and A. Ferran;
in Mallorca, A. Juncosa;
in Barcelona, J. Anglada, D. Gelabert, J.M. Fargas and E. Tous;
in Cannes, Cabinet Lizero;
and in particular Knud Bastlund, thanks to whose patient labours the publishers Editorial Artemis, of Zurich, were able to produce the first book dealing with my work;
and to Jaume Freixas, who after nine years of working in collaboration with me has brought the difficult task of expanding the content of my work to successful completion with the production of this book, accessible to all, as I wished it should be.

Josep Lluís Sert

1

1937-1939 Etapa formativa. Primeras realizaciones [1]

Durante sus años de estudio en la Escuela Técnica Superior de Arquitectura (1921-1928) Sert, con un grupo de compañeros, organizó un movimiento de protesta contra los métodos de enseñanza imperantes en aquella escuela, basados en la tradición academicista. En un viaje a París adquirió los primeros libros de Le Corbusier: *Vers une architecture, L'Art décoratif aujourd'hui, Urbanisme,* que a su regreso tuvieron un gran impacto entre los estudiantes. Esto desembocó en la constitución de un grupo que quería consagrarse al desarrollo de la arquitectura moderna. Este grupo organizó exposiciones, como la de las Galerías Dalmau, donde se exhibieron los planos del proyecto de «Pueblo de veraneo» en la Costa Brava (véase p. 14). Este mismo grupo invitó a Le Corbusier a dar conferencias en Barcelona, en 1927, tras lo cual Sert fue invitado a trabajar en el *atelier* parisiense de aquel gran arquitecto. Su primer trabajo en el famoso despacho de 35 Rue de Sèvres fue el proyecto del nuevo edificio para la Sociedad de Naciones.
Hacia 1929, el grupo de Barcelona adquirió más cohesión y empezó a definir sus objetivos. Se avecinaban grandes cambios en el país y la nueva arquitectura se aprestaba a simbolizar las aspiraciones a cambios sociales y políticos. El grupo constituido en Barcelona se puso en contacto con otros grupos similares de Madrid y el País Vasco para cons-

1. La mayor parte de este texto está sacado de *A.C. - Documents d'Activitat Contemporània.*

1937-1939 Formative period. First projects[1]

During his years of study at the E.T.S.A., Barcelona's school of architecture (1921-1928), Sert, together with a group of fellow students, organised a movement of protest against the teaching methods in use in the school, rooted in academic tradition. On a trip to Paris Sert had picked up the first books by Le Corbusier – *Vers une architecture, L'Art décoratif aujourd'hui, Urbanisme* – and on his return to Barcelona these made a great impact on his fellow students. The outcome was the setting up of a group which wanted to dedicate itself to the development of modern architecture. The group mounted exhibitions such as the one in the Galerias Dalmau, where the plans of the "Pueblo de veraneo" resort development on the Costa Brava (see p. 14) were put on show. This group also invited Le Corbusier to lecture in Barcelona, in 1927, as a result of which Sert was invited to work in the great architect's Paris studio. His first job in the famous office at 35 Rue de Sèvres was on the project for the new League of Nations building.
Around 1929 the Barcelona group developed a greater cohesion and started to define its objectives. The country was on the threshold of great changes, and the new architecture set out to symbolise the aspirations to social and political transformation. The group established in Barcelona made contact with other similar groups in Madrid and in the Basque Country in order to set up the

1. The greater part of this text has been drawn from the journal *A.C. – Documents d'Activitat Contemporània.*

tituir el G.A.T.E.P.A.C.[2] a nivel nacional y pedir el ingreso en el C.I.R.P.A.C. (Comité International pour la Résolution des Problèmes de l'Architecture Contemporaine), rama ejecutiva de los Congresos Internacionales de Arquitectura Moderna (C.I.A.M.). El grupo de Barcelona G.A.T.C.P.A.C. (Grup d'Arquitectes i Tècnics Catalans per al Progrés de l'Arquitectura Contemporània) abrió un local para sus actividades (véase p. 24) cuya inauguración coincidió con la proclamación —el 14 de abril de 1931— de la República Española y, dentro de ella, del régimen de autonomía para Cataluña. El Gobierno autónomo, entre otros, tenía vastos proyectos de construcciones escolares, hospitalarias y de servicios colectivos. La actividad de los jóvenes arquitectos del G.A.T.C.P.A.C. se orientó hacia estos programas. Durante algunos años los ojos de la vanguardia arquitectónica europea, como lo demuestran las cartas cursadas entre Sert y Le Corbusier, se mantuvieron en tensa expectación ante la posibilidad de que Cataluña y España entera se convirtieran en un modelo a escala reducida de aquella tierra de promisión y experimentación que significó para unos la Unión Soviética de los años veinte.[3]

Al calor del clima de libertades y entusiasmo colectivo que trajo la República, Sert y sus

G.A.T.E.P.A.C.[2] at a national level and to ask to be admitted into the C.I.R.P.A.C. (Comité International pour la Résolution des Problèmes de l'Architecture Contemporaine), the executive branch of the C.I.A.M., the International Congress of Modern Architecture. The Barcelona group, G.A.T.C.P.A.C. (Grup d'Arquitectes i Tècnics Catalans per al Progrés de l'Arquitectura Contemporània), opened its headquarters (see p. 24) on the very day – the 14th of April, 1931 – of the proclamation of the Spanish Republic, and the autonomy for Catalonia which came with it. The autonomous Catalan government had, among other things, had vast projects for the construction of schools, hospitals and community services, and the activities of the young architects in the G.A.T.C.P.A.C. were directed towards these projects. The eyes of the vanguard of European architecture were focussed on Catalonia and Spain as a whole during several years, as the correspondence between Sert and Le Corbusier attests, in eager expectation that they were on the point of creating, on a reduced scale, a model of that land of promise and experimentation which the Soviet Union of the 1920's had been for many.[3]

In the heat of this climate of freedom and collective enthusiasm which the Republic had brought with it, Sert and his fellow architects forged a revival in architecture parallel to that taking place in other branches of the country's culture, and experienced

2. Grupo de Arquitectos y Técnicos Españoles para el Progreso de la Arquitectura Contemporánea.

2. A coalition of Spanish architects and technicians in defence of contemporary architecture.

3. E. Donato, «Sert: 1929-1953», en *Cuadernos de Arquitectura,* n.° 93.

3. E. Donato, "Sert: 1929-1953", in *Cuadernos de Arquitectura,* no. 93.

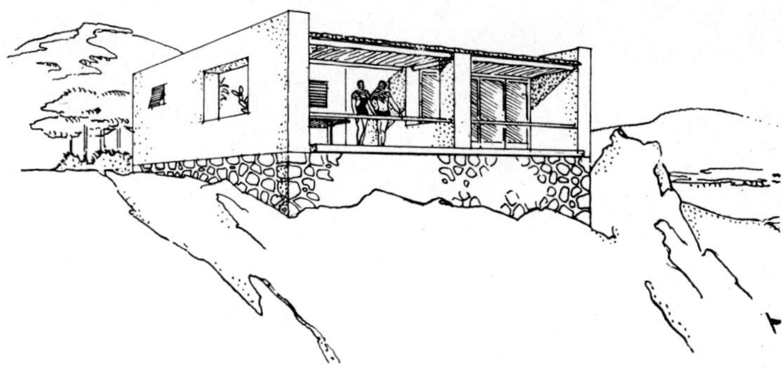

compañeros protagonizaron un resurgimiento en la arquitectura, paralelo al que el país conocía en otros ámbitos de la cultura, y vivieron la increíble posibilidad de ver traducido el nuevo credo arquitectónico en programa de acción gubernativa.[4] La siguiente declaración de principios puede servir de muestra de la ideología del G.A.T.E.P.A.C.:

«La arquitectura del pasado, los estilos históricos, no han sido el resultado de caprichos o fantasías. Eran la expresión de las características profundas de sus diferentes períodos y regiones, reflejaban la estructura social, los métodos de construcción, el empleo de materiales apropiados, las condiciones económicas y las aspiraciones espirituales.
»Nuestra época está caracterizada por un movimiento universal de renovación. Están apareciendo nuevas estructuras sociales. La sociedad moderna va siendo regida por las necesidades colectivas que tienden a uniformizarse a medida que los países alcanzan cierto grado de desarrollo. Estas demandas afectan a las fábricas, las escuelas, los centros deportivos, las viviendas, los centros cívicos, los medios de transporte, el tráfico y el urbanismo. Los nuevos procedimientos técnicos y los nuevos materiales se conocen perfectamente hoy en día entre nosotros. Debemos adoptar estos procedimientos y materiales en nuestros proyectos. La estructura

4. E. Donato, «Sert: 1929-1953», en *Cuadernos de Arquitectura,* n.° 93.

the miracle of seeing the new architectural principles converted into governmental plans of action.[4] The following declaration of faith may be taken as an indication of the G.A.T.E.P.A.C. ideology:

"The architecture of the past, the historical styles, was not the product of whims or fancies. Those styles were the expression of the profound character of a particular period and a particular region, reflecting the social organization, the methods of construction, the particular materials used, economic conditions and spiritual aspirations.
"Our era is characterised by a universal movement of renewal. New social structures are emerging. More and more, modern society is governed by collective needs which tend towards greater uniformity in proportion to the degree of development of the countries involved. These criteria will apply to factories, schools, sports centres, housing, civic centres, transport, traffic and urban design. The new technical processes and the new materials are perfectly familiar to us today. We must adopt these processes and materials in our projects. The structure of a building will be modified according to the materials used in its construction.
"Economic considerations call for rapid construction methods, and industry is capable of meeting these requirements with the mass production of elements and types. We are on the threshold of a new spirit, a new way of living, tending to the eradication of customs and traditions. In order to become more

4 E. Donato, «Sert: 1929-1953», in *Cuadernos de Arquitectura,* n.° 93.

de un edificio se modifica según los materiales utilizados.
Las condiciones económicas reclaman métodos de montaje rápido. La industria es capaz de responder a tales necesidades mediante la producción en serie de elementos y tipos. Estamos ante el umbral de un espíritu nuevo, una nueva manera de vivir tendente a la anulación de las costumbres y tradiciones. Para volverse más universal la arquitectura contemporánea debería configurarse de acuerdo con estos cambios.
»Aplicar hoy en día los estilos históricos equivale a perpetuar las condiciones del pasado y negar nuestra época. En los estilos locales o regionales sólo son permanentes los factores relacionados con el clima. Las tradiciones locales, costumbres y procedimientos cambian con las épocas. Los elementos fundamentales permanecen, las formas secundarias pasan. Debemos tomar en consideración solamente los tipos arquitectónicos ligados al clima o a otros factores permanentes. Las construcciones meridionales, utilizando procedimientos para atenuar la radiación solar o difundir la luz deben prever la protección contra el calor y el deslumbramiento, mientras que las construcciones nórdicas utilizan grandes superficies acristaladas.

universal, contemporary architecture should align itself with these changes.
"To apply historical styles nowadays is equivalent to perpetuating the conditions of the past, and a denial of our times. In regional and local styles the only permanent factors are those relating to the climate: local traditions, customs and procedures change with the times. The fundamental elements are conserved, the secondary forms pass away. If we consider only those architectural types connected with climate or other permanent factors, we see that southern construction makes use of procedures to attenuate or diffuse solar radiation, and is thought out from the point of view of protection against heat and glare, while buildings in the north make use of large areas of glazing.
"Architecture should both obey utilitarian requirements and satisfy the aspirations of our highest intellectual needs. Above all, we should bear in mind a number of different factors: the programme, the materials, the space and the lighting; both the interiors (functions) and exteriors (façades) need to be developed; we must look for the simplest constructive expression, beauty of proportion, order and equilibrium. We must dispense with all superfluous ornamentation, tacked on in arbitrary fashion, which is not an integral part of the building. We must refrain from imitating past styles, and bring architecture back to its natural

»La arquitectura debe a la vez obedecer a las exigencias utilitarias y satisfacer las aspiraciones más elevadas de nuestras necesidades intelectuales. Debemos, sobre todo, considerar los distintos puntos: programa, materiales, el espacio y la iluminación; tienen que desarrollarse los interiores (funciones) y los exteriores (fachadas); buscar la expresión constructiva más simple, la belleza de las proporciones, el orden y el equilibrio. Suprimir toda ornamentación superflua, añadida arbitrariamente y que no forma parte integrante del edificio. Debemos abstenernos de imitar los estilos del pasado, y devolver la arquitectura a su expresión natural, ligada a las actuales condiciones técnicas, sociales y económicas de las cuales está alejada. He aquí el programa básico (aceptado por muchos, pero realizado por pocos) que el grupo G.A.T.E.P.A.C. se propone defender coordinando sus esfuerzos y fomentando el trabajo en equipo.»

El G.A.T.E.P.A.C. contó con un vehículo de influencia pública en su revista *A.C. —Documents d'Activitat Contemporània—*. Desde ella llevó a cabo una confrontación polémica con los estilos vigentes y criticó la ausencia de legislación relativa a zonificación e higiene, reclamando un plan general para Barcelona. La guerra civil de 1936-1939 truncó la existencia del G.A.T.E.P.A.C. (y la de varios de sus miembros, entre ellos Josep Torres - Clavé, el colaborador más próximo de Sert), destruyó la plataforma histórica que lo hizo posible y ocasionó el exilio de la mayoría de sus miembros.

expression, closely linked to the technical, social and economic conditions of the present, from which it has been separated. This is precisely the basic programme (agreed to by many but implemented by very few) put forward by the G.A.T.E.P.A.C. group, which we propose to defend by coordinating our efforts and developing our work in teams."

G.A.T.E.P.A.C. was able to exert influence on public opinion through its journal *A.C. – Documents d'Activitat Contemporània* – from whose pages it engaged in a polemical confrontation with established styles, criticizing the lack of legislation concerning zoning and sanitation and calling for a general plan for Barcelona. The Civil War, from 1936 to 1939, brought with it the demise of G.A.T.E.P.A.C. (as well as the death of a number of its members, among them Josep Torres-Clavé, Sert's closest collaborator), demolished the platform which had made it historically possible, and caused the exile of the majority of its members.

1929 Pueblo de veraneo en la Costa Brava (Gerona)

Este proyecto para la zona —entonces totalmente deshabitada— de Platja d'Aro (Costa Brava), se presentó en la Exposición de Arquitectura Contemporánea de las Galerías Dalmau. Su programa comprende: *a*) habitación: hoteles, villas en serie (5 tipos); *b*) lugares de reunión, casino, club náutico, sala de espectáculos, golf, cafés y restaurantes, y *c*) servicios utilitarios: ayuntamiento, mercado, estación, tiendas, paradas de autobús, etc.

1929 Summer resort development on the Costa Brava (Gerona)

This project for the Platja d'Aro area of the Costa Brava – at that time quite uninhabited – was put on show in an Exhibition of Contemporary Architecture in the Galerías Dalmau. The programme consisted of: *a*) accomodation: hotels, villas in series (5 types); *b*) social amenities: casino, sailing club, variety theatre, golf, cafes and restaurants, and *c*) service infrastructure: town hall, market, railway station, shops, bus terminals, etc.

Maquetas de las villas unifamiliares

Models of the private villas

Maquetas del hotel, casino y club náutico

Models of the hotel, casino and sailing club

Perspectiva del conjunto

Perspective of the complex

1930 Estudios con vivienda en la cala Sant Vicens, Menorca (islas Baleares) Proyecto

Elaborado dentro del G.A.T.E.P.A.C., este proyecto proponía unas viviendas - estudio para artistas cuya distribución resulta innovadora por predominancia del estar y el uso flexible de los espacios.

1930 Artists' studio-apartments in Sant Vicens cove, Menorca (Balearic Islands). Project

Worked out within the context of G.A.T.E.P.A.C., this project presented a group of studio-apartments in which the predominance of the living area and the flexibility in the use of the spaces gave the layout its innovative character.

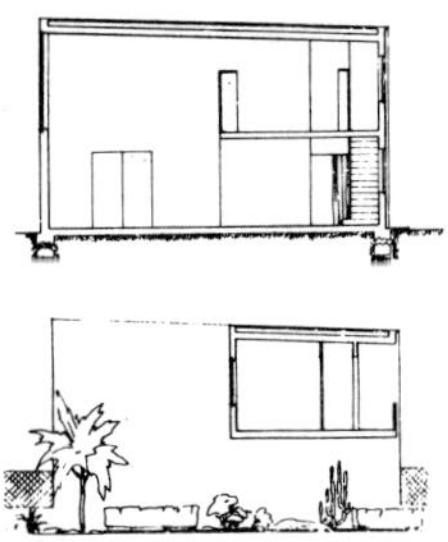

Secciones
Sections

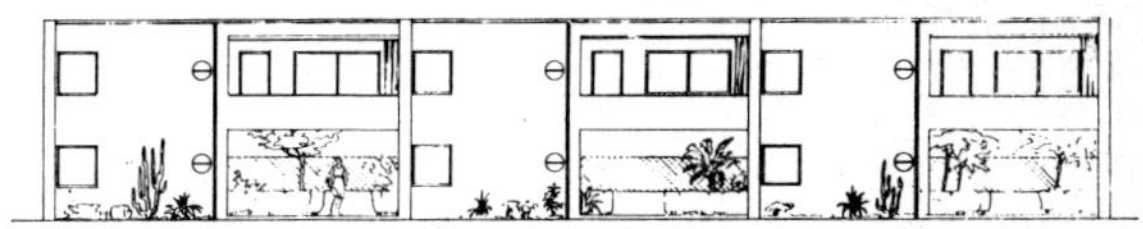

Alzado Sur
South elevation

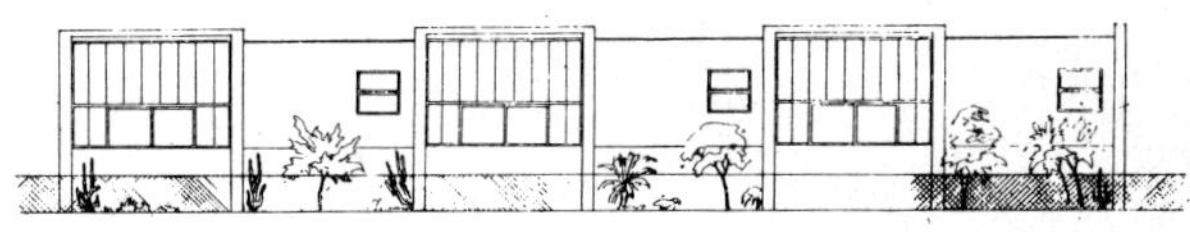

Alzado Norte
North elevation

PLANTA BAJA	GROUND FLOOR	PLANTA PISO	FIRST FLOOR
1. Estudio	1. Studio	6. Hueco del dormitorio	6. Open space over studio
2. Comedor	2. Dining area	7. Dormitorios	7. Bedrooms
3. Cocina	3. Kitchen	8. Baño	8. Bathroom
4. Entrada	4. Entrance	9. Galería	9. Gallery
5. Galería cubierta	5. Roofed gallery		

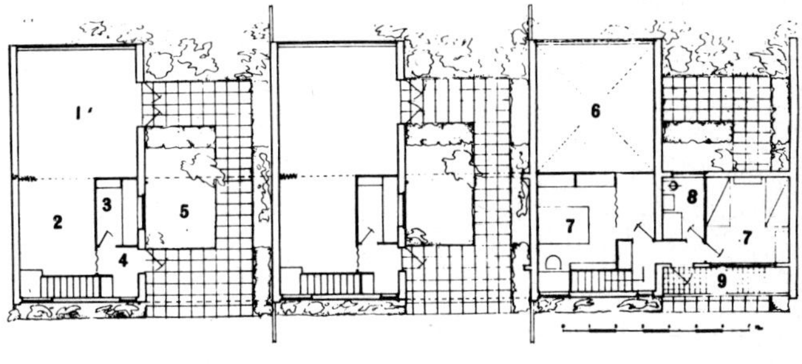

Perspectivas
Secciones y alzados

Perspectives,
sections and elevations

1931 Casa con viviendas dúplex en calle Muntaner, Barcelona

Contiene seis apartamentos de alquiler medio de tipo dúplex. La entrada, al nivel inferior, conduce a las áreas comunes. En el nivel superior se sitúan los dormitorios. En el ático hay dos estudios abiertos a terrazas ajardinadas, protegidas con toldos de lona. La estructura es de acero y las paredes de ladrillo hueco, con la superficie estucada. La fachada expresa con distintas aberturas la alternancia de funciones del interior.

1931 Duplex apartment building in Muntaner street, Barcelona

There are six duplex rented apartments in the middle of the price range. The entrance to each apartment is on the lower level, where the public rooms are situated, with the bedrooms on the floor above. In the attic there are two studios opening onto terraces with gardens, screened by canvas canopies. The structure is of steel, with walls of hollow brick and a rendered façade, which expresses the changes in function on the interior by means of openings of different kinds.

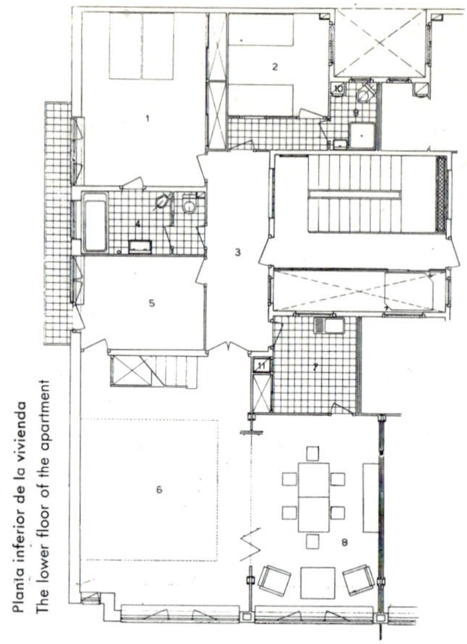

Planta de un piso - tipo, nivel inferior

Typical floor plan: lower level

Planta de un piso - tipo, nivel superior

Typical floor plan: upper level

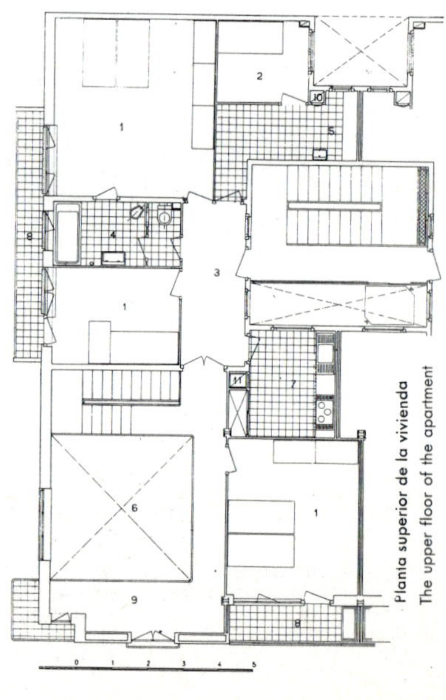

Sección

Section

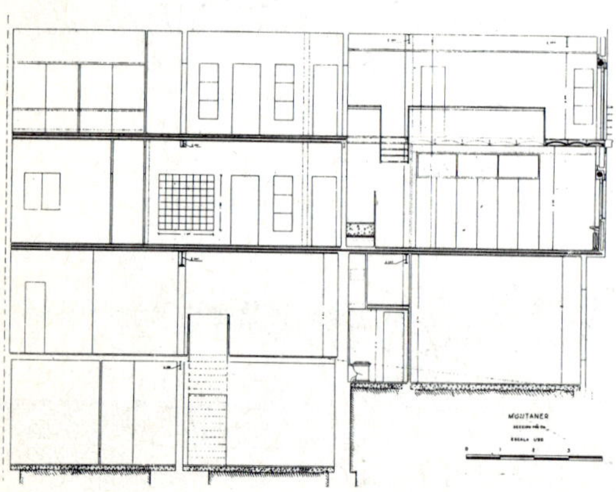

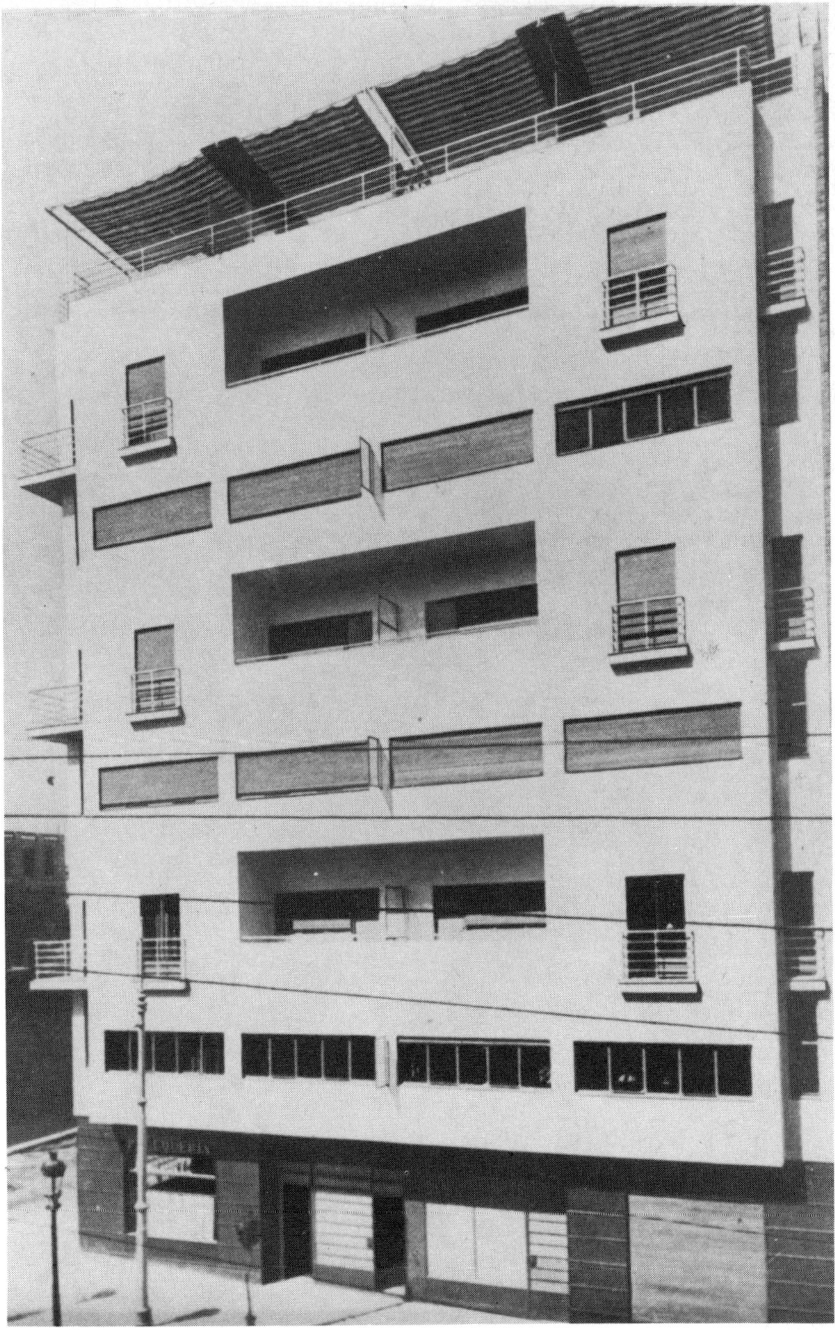

Fachada a la calle Muntaner

Façade fronting onto Muntaner street

Escalera principal

Main stairs

Fachada lateral

Side façade

Terraza del ático

Attic terrace

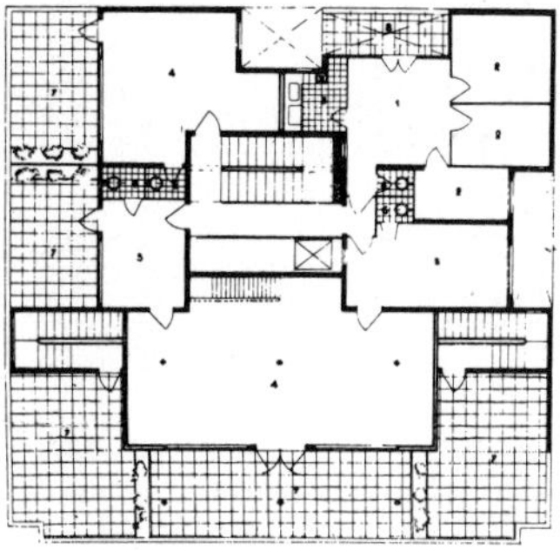

Planta del estudio

Plan of the studio

Vista interior de la sala de estar

Interior view of the living room

Planta baja, vestíbulo y tiendas

Ground floor, vestibule and shops

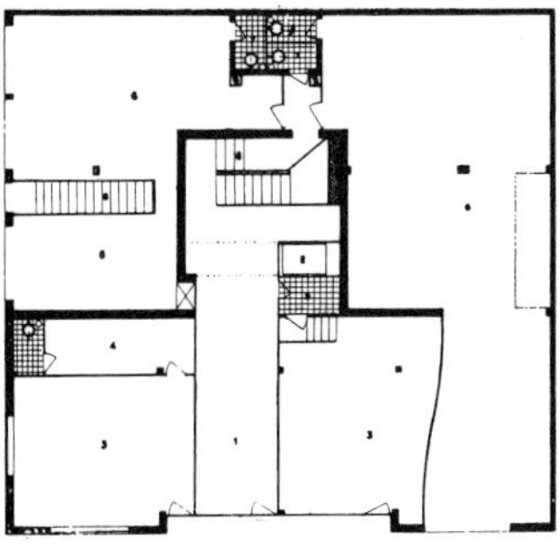

Sala de dibujo en el estudio del arquitecto

Drawing office in the architects' studio

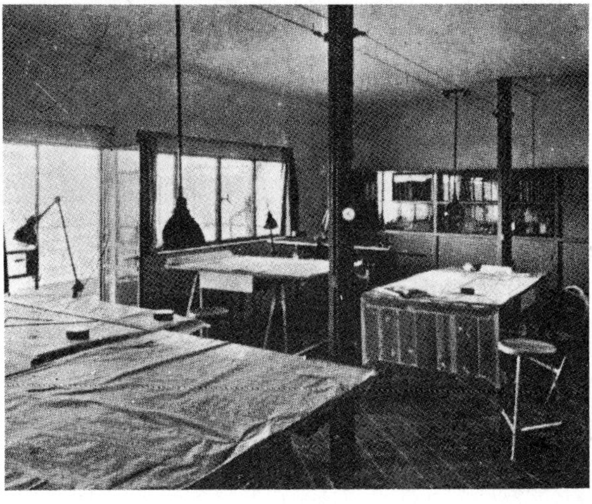

1935 Casas de fin de semana en Garraf, Barcelona, con Josep Torres - Clavé

Estas casas mínimas están destinadas a albergues de playa y residencias para estancias cortas. El clima templado de Barcelona permite utilizarlas todo el año. Los espacios se cubren con bóvedas catalanas, formadas por tres capas de ladrillo plano. La primera capa utiliza mortero de yeso que al fraguar expande trabando el conjunto como una cáscara. Esta primera capa sirve de encofrado para las demás, recibidas con mortero de cemento. Estas bóvedas necesitan tirantes transversales o contrafuertes para absorber el empuje lateral. Las cubiertas utilizan grava y arena mezcladas con tierra para aislar. Las ventanas tienen un tamaño mínimo para proteger al interior de la radiación solar.

1935 Weekend houses in Garraf, Barcelona – with Josep Torres-Clavé

These minimal houses were designed as seaside lodgings and holiday residences, which the mild Barcelona climate would allow to be used all year round. The interiors are roofed with Catalan vaults made up of three layers of flat brick. The plaster mortar of the first layer expands as it sets to bond the whole together and form a shell. This first layer serves as a mould for the other two, fixed with cement mortar. These vaults require transverse ties or buttresses to absorb the outward thrust. The roofs use a mixture of sand and gravel combined with earth as insulating material. The size of the windows has been kept to the minimum to protect the interior from the sun.

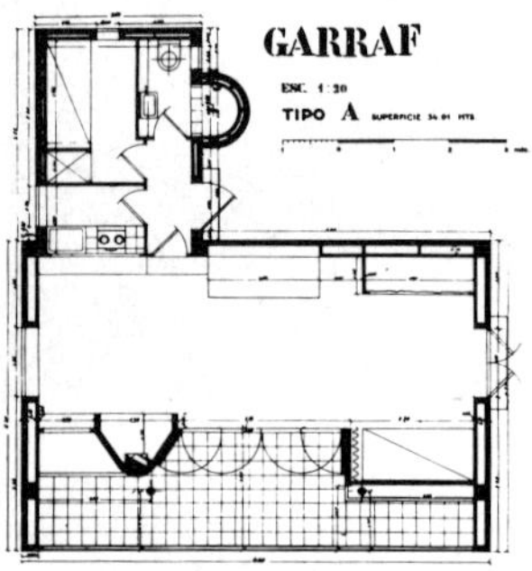

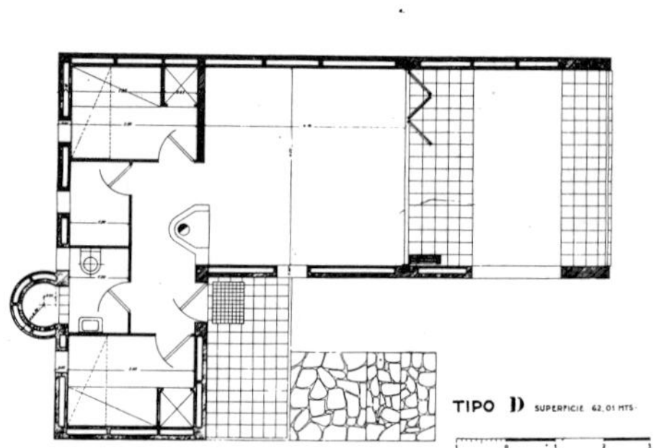

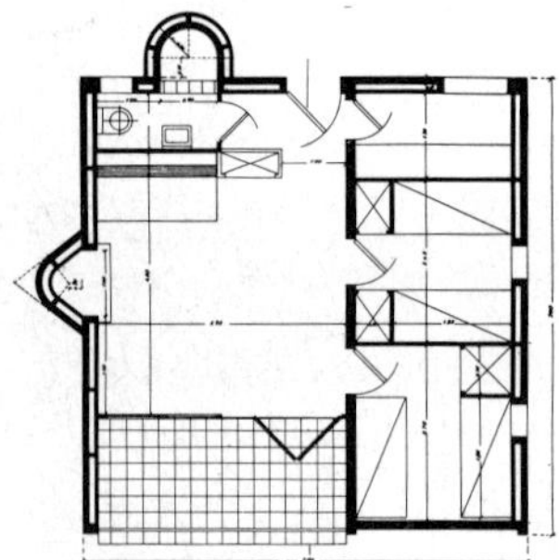

Plantas de los distintos tipos

Plans of the different house types

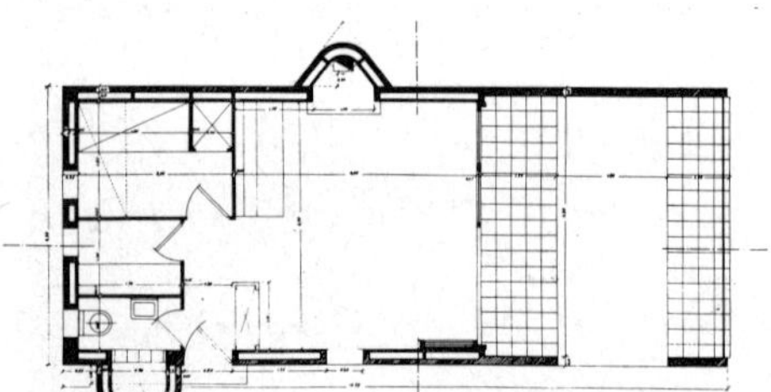

Sección típica

Typical section

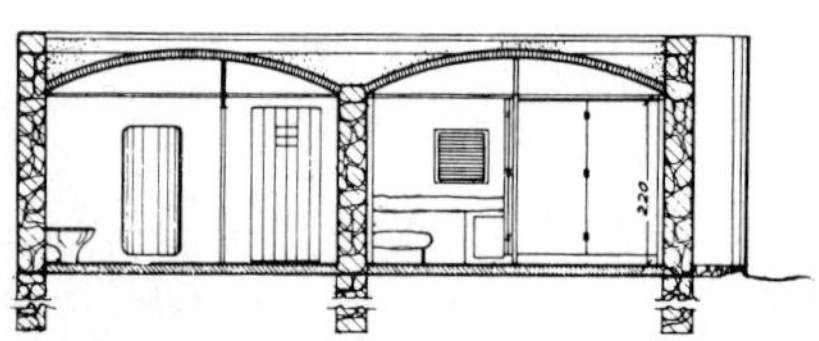

Sección tipo E.

Porche frontal

Front porch

Zona estar - comedor

Living and dining area

Vistas de distintos tipos de casas

Views of houses of different types

Detalle de la terraza

Detail of the terrace

Aspecto posterior, fachadas hacia la montaña

View of the rear, with the façades towards the mountains

Patio - terraza

Courtyard-terrace

1931 Local del G.A.T.C.P.A.C. en Barcelona, con G.A.T.C.P.A.C.

Este local ocupaba los bajos comerciales de un edificio y estaba destinado a la exposición permanente de maquetas, dibujos, revistas, catálogos, etc., de este grupo de arquitectos. El diseño del interior, incluyendo mobiliario y grafismos, debía representar el espíritu y la doctrina del grupo. Se hacía uso de prototipos fabricados en serie y se exponían materiales de construcción y aparatos domésticos representativos del mejor diseño industrial del momento.
La distribución sacaba el mejor partido posible al reducido espacio y contaba con un bar, zonas de conversación, mesas de estudio, etc. En un altillo se situaba la biblioteca, en la que se encontraban revistas de arquitectura de muchos países.

1931 Headquarters for G.A.T.C.P.A.C. in Barcelona – in collaboration with G.A.T.C.P.A.C.

These premises occupied the commercial ground floor of the building, and were for the permanent exhibition of models, drawings, magazines, catalogues, etc. produced by architects belonging to the group. Prototypes of mass-produced elements were used, and there were samples of building materials and domestic appliances representing the best of current design on show.
The layout makes the fullest possible use of the limited space, and there was a bar, areas for conversation, work tables and so on. The library was located on a mezzanine, with architectural magazines from a large number of countries.

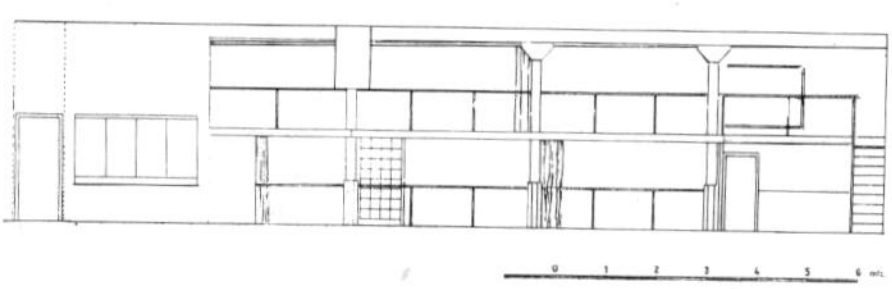

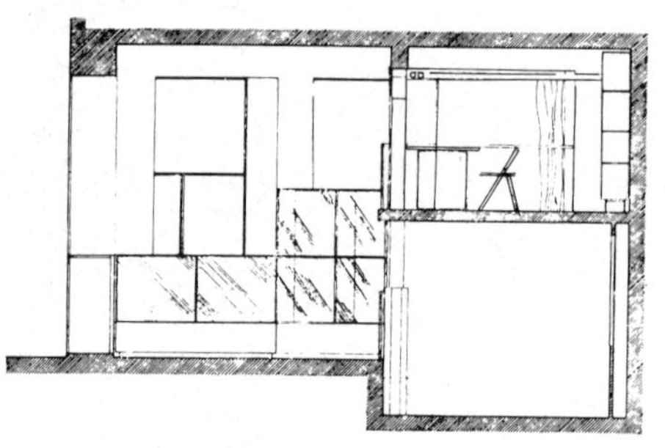

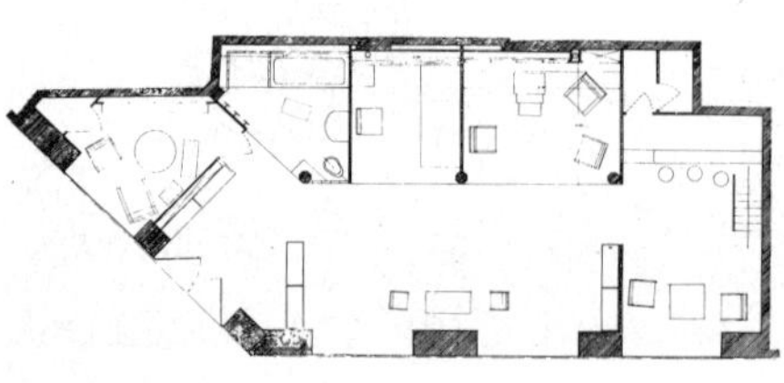

Secciones longitudinal, transversal y planta

Longitudinal and transverse sections and plan

Portada de la revista *A.C.*, n.º 2, publicación del G.A.T.E.P.A.C.

Cover of the 2nd issue of *A.C.*, the magazine published by G.A.T.E.P.A.C.

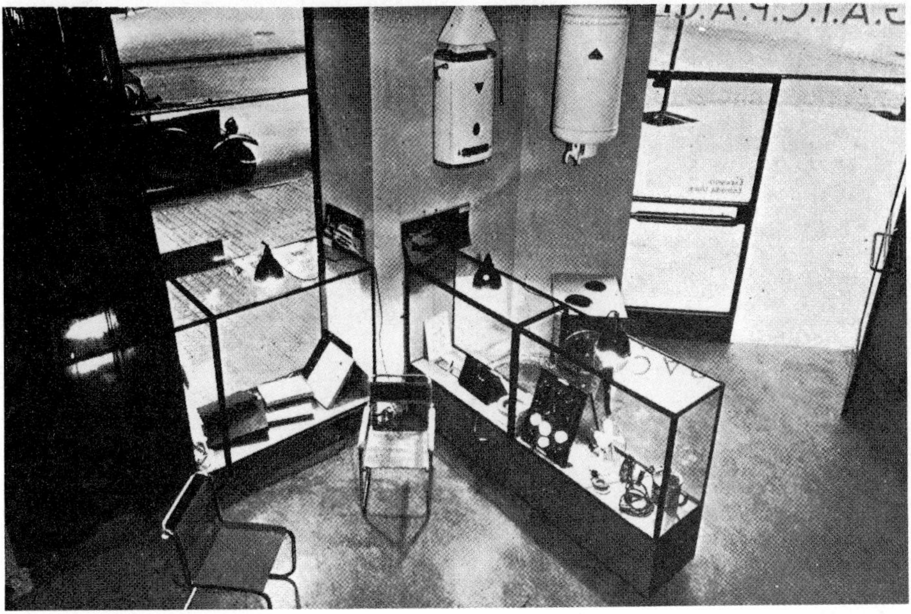

Entrada, vitrinas de exposición

Entrance and show-cases

Biblioteca

Library

1932 Escuela Elemental en Palausolitar, Barcelona, con J. Torres - Clavé

Escuela rural para 160 alumnos de uno y otro sexo. Las cuatro aulas principales se diseñaron con paredes divisorias móviles entre cada dos, para reunir dos grados compartiendo ciertas clases. Cada aula comunica con una terraza cubierta. Los aseos disponen de ventilación transversal.

1932 Elementary School in Palausolitar – with J. Torres-Clavé

A country school for 160 pupils of both sexes, the four main classrooms of the building were designed with movable dividing walls between each pair so as to be able to combine two classes for certain lessons. Each classroom is connected to a roofed terrace. The toilets have through ventilation.

Sección transversal

Transverse section

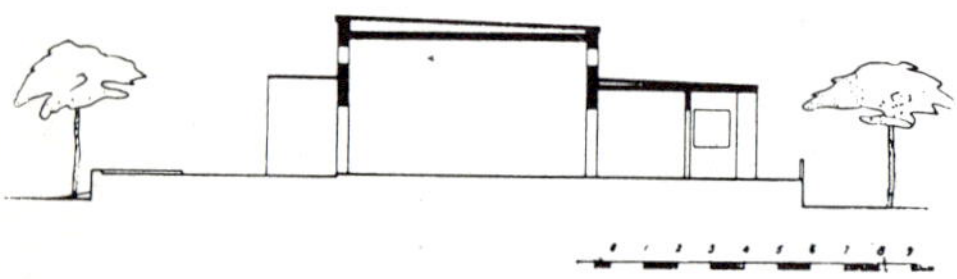

Perspectiva de la fachada de acceso

Perspective of the access façade

Perspectiva frontal, con porche

Frontal perspective showing the porch

Planta

Plan

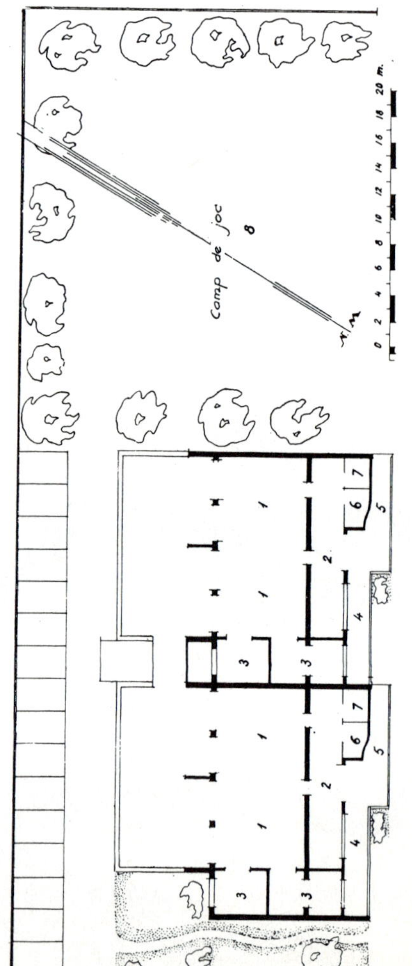

1932 Grupo escolar en la avenida Bogatell, Barcelona

Proyecto

Situada en un solar triangular, limitado por tres calles, el proyecto tenía una planta lineal con las aulas orientadas al S-E y comunicadas por un corredor. La dimensión óptima de las aulas para 30 alumnos se estableció en 7 × 6,50 m × 3,20 de altura. Fachada vidriada por completo, con galerías cerradas que actuaron como protección solar. A ambos extremos del cuerpo de aulas se situaron el gimnasio - sala de actos y el taller. La planta baja alojaba el vestíbulo y los servicios comunes. Una aportación interesante la constituye el uso de rampas en lugar de escaleras.
El desarrollo del programa en un edificio compacto, de varias plantas, permitía liberar la mayor parte del exiguo solar para campos de juegos y piscina.

1932 School complex in Bogatell avenue, Barcelona

Project

Positioned on a triangular site with streets bounding it on three sides, the project has a linear plan, with the classrooms looking to the south-east, connected by a corridor. The optimum dimensions for a classroom for 30 pupils was established as being 7m × 6.5m × 3.2m in height. The façade is completely glazed, with closed galleries which act as protection against the sun. At one end of the volume containing the classrooms is the gymnasium-cum-auditorium, and at the other the workshop. The vestibule and communal services are located on the ground floor. An interesting feature is the use of ramps in place of stairs.
By developing the programme in a compact building several storeys high the greater part of the limited surface area is made available for play areas and a swimming pool.

Perspectiva

Perspective

Sección longitudinal

Longitudinal section

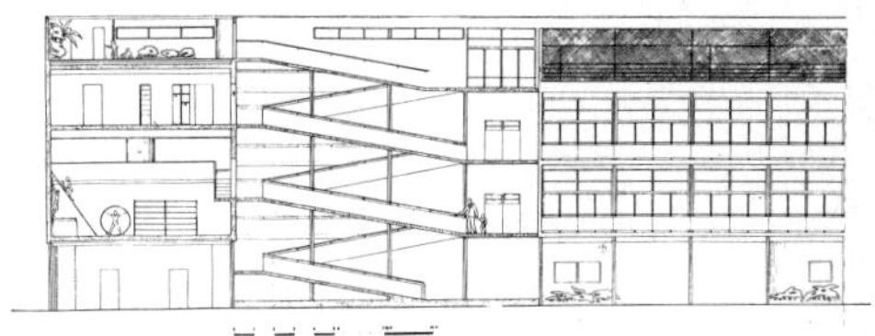

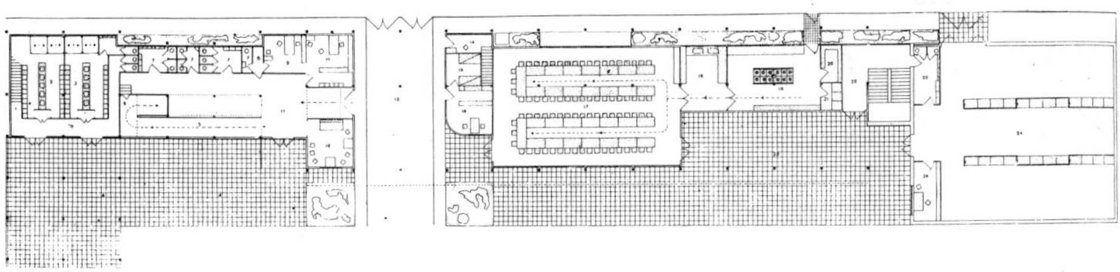

Planta baja

Ground floor

Planta piso. En colaboración con pedagogos, se estudiaron diversas ordenaciones del mobiliario en el interior de las aulas

First floor. The arrangement of the classroom interiors was researched in consultation with teachers

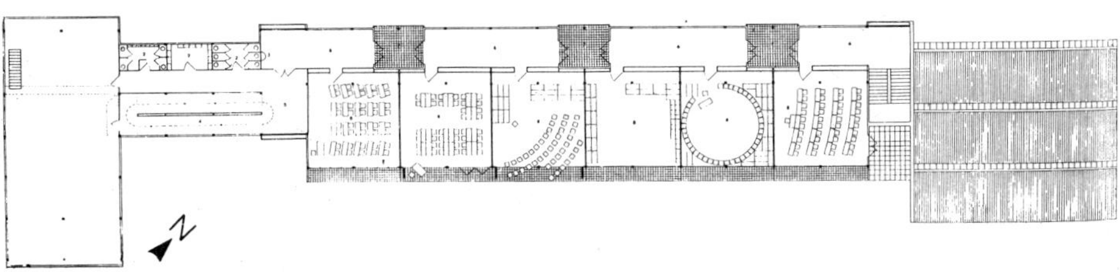

1932 Casa Galobart, Barcelona
Esta vivienda unifamiliar era ampliación de una casa existente a la cual estaba adosada. Un cuerpo añadido a esta última permitió ligar las dos fachadas que miran al jardín.

1932 Galobart house, Barcelona
This private house was built as an extension to an existing house, and the addition of the new volume made it possible to connect two façades looking onto the garden.

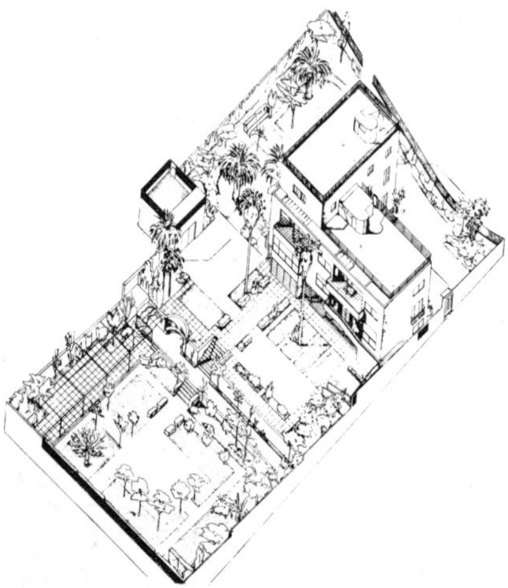

Perspectiva axonométrica

Axonometric perspective

Fachada al jardín

Façade onto the garden

Viviendas mínimas para la playa
Estas viviendas, en dos módulos de 36 m² o uno de 72 m² se inspiraron en las casas de Ibiza.

Minimal houses for the beach
These houses, designed in variant modules of 36 m² and 72 m², were inspired by the houses of Ibiza.

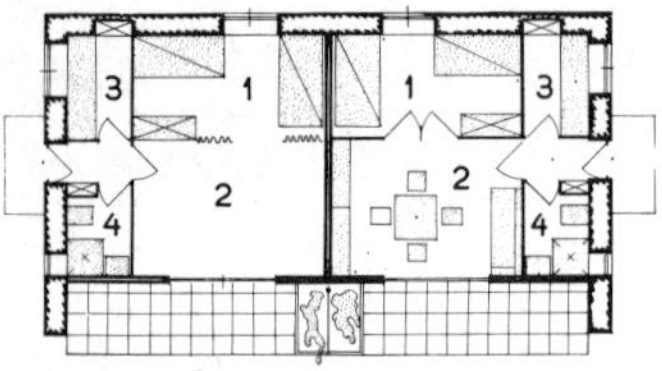

TIPO I: viviendas gemelas
TYPE I: twin apartments

TIPO II: vivienda de 72 m²
TYPE II: house of 72 m².

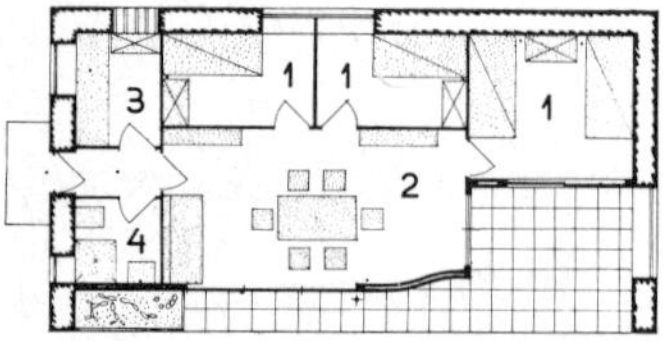

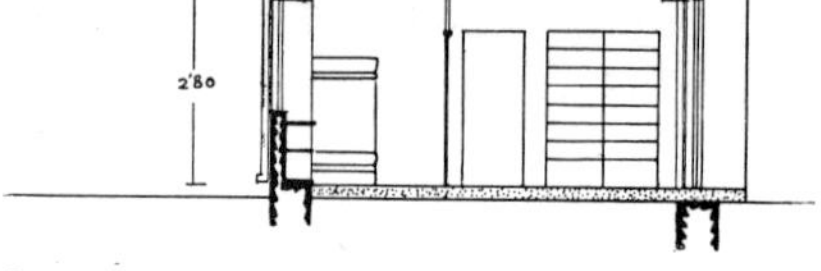

Sección
Section

Perspectiva
Perspective

1936 Local para la Unión de Cooperadores de Gavá, Barcelona, con J. Torres - Clavé
Local para almacenaje de productos de una cooperativa agrícola con instalaciones de duchas y baños, bar, administración y local de reuniones.

1936 Headquarters for the Cooperative Union in Gavá Barcelona – with J. Torres-Clavé
The building provided storage facilities for an agricultural cooperative, together with showers and baths, a bar, administrative offices and a hall for meetings.

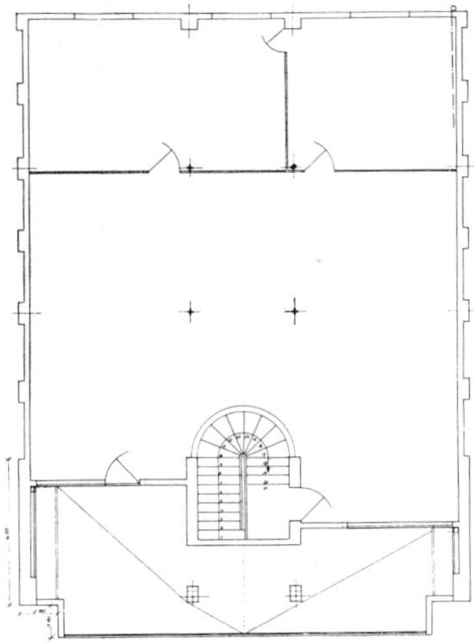

Planta Plan

Fachada Façade

Vivienda en una azotea, Barcelona

Apartment built on a flat roof, Barcelona

Planta baja
Ground floor

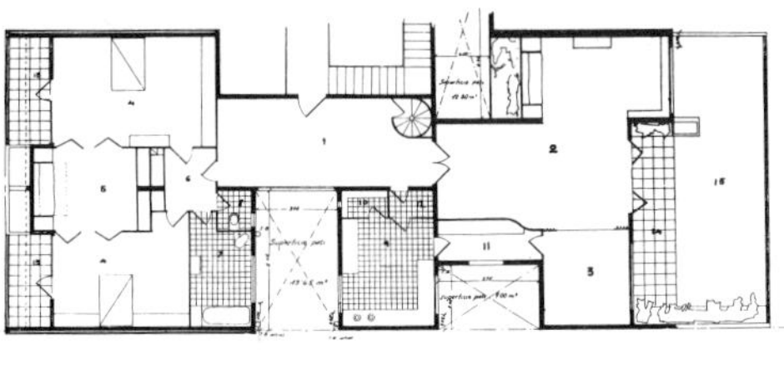

Sala de estar
Living room

Planta superior
Upper floor

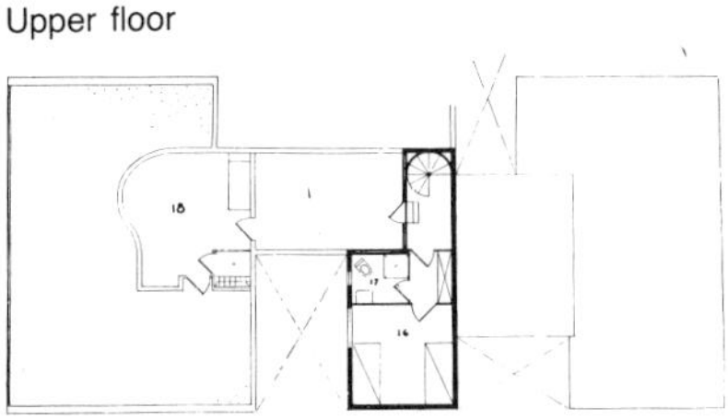

Dormitorio y tocador
Bedroom and dressing room

1934 Joyería Roca, Barcelona, con Antonio Bonet

Esta tienda, todavía existente, ocupa una importante esquina en el cruce de dos arterias principales de Barcelona. El diseño de todos los elementos, desde el rótulo hasta el mobiliario, permitió a Josep Ll. Sert la explotación de las posibilidades estéticas del todavía restringido vocabulario racionalista.

1934 Roca jeweller's shop, Barcelona – with Antonio Bonet

This shop – still in existence today – occupies a dominating corner at the meeting of two of Barcelona's main thoroughfares. Designing all of its elements, from the signboard to the furniture, gave Sert the opportunity to exploit to the full the expressive potential of the still restricted vocabulary of rationalism.

Sección - detalle de la fachada

Section – detail of the façade

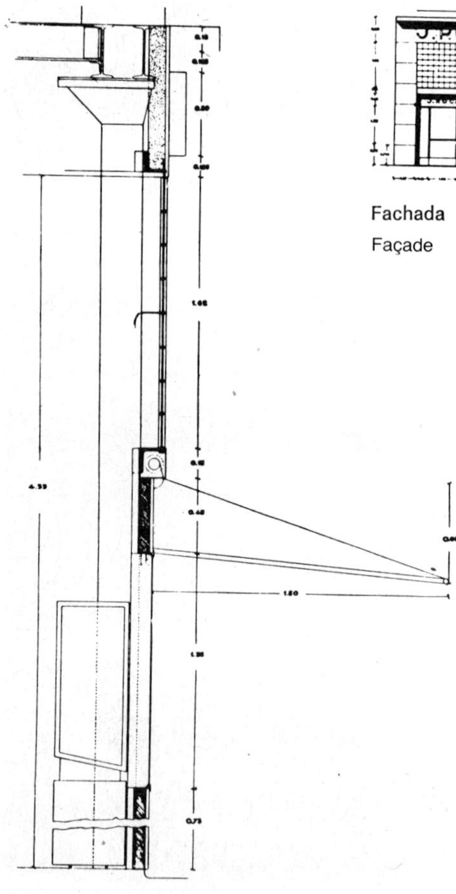

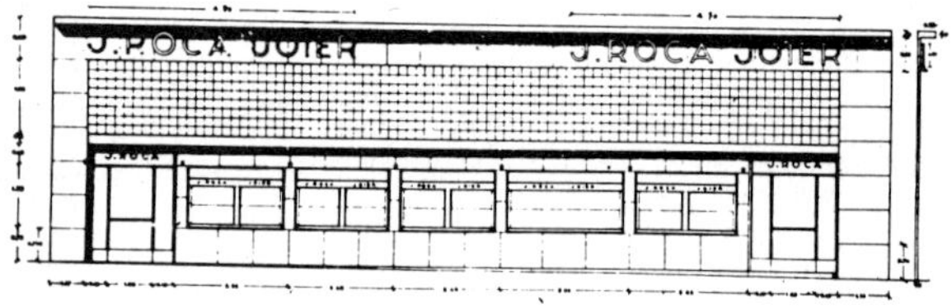

Fachada

Façade

Perspectiva axonométrica

Axonometric perspective

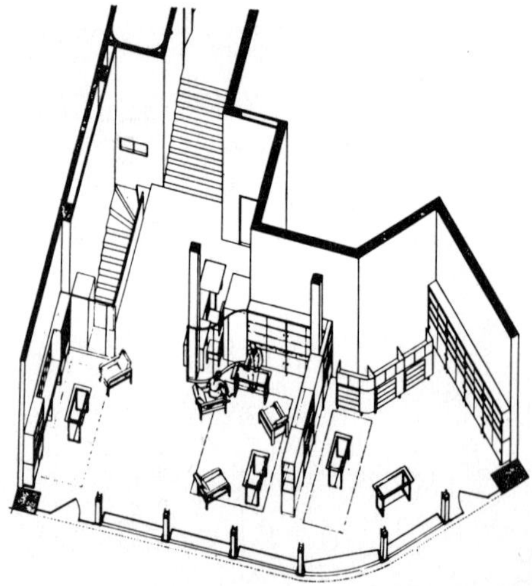

Fachada

Façade

Aspectos del interior

Views of the interior

1935 Dispensario Central antituberculoso, Barcelona, con Josep Torres - Clavé y J. - B. Subirana

Este dispensario fue encargado por el Gobierno autónomo de Cataluña como parte de una campaña contra la tuberculosis. La clínica abierta al público se sitúa en la planta baja. El edificio estaba equipado con el material más moderno de la época y fue construido con métodos avanzados: estructura metálica, losas con bovedillas aligeradas y muchos elementos prefabricados.

1935 Central Dispensary for tuberculosis patients, Barcelona – with Josep Torres-Clavé and J.-B. Subirana

This dispensary was commissioned by the autonomous government of Catalonia as part of their campaign against tuberculosis. The out-patients' clinic is situated on the ground floor. The building is equipped with the most up-to-date facilities of its time, and was built using the most advanced methods: metal structure, lightened concrete slabs and a high proportion of prefabricated elements.

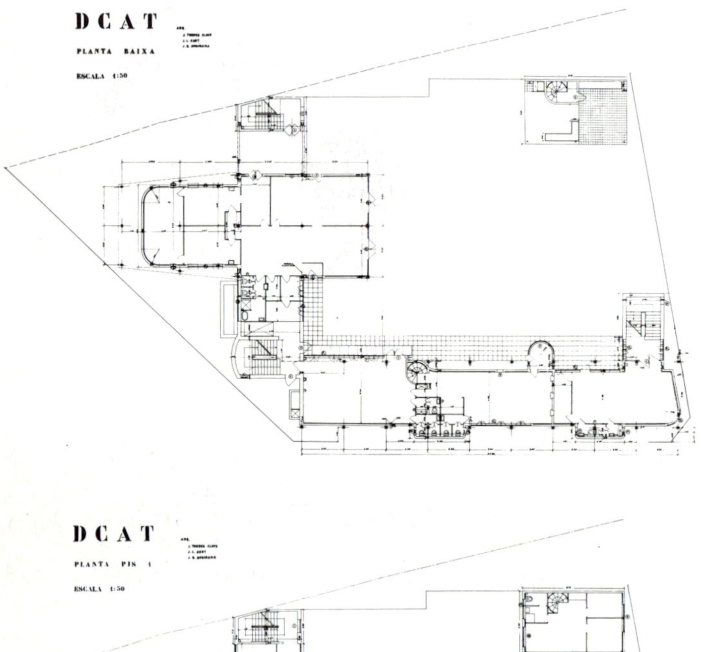

Planta baja
Ground floor

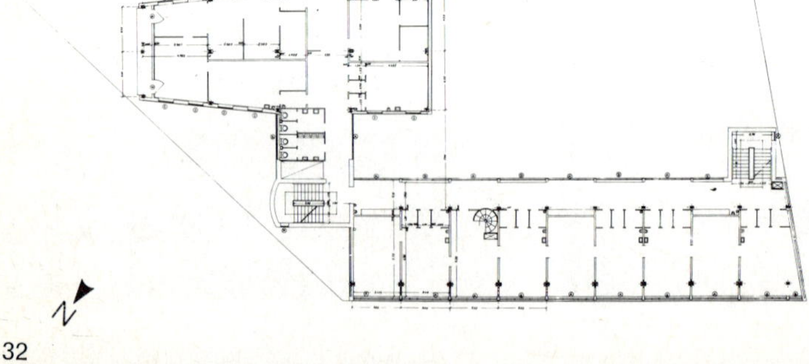

Planta piso
First floor

Fachada. Los corredores y salas de espera se abren al jardín

Façade. The corridors and waiting rooms look onto the garden

Las dos alas del edificio se abren al patio-jardín de acceso

The two wings of the building open onto the garden of the entrance courtyard

1934 Ciutat de Repòs i de Vacances, centro de esparcimiento para la ciudad de Barcelona Proyecto G.A.T.C.P.A.C.

La ciudad de Barcelona tiene cortado su acceso al mar por una franja de instalaciones industriales dependientes del puerto. Este proyecto preveía la creación de un vasto parque público a lo largo de una franja cubierta de pinos paralela a una playa de 11 km de longitud. La proximidad a la ciudad hacía fácil su utilización masiva. El plan proponía la intensificación de la línea ferroviaria existente y la conversión en autopista de la carretera, que se convierte en la «Gran Vía» cuando entra en la ciudad como infraestructura de acceso. Las instalaciones previstas se orientaban al uso colectivo —restaurantes populares, instalaciones deportivas, explanadas para conciertos, ferias, etc., todas ellas conectadas con paradas de autobús.

1934 "Ciutat de Repòs i de Vacances", recreational centre for the city of Barcelona. G.A.T.C.P.A.C. project

The city of Barcelona had its access to the sea cut off by a belt of industrial development linked to the port. This project envisaged the creation of an enormous public park along a fringe of pine wood, 11 km in length, parallel to the beach. Its proximity to the city would enable huge numbers of people to make use of it. The plan proposed the provision of additional railway services and the conversion of the main road into a motorway, which becomes the "Gran Via" – the "Great Way" – when it enters the city as part of the access infrastructure. The amenities envisaged were intended for public use – popular restaurants, sports facilities, esplanades for concerts, fairgrounds, and so on – all interlinked and with their own bus stops.

Situación de la Ciutat de Repòs respecto a Barcelona

Location of the Ciutat de Repòs with respect to Barcelona

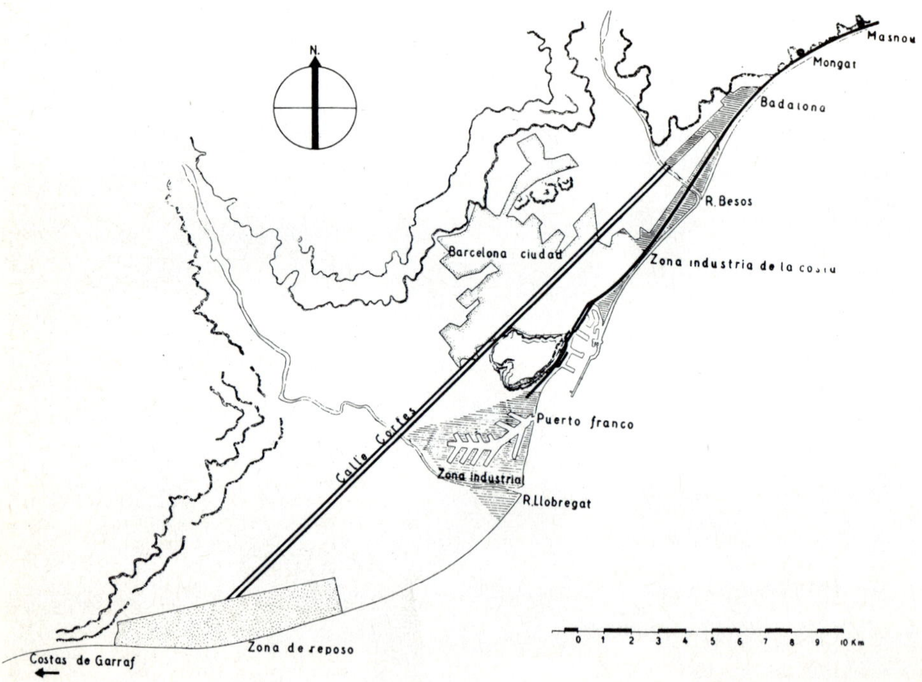

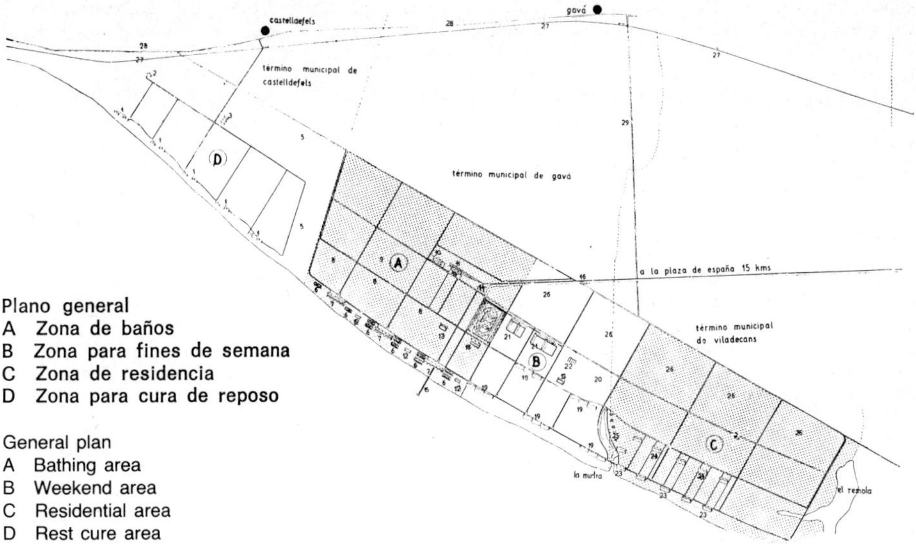

Plano general
A Zona de baños
B Zona para fines de semana
C Zona de residencia
D Zona para cura de reposo

General plan
A Bathing area
B Weekend area
C Residential area
D Rest cure area

Vista aérea de la Ciutat de Repòs

Aerial view of the Ciutat de Repòs

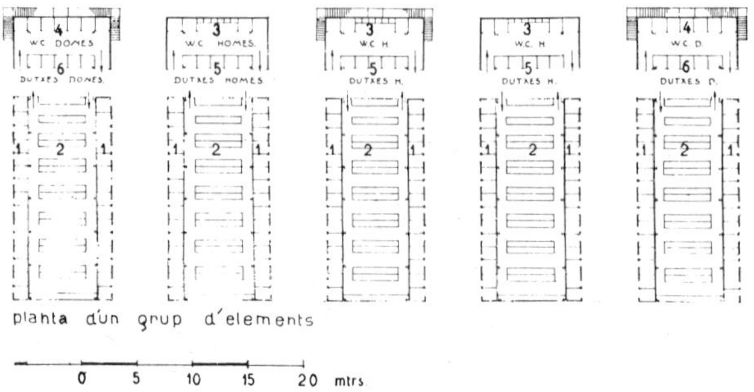

Servicio de cabinas para baños
Capacidad de un grupo de 5 elementos
900 personas/hora

Changing facilities:
the capacity of a group of 5 units
would be 900 people per hour

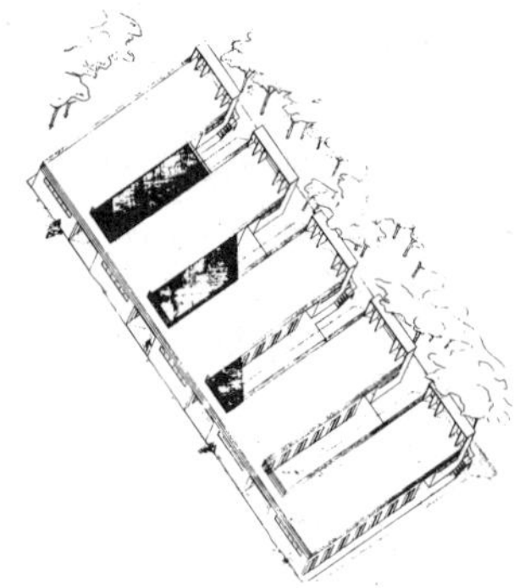

Perspectiva axonométrica
de un grupo de elementos

Axonometric perspective
of a group of changing rooms

Albergues para fines de semana

Weekend accomodation

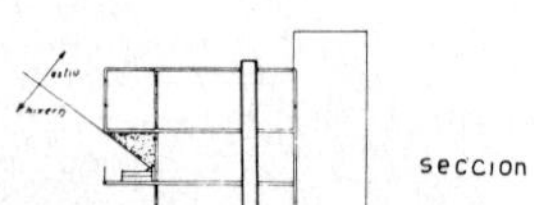

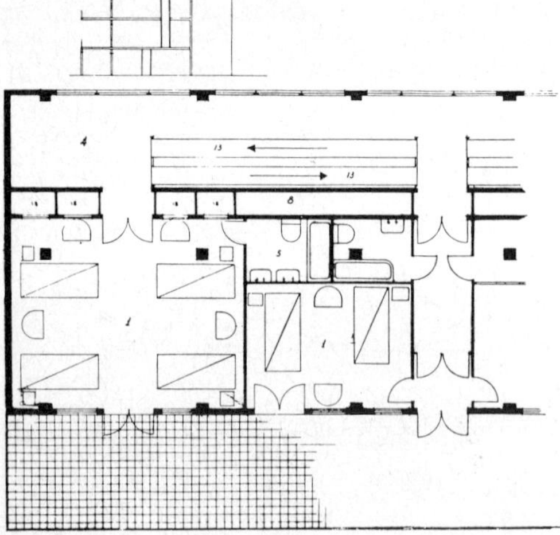

Planta y sección de una cabina mínima

Plan and section of a minimal beach apartment

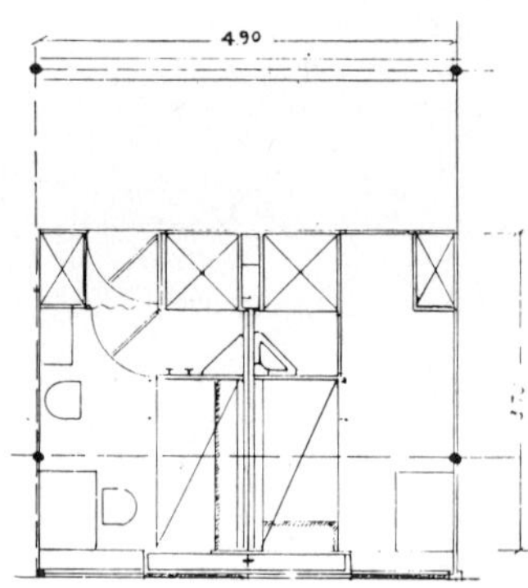

Fotomontaje de la zona de baños con el restaurante y las cabinas

Photomontage of the bathing area showing the restaurant and changing facilities

Fotomontaje que muestra los hoteles para convalecientes

Photomontage showing the hotels for convalescents

1933-1935 Plan Macià. Estudios para un plan director de Barcelona
G.A.T.C.P.A.C.

Consecuencia lógica del planteo de las necesidades urbanas empezado con el estudio de la «Ciutat de Repòs» fue el plan de Barcelona. En él Sert colaboró con el G.A.T.C.P.A.C., Le Corbusier y Pierre Jeanneret.

Los puntos esenciales eran los siguientes:

1 Saneamiento del casco antiguo
2 Establecer una nueva trama a partir de la cuadrícula del siglo XIX según concepciones nuevas
3 Determinación de zonas urbanas según sus diversas funciones, limitando el crecimiento de los núcleos periféricos donde se había tolerado la mezcla de estas funciones
4 Mejores enlaces entre la ciudad y la costa con la extensión de la Gran Vía hasta la futura «Ciutat de Repòs»
5 Revisión de la zonificación y ordenanzas para adecuarlos a condiciones sanitarias. Determinación de las medidas de los patios interiores de ventilación para permitir mejor asoleamiento y ventilación. Fomentar el uso de materiales modernos.

Este proyecto se presentó al público bajo el patrocinio del Gobierno autónomo de Cataluña, de cuyo primer presidente tomó el nombre.

1933-1935 The Macià Plan. Studies for a general plan for Barcelona.
G.A.T.C.P.A.C. project

The logical development from the consideration of what was needed in town planning terms which was begun in the study for the "Ciutat de Repòs" was the elaboration of a plan for Barcelona; Sert worked on this in collaboration with G.A.T.C.P.A.C., Le Corbusier and Pierre Jeanneret.

The essential features of the plan were the following:

1 Provision of proper sanitation in the historic city centre
2 The establishment of a new framework, starting from the square grid of the 19th century layout and pursuing new concepts
3 The definition of the different areas of the city according to function, and the limitation of the growth of the peripheral suburbs in which a variety of functions were mixed together
4 Improved links between the city and the coast with the extension of the "Gran Via" out to the future "Ciutat de Repòs"
5 The revision of the zoning and regulations with a view to adapting them to improve sanitary conditions. The fixing of the measurements of interior courtyards and light wells so as to allow better ventilation and more sunlight to enter. The promotion of the use of modern materials.

The project was presented to the public with the support of the autonomous government of Catalonia, from whose first president it took its name.

Esquema de zonificación

Zoning proposal

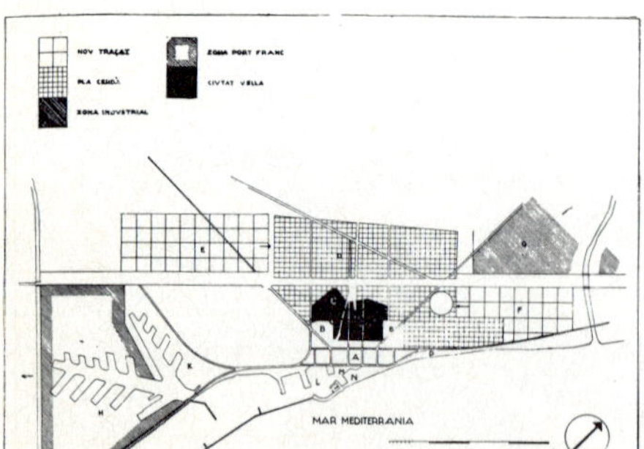

Superposición de la nueva cuadrícula sobre la trama existente y futura

The new framework superimposed on the existing and future grid layout

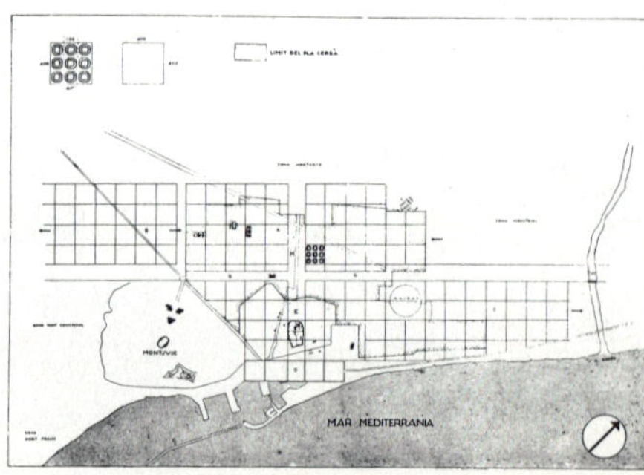

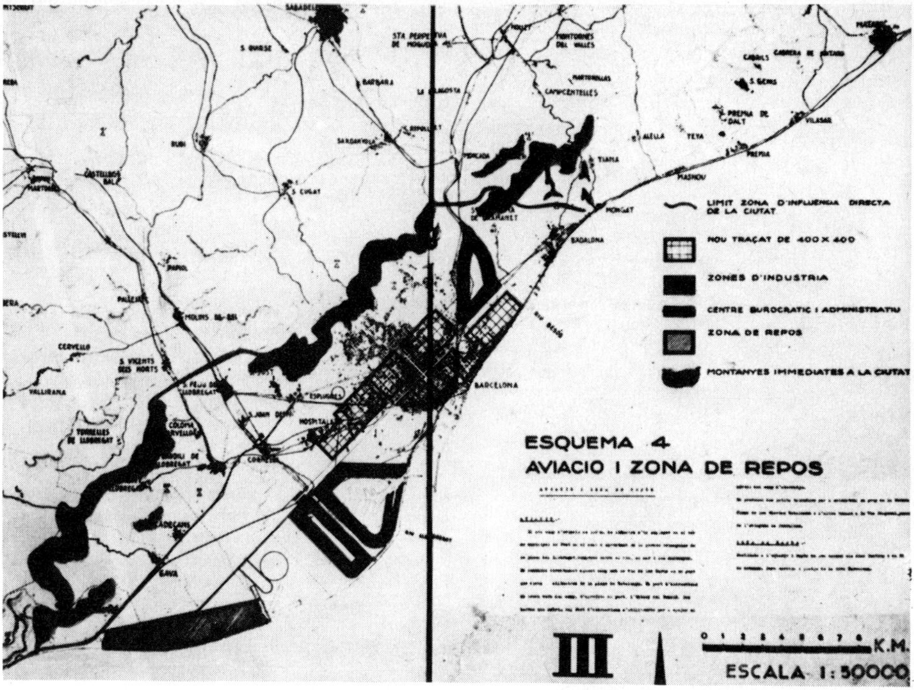

Plan de conjunto a escala comarcal
1 El casco antiguo y el puerto
2 El nuevo ensanche
3 Zonas industriales
4 Nueva dársena del puerto
5 Ciutat de Repòs
6 Enlace de las avenidas con la red de carreteras hacia el sur, centro y norte de España y hacia Francia

Plan of the complex on a regional scale
1 The historic city centre and the port
2 The new area of expansion
3 Industrial zones
4 New dock for the port
5 "Ciutat de Repòs"
6 Linkage of the main thoroughfares with the network of major roads to the south, centre and north of Spain and to France

Viales

Main thoroughfares

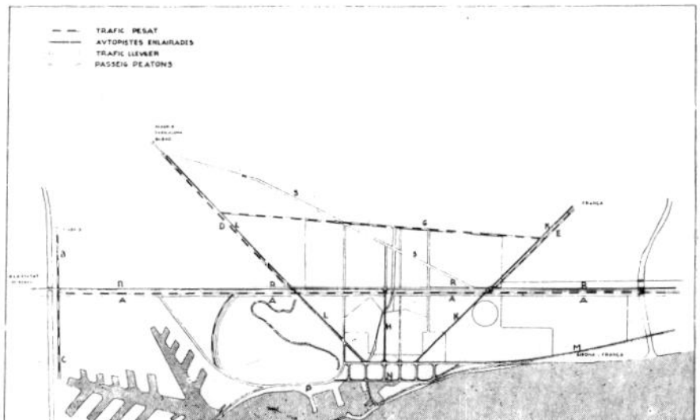

Aviación

Aviation

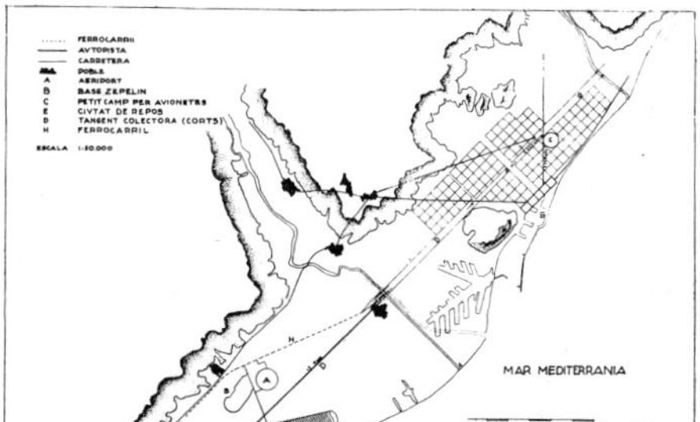

Propuesta de remodelación de las zonas más insalubres del casco antiguo, creando zonas verdes y equipamientos tales como bibliotecas públicas, escuelas, dispensarios, etc.

Proposal for the remodelling of the more unsalubrious parts of the historic centre, creating landscaped areas and amenities such as public libraries, schools, clinics, etc.

Perspectiva aérea: en primer término propuesta de remodelamiento de la zona del puerto

Aerial perspective: the proposal for the remodelling of the port is in the foreground

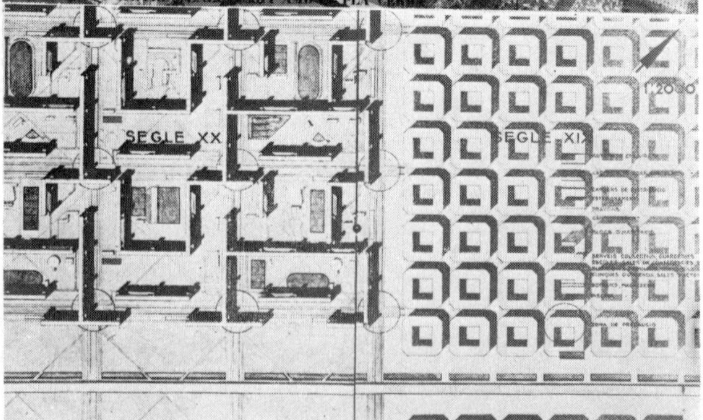

Fotomontaje comparando la cuadrícula del siglo XIX con la nueva malla y el sistema de vías rápidas. Los nuevos barrios presentan inmuebles emplazados en medio de parques

Photomontage comparing the 19th century grid with the new layout and the rapid transit system. The buildings of the new residential areas are set amongst parks

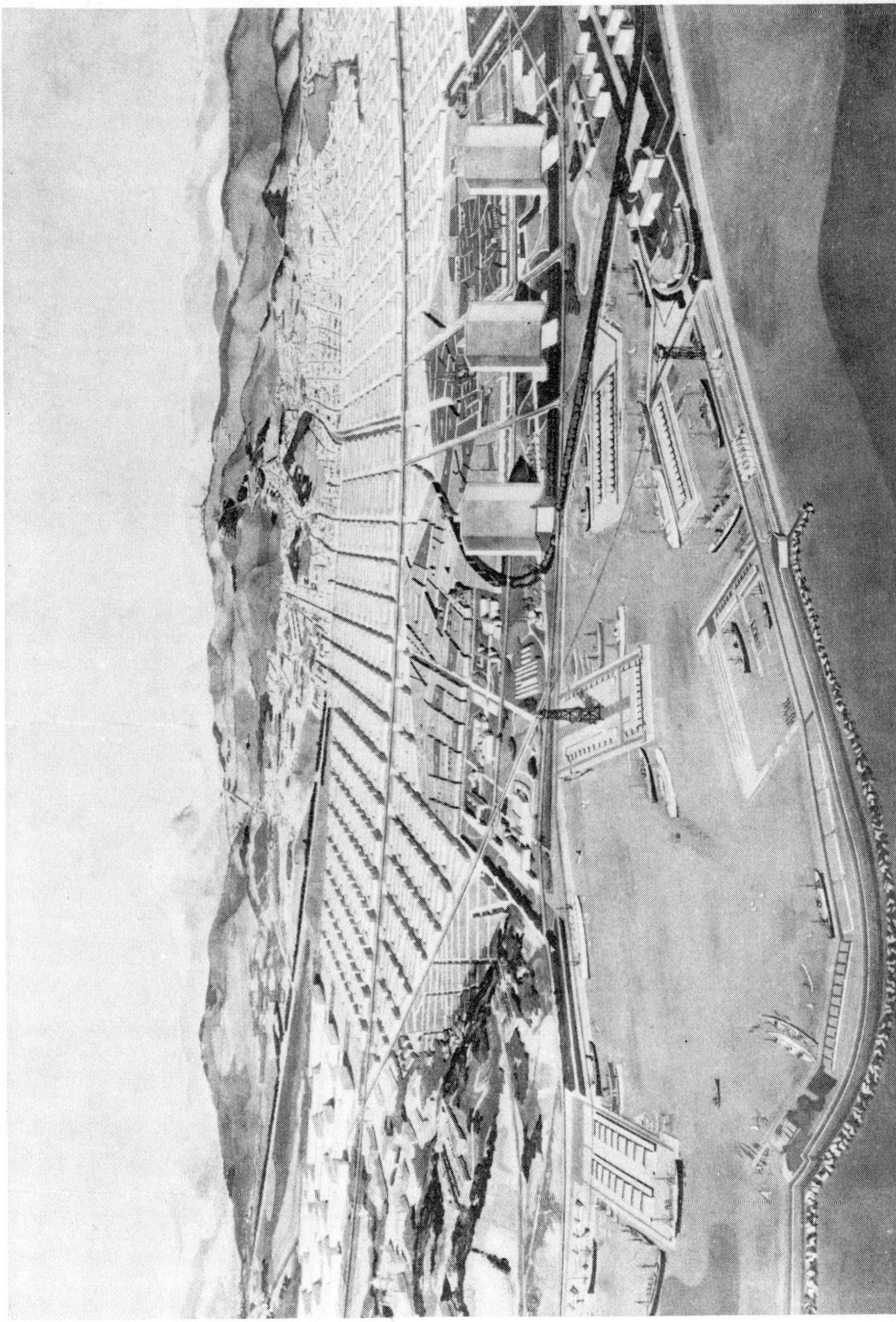

1934-1936 «Casa - bloc» en Sant Andreu, Barcelona, con Josep Torres - Clavé y J. - B. Subirana

El bloque consta de 200 viviendas dúplex y zona verde. Fue construido en cooperación con los sindicatos dentro de un plan social definido bajo los auspicios de la Generalitat de Cataluña. Se equipó con una biblioteca, un club, un parvulario y espacios de juegos, así como amplios locales para cooperativas de consumo y talleres. Las cubiertas planas eran accesibles y utilizadas como terrazas de recreo. Los núcleos de circulación vertical, escaleras y ascensores, se sitúan en las esquinas, donde además de la ventaja de alejar ruidos de las viviendas refuerzan visualmente los ángulos del edificio, evitando la apariencia de bloques sueltos.
Las viviendas gozan de ventilación transversal y vistas a ambos lados.

1934-1936 «Casa-bloc» in Sant Andreu, Barcelona – with Josep Torres-Clavé and J.-B. Subirana

The block comprises 200 duplex apartments and a landscaped area. It was constructed in collaboration with the trades unions in the context of a new social policy promoted by the Generalitat, the autonomous government of Catalonia. It was provided with a library, a social club, a nursery and playgrounds, as well as ample space for consumers' and craft cooperatives. With easy access to the flat roofs, these could be used as terraces for leisure purposes. The nuclei of vertical circulation – the stairs and lifts – are located in the corners, where in addition to keeping noise as far as possible from the apartments, they visually reinforce the angles of the building and dispel any impression that these were isolated blocks.
The apartments enjoy through ventilation and have views to the front and rear.

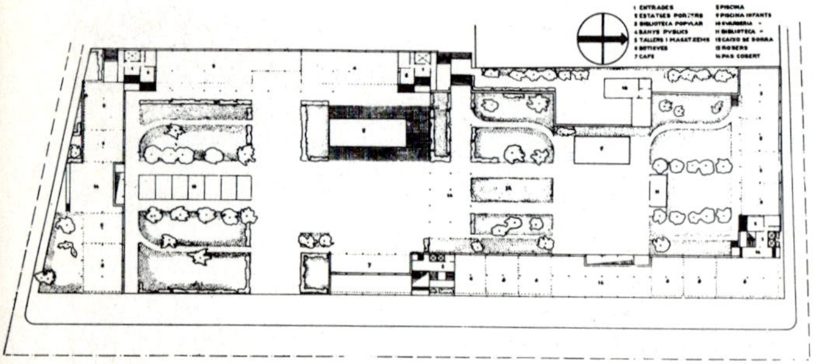

Planta baja

Ground floor

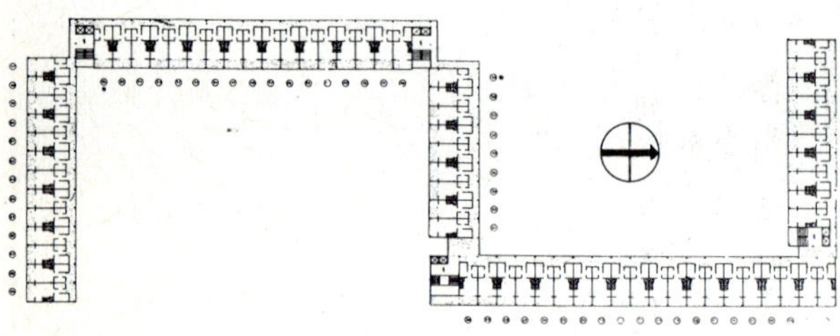

Planta a nivel de corredores de acceso

Plan at the level of the access corridors

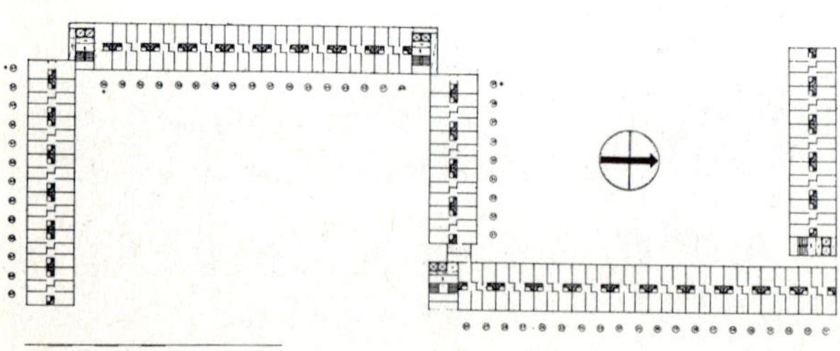

Planta a nivel superior, con los dormitorios

Plan of the upper level with the bedrooms

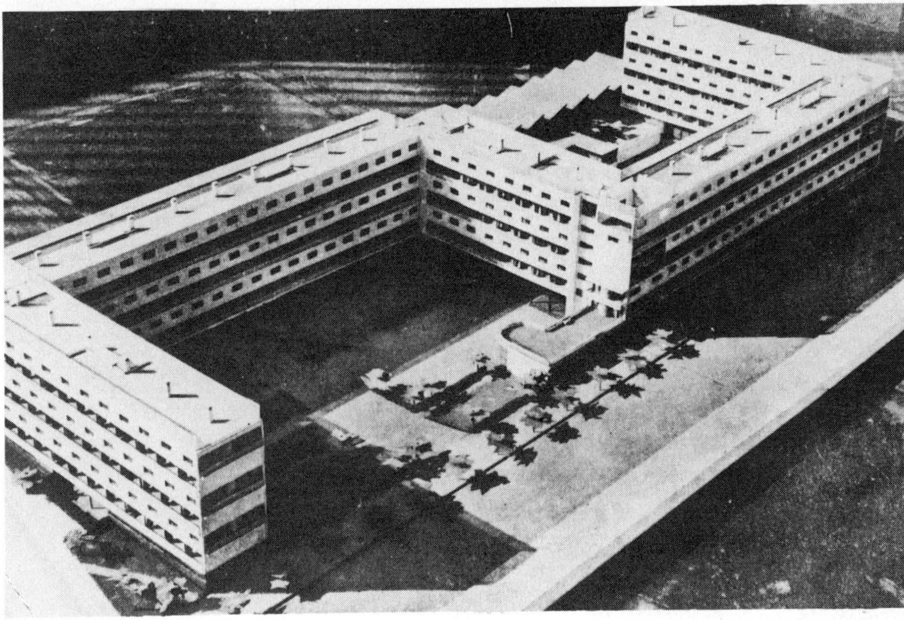

Fotografía de la maqueta

Photograph of the model

Foto obtenida poco antes de la terminación de las obras

A photograph taken shortly before work was completed

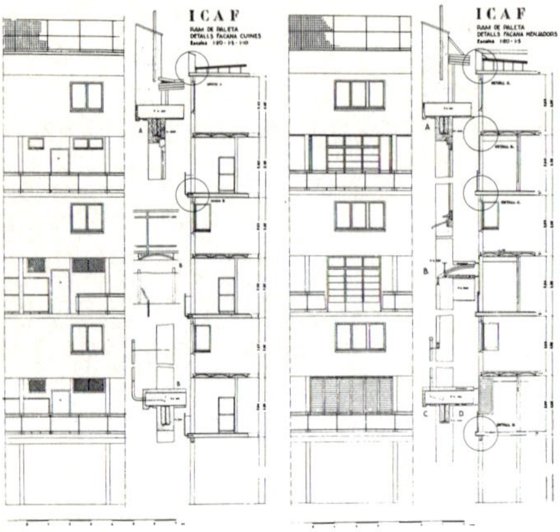

Detalle constructivo de la fachada: sección y alzado

Construction detail of the façade: section and elevation

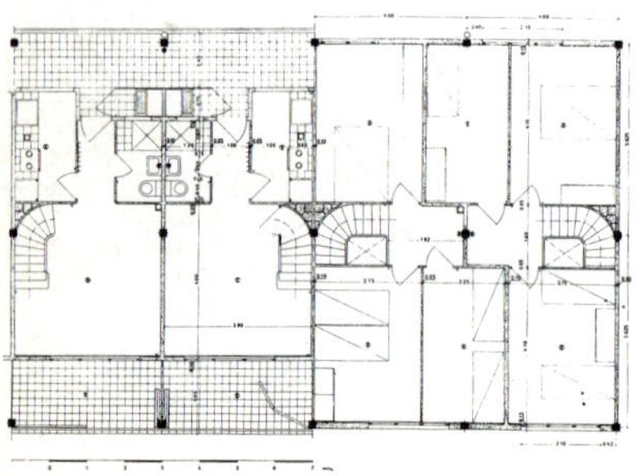

Plantas de la vivienda - tipo

Plans of the apartment-type

Perspectiva axonométrica de una vivienda

Axonometric perspective of an apartment

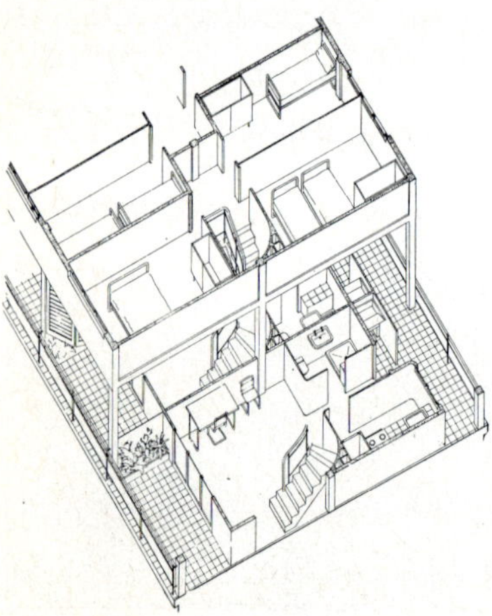

Fachadas de uno de los bloques

Façades of one of the blocks

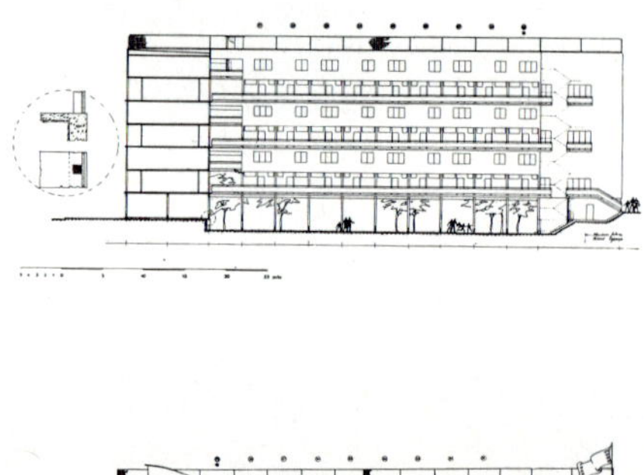

A partir de la experiencia de la «casa - bloc» el G.A.T.E.P.A.C. hizo propuestas alternativas al bloque cerrado del ensanche.

1 Sección de un bloque
2 Planta de los dúplex y portería
3 Estudio de distribución de la superficie edificable de una manzana (cuadra) del ensanche, servicios en planta baja:
   1 Tiendas
   2 Paso cubierto
   3 Almacenes
   4 Gimnasio
   5 Baños
   6 Piscina
   7 Parvulario
   8 Biblioteca y clase para adultos
   9 Café - club
4 Planta tipo

On the basis of the experience with the "casa-bloc" G.A.T.C.P.A.C. put forward proposals for alternatives to the typical closed Ensanche block.

1 Section through a block
2 Plan of the duplex apartments and the caretaker's office
3 Study of the distribution of the buildable surface area of a square Ensanche block, with the services on the ground floor:
   1 Shops
   2 Interior passage
   3 Stores
   4 Gymnasium
   5 Baths
   6 Swimming pool
   7 Nursery
   8 Library and adult education room
   9 Cafe and social club
4 Typical plan

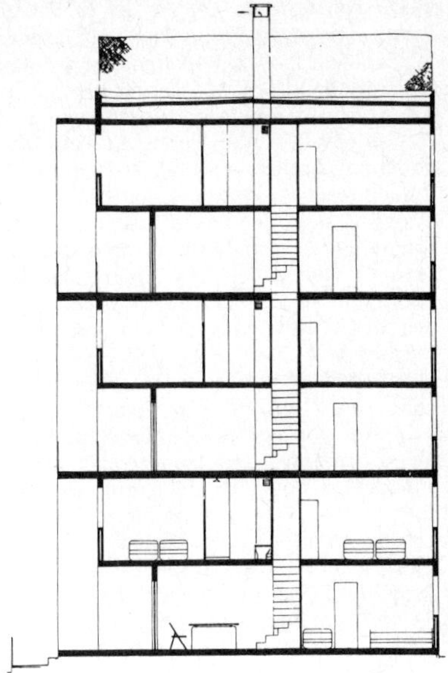
1

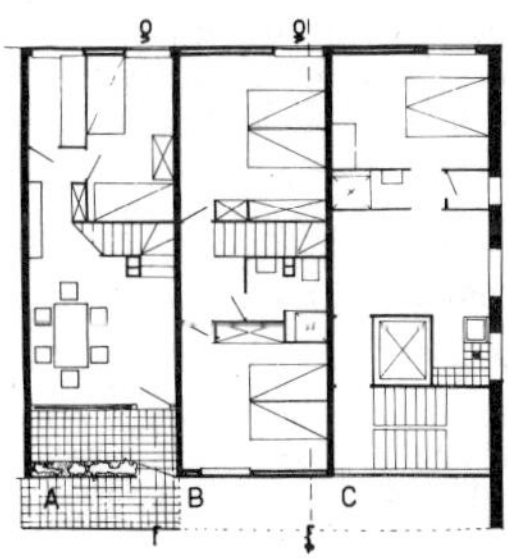

2

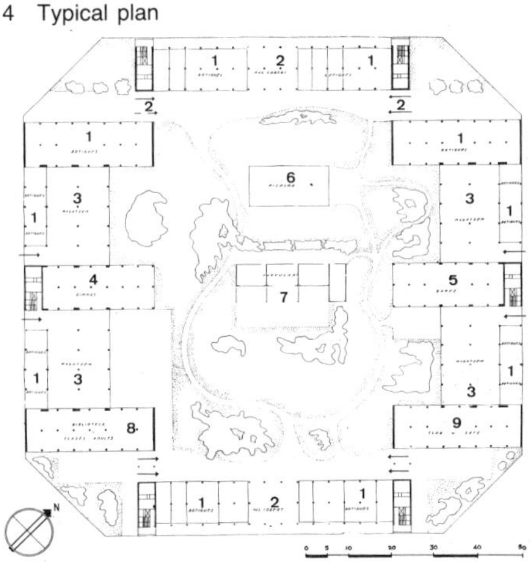

3

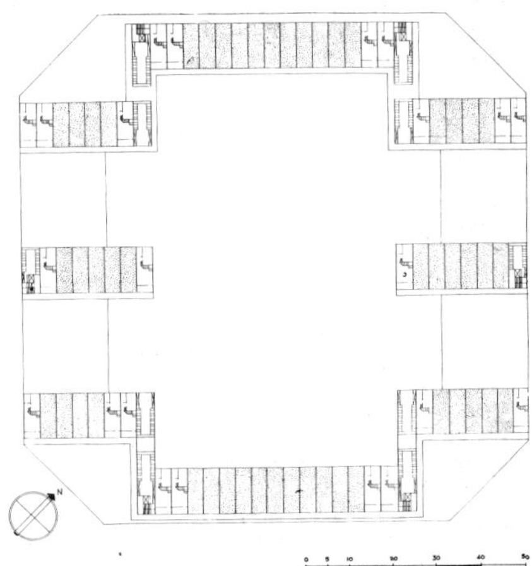

4

1937 Pabellón de España en la Exposición Internacional de París, con Luis Lacasa

El pabellón de la República Española en la Exposition Internationale reunió un excepcional conjunto del arte de vanguardia en un raro ejemplo de integración, fruto del trabajo conjunto de los arquitectos con los pintores y escultores. Construido con gran limitación de materiales y tiempo, el pabellón tenía un programa en constante cambio debido al estado de guerra del país. Se trataba de llevar al mundo entero el mensaje de las condiciones existentes en España y los objetivos del Gobierno.

El edificio constaba de tres plantas, con la planta baja abierta y prolongada por un patio cubierto por un toldo plegable accionado eléctricamente. Una gran rampa, que formaba uno de los costados del patio, servía de acceso a las plantas superiores. Los pintores y escultores hicieron donación de sus obras: Picasso, con el mural *Guernica*, instalado a la derecha de la entrada principal; Alexander Calder, que compuso una *Fuente de Mercurio*, y Joan Miró con su vasto panel *El campesino catalán y la revolución*, ubicado junto a la escalera de salida. Entre las esculturas hubo la *Montserrat*, de Julio González, y el símbolo totémico *El pueblo español tiene un camino que conduce a una estrella*, de Alberto Sánchez. El pabellón mostraba en su interior objetos de arte popular y grandes paneles fotográficos mostrando el pueblo español en la paz y en la guerra.

1937 Spanish pavilion for the International Exposition in Paris – with Luis Lacasa

The pavilion of the Spanish Republic at the International Exposition brought together an exceptional collection of avant garde art in a remarkable example of integration, the result of the joint work of architects, painters and sculptors. Subject to severe limitations of time and materials, the pavilion was built with the programme in a state of continual modification as a result of the Civil War in Spain. The intention was to bring conditions in the country, and the aims of the Republican government, to the attention of the rest of the world.

The building consisted of three floors, with the open ground floor continuing out to a courtyard under an electrically-operated folding canopy. Access to the upper levels was by way of a great ramp, which formed one side of the courtyard. The painters and sculptors donated work in aid of the cause: Picasso's mural *Guernica* was installed to the right of the main entrance; Alexander Calder's *Fountain of Mercury,* and Joan Miró's enormous panel entitled *The Catalan Peasant and the Revolution,* were displayed by the stairs of the exit. Amongst other sculpture there was *Montserrat* by Julio González, and Alberto Sanchez's symbolic totem *The Spanish People Have a Road Which Leads to a Star.* In the interior of the pavilion there was a display of arts and crafts, and large photographic panels showing the Spanish people in peace and at war.

Sección longitudinal
1 Entrada
2 Porche
3 Patio auditorium
4 Escenario

Longitudinal section
1 Entrance
2 Arcade
3 Auditorium courtyard
4 Stage

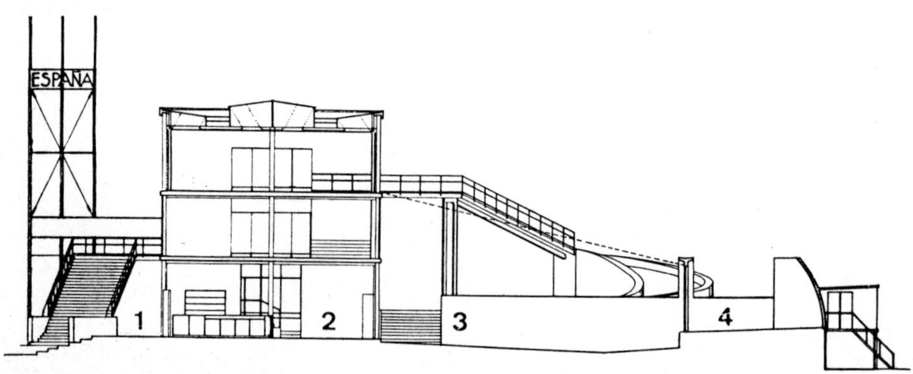

Planta baja
1 Entrada principal
2 Porche
3 Mural *Guernica*, de Picasso
4 Patio - auditorium
5 Escena
6 Cabina proyecciones
7 Vestuario
8 Bar
9 Exposición y venta de libros
10 Sala de espera
11 Administración

Ground floor
1 Main entrance
2 Arcade
3 *Guernica* mural by Picasso
4 Auditorium courtyard
5 Stage
6 Projectionist's booth
7 Cloakroom
8 Bar
9 Exhibition and bookstall
10 Waiting room
11 Administrative offices

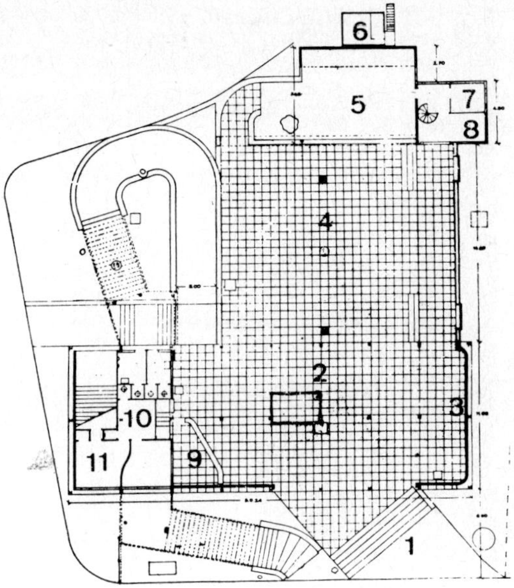

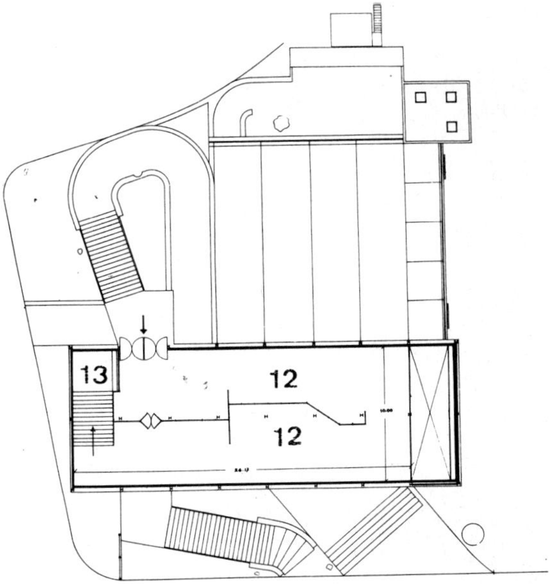

Planta tercera
12 Espacio de exposición
13 Escalera de salida

Third floor
12 Exhibition area
13 Exit stairs

Fachada principal a la calle

Main street façade

Vista del muro posterior con escalera, rampa
y el toldo de cubrición del patio

View of the rear wall with the steps, the ramp and
the canopy covering the courtyard

Patio - auditorium ▶

Auditorium courtyard

1

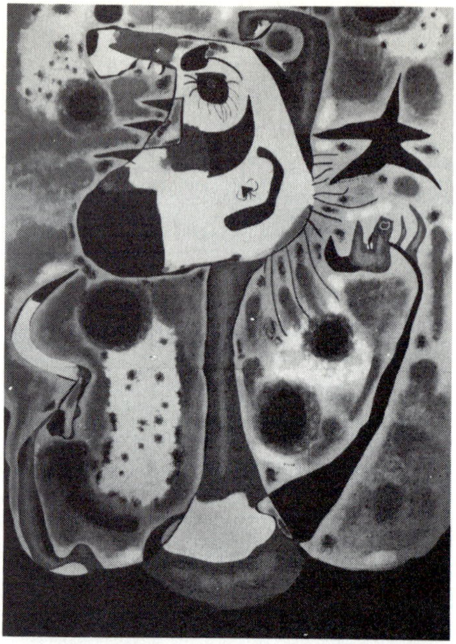

2

ESPANA
IL Y A PLUS D'UN DEMI
MILLION D'ESPAGNOLS
AVEC DES BAIONNETTES
DANS LES TRANCHEES
QUI NE SE LAISSERONT
PAS MARCHER DESSUS
PRESIDENT AZANA

3

4

El mural *Guernica* de Picasso, con la *Fuente de Mercurio* de Calder en primer término

The mural *Guernica* by Picasso, with the *Fountain of Mercury*, by Calder, in the foreground

1 Vista lateral de la escalera y rampa

2 El mural de Miró *El campesino catalán y la revolución*

3 *El pueblo español tiene un camino que conduce a una estrella*, de Alberto Sánchez

4 La *Montserrat*, de Julio González

1 Side view of the stairs and ramp

2 The mural *The Catalan Peasant and the Revolution* by Miró

3 *The Spanish People Have a Road Which Leads to a Star* by Alberto Sánchez

4 *Montserrat* by Julio González

2

1939-1953

Este capítulo está dedicado a la labor de Sert como urbanista en varios países de Sudamérica. Después de un difícil período transcurrido en Nueva York en compañía de una amplia colonia de europeos refugiados: Leger, Chagall, Breton, Buñuel, etc., Sert publicó en 1943 el libro *Can our Cities Survive?*[1] reuniendo una selección excepcionalmente documentada de los trabajos por el IV Congreso C.I.A.M. Este texto representó una primera versión de la Carta de Atenas que publicaría en forma más sistematizada Le Corbusier, pocos años más tarde. Fue, además, el primer documento que introdujo en Norteamérica las experiencias y doctrinas de la arquitectura y el urbanismo desarrollados en Europa por los C.I.A.M. Durante toda una década representó una obra esencial de referencia para los anglosajones. Como portavoz de estas nuevas corrientes, Sert fue invitado con frecuencia a dar conferencias en las escuelas de arquitectura de los Estados Unidos, casi todas ellas bajo la influencia de arquitectos europeos llegados en la anterior oleada de exiliados: Mies van der Rohe, Gropius, Neutra, Breuer. El clima de movilización cívica ocasionado por la guerra y la administración Roosevelt, con prioridad a las tareas e intereses colectivos, resultaba muy prometedor, y en muchas de sus conferencias Sert apuntó la posibilidad de que este ímpetu —y la legislación moderadamente socializante que la acompañaba— se volcara sobre los problemas urbanos. Estas esperanzas se vieron totalmente frustradas por la evolución política

1. Harvard University Press, 1941.

1939-1953

The subject of this chapter is Sert's work in urban design in various countries in South America. After spending a difficult time in New York, in the company of a diverse group of European exiles – Leger, Chagall, Breton, Buñuel and others – Sert published his book *Can Our Cities Survive?*[1] in 1943, gathering together an exceptionally well documented selection from the work of the 4th C.I.A.M. Congress. This text amounts to a first draft of the Charter of Athens which Le Corbusier was to publish in a more systematised version a few years later. It was, in addition, the first document to introduce the experiences and the principles of architecture and of urban design which C.I.A.M. had been working through in Europe to the North Americans. For a whole decade it was regarded as essential reference material in the English-speaking world. As spokesman for these new tendencies, Sert was frequently asked to give lectures in the schools of architecture in the United States, almost all of which were directed by European architects from the first wave of refugees: Mies van der Rohe, Gropius, Neutra, Breuer. The civilian mobilization which was the Roosevelt government's response to the war, with its prioritisation of the public interest and work serving it, seemed to be a promising climate for dealing with problems of urban design, and Sert drew attention to this in many of his lectures, pointing to the impetus, and to the accompanying legislation, with its mildly socialising tendency, to tackle the problems of the cities. These hopes were completely frustrated by the subsequent shift in the political spectrum. The possibility of rationalist urban design in North America was crushed by the power of the vested

1. Harvard University Press, 1941.

del país. Las posibilidades del urbanismo racionalista en Norteamérica se estrellaron contra las estructuras de poder, que ven en todo planeamiento una violación de las libertades de mercado. En cambio, Sudamérica ofrecía la imagen de un espacio inexplorado y con vastos sectores de la población en proceso de urbanización. Las doctrinas urbanísticas del movimiento moderno, con su zonificación simplificadora, sus clasificaciones viarias, y sobre todo la implacable rigidez formal de sus propuestas tipológicas para el hábitat, tenían —junto a sus muchos méritos— el defecto de su escasa experimentación práctica. Llevaban todavía una aureola mesiánica, que las emparentaba con las utopías del siglo XIX que, como es sabido, necesitaron espacios vírgenes, nuevos territorios donde empezar desde cero con un *nuevo orden.* Sert, por aquel entonces presidente del C.I.A.M. y portavoz de sus doctrinas, las sometería a la prueba del fuego de la aplicación sobre realidades concretas. Los aportes de esta experiencia enriquecieron enormemente el patrimonio de tipologías y métodos de trabajo del movimiento moderno, asegurándole la vigencia de unas ideas que han llegado hasta hoy, aunque desgraciadamente con aplicaciones sólo fragmentarias. A partir de 1945, Sert se asocia con Paul Lester Wiener y Paul Schulz para formar Town Planning Associates, que tuvo su oficina en Nueva York, pero formó equipos de trabajo con profesionales de los países que contrataron sus servicios. También colaboraron con la firma de ingeniería civil de Seelye, Stevenson y Knecht, de Nueva York, para los proyectos de infraestructura. El primer proyecto de T.P.A. fue el estudio para la nueva Cidade dos Motores, en el Brasil. En él, los postulados del C.I.A.M. fueron seguidos con todo rigor, con bloques sobre «pilotis» separados entre ellos y de las circulaciones, abandono del concepto de calle, etc. El segundo proyecto, para la nueva ciudad de Chimbote, en la costa del Perú, planteó un desafío a la ortodoxia primeriza de los planeadores. En efecto, en Chimbote el clima es cálido; pero seco, desértico. No podía esperarse que una espléndida capa de vegetación tropical viniera a ocupar los espacios entre bloques, como en Cidade dos Motores. Tuvo que sacar partido de una red de canales —algunos construidos en tiempos de los Incas— para aprovechar el agua procedente de los Andes y alrededor de estos canales organizar franjas verdes. Para el resto de la superficie árida la forma más lógica de implantación iba a ser la trama compacta de viviendas de una, dos o tres

interests, who see planning of any kind as a violation of the freedom of the market. By contrast, South America held out the offer of unexplored space, and of a population, enormous sectors of which were in the process of becoming urbanised. The urban design theories of the modern movement, with their simplification of zoning, their classifications of traffic routes, and above all the implacable formal rigidity of their typological proposals for the built environment had – besides their many virtues– the disadvantage of very little practical experience. There was still a prophetic aura about them which invited comparisons with the utopias of the 19th century, with their well-known need for virgin space; new territories in which to establish a "new order" from scratch. Sert, who was then president of C.I.A.M. and spokesman for its principles, would submit these theories to the test of fire by applying them to concrete realities. The outcome of this experience was an enormous enrichment of the modern movement's stock of typologies and methods of working, assuring the continuity of a number of ideas which are still applied today, although unfortunately put into practice only in a piecemeal, fragmentary fashion. From 1945, Sert worked in partnership with Paul Lester Wiener and Paul Schulz, forming Town Planning Associates, with its office in New York, and at the same time putting together working teams with professionals in the various countries where his services were required. He also collaborated with the civil engineers Seelye, Stevenson and Knecht, of New York, on infrastructure projects. The first project taken on by T.P.A. was a study for the new Cidade dos Motores, in Brazil. Here the postulates of C.I.A.M. were implemented with absolute rigour, with blocks set on "pilotis", separated from each other and from the traffic routes, a rejection of the concept of the street, and so on. Their second project, for the city of Chimbote on the coast of Peru, was in open defiance of the new orthodoxy of the planners. The fact is that the climate of Chimbote is hot, but dry and desertlike; there could be no hope of a lush growth of tropical vegetation springing up to occupy the spaces between the blocks as in the Cidade dos Motores. He hand to make do with a network of canals – some of them dating from Inca times – constructed to take advantage of the water coming down from the Andes, laying out belts of greenery around them. As far as the rest of the area was concerned, the most logical form for the arid environment was a compact grid of one, two and three storey housing with courtyards, which Sert referred to as "the urban carpet". These houses, which might vary in size and manner of organisation, created squares and streets on a human scale, suitable for a low-cost landscaping treatment. The system employed in Chimbote was,

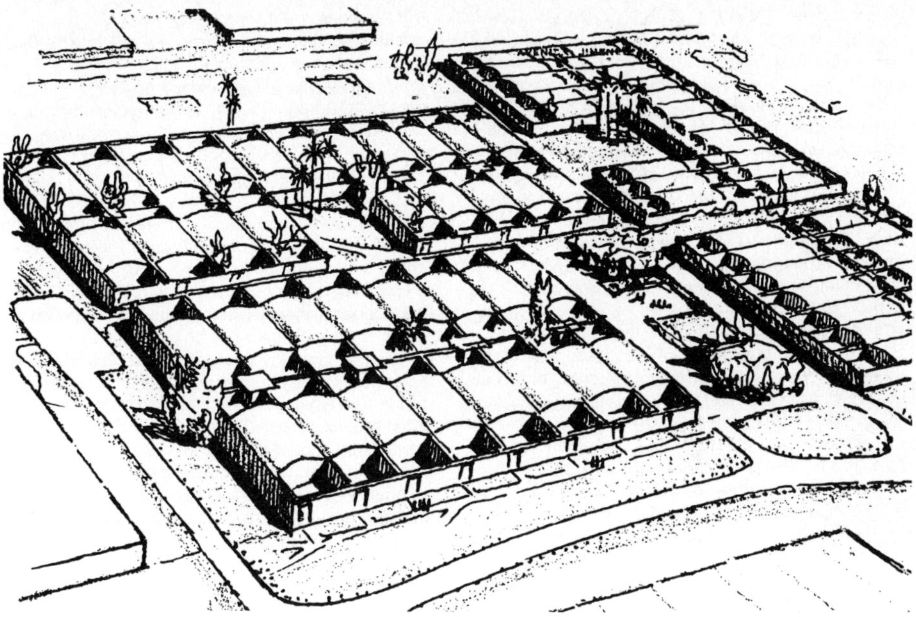

plantas, con patios, que Sert llama «el tapiz urbano». Estas viviendas, que podían variar en tamaño y forma de agregación, creaban plazas y calles a una escala humana, susceptibles de recibir un tratamiento paisajístico económico. El sistema de Chimbote fue sin duda una aportación fundamental al urbanismo, por cuanto integraba en el plan físico no sólo las condiciones naturales, sino las sociales, económicas y culturales. Es un modelo que se deriva de una atenta observación de la tipología rural, vernácula y de los procesos «espontáneos» de asentamiento marginal en la periferia de las urbes. El plan de Chimbote se presentó al congreso del C.I.A.M. de Bergamo en 1949, al que asistían los jóvenes arquitectos de la tercera generación del movimiento moderno. Debe considerarse como el punto de partida de una larga serie de proyectos desde los planes de Candilis y Woods para el Africa francesa, hasta los más recientes de Alexander para el Banco de la Vivienda de Perú.[2] Con este aporte innovador el equipo de T.P.A. abrió la nueva etapa «regional» del urbanismo moderno, superando la rigidez inicial de la fase universalista, con

2. E. Donato, «Sert: 1929-1953», en *Cuadernos de Arquitectura,* n.° 93.

without doubt, a fundamental contribution to urban design in the way that it integrated social, economic and cultural, as well as natural factors into the physical plan. This is a model drawn from a close and sensitive observation of the rural vernacular typology and of the processes of "spontaneous" settlement on the peripheral fringes of the towns. The plan for Chimbote was presented to the C.I.A.M. congress in Bergamo in 1949, attended by so many young architects of the third generation of the modern movement. It can be considered as the point of origin for a whole series of later projects, from Candilis and Woods' plans for French West Africa up to the more recent projects by Alexander for the Housing Bank in Peru.[2] With this innovative statement the T.P.A. team opened the door on a new "regional" phase in modern urban design, leaving the rigidity of the initial universalist phase behind, replacing its utopian continental outlines with specifics and values based on the particular. In the light of this evolutionary movement, it is worth pointing out the anachronism of a scheme such as that for Brasilia, worked out ten years after Chimbote yet repeating the errors of the simplistic formalisation of the prewar period, crowned with a monumental rhetoric.

2. E. Donato, "Sert: 1929-1935", in *Cuadernos de Arquitectura,* n.° 93.

sus utópicos trazados continentales, e introduciendo valores de particularidad. Es de señalar, a la luz de esta evolución, el carácter anacrónico de un esquema como el de Brasilia, concebido diez años después de Chimbote, y que repite los errores de la formalización simplista de la preguerra añadiéndole una retórica monumentalista. A la atención prestada por los planificadores a las condiciones naturales —conservación de cauces hidráulicos, factores climatológicos, etc.—, se sumó una considerable sensibilidad para incorporar los factores humanos. Diseñar para una población con nivel económico «de subsistencia» era algo muy distinto de hacerlo para una población urbana de clases medias. Hubo que tener en cuenta diversas escalas; en densidad y extensión —«unidades de medida» del Plan de Bogotá— susceptibles de economizar costos. Las sugerencias de uso mixto de elementos prefabricados con autoconstrucción se avanzaron varias décadas a sus versiones mucho más demagógicas del «self help» postulado en la actualidad para países subdesarrollados. A partir de Chimbote se establece una de las pocas teorías tipológicas, arraigada en la tradición latina que se repite en los distintos proyectos como concepto general por encima de la casuística específica. Se trata de las «escalas de privacidad» de los espacios - patio: el patio de la vivienda, plaza del barrio y plaza central del centro cívico. Esta teoría elemental de los espacios de comunicación al aire libre unidos a sus canales de movimiento de peatones: corredor - calle - boulevar - paseo se revela precursora de las presentes tendencias que establecen una correspondencia entre la forma física de la ciudad y los tipos arquitectónicos de sus componentes.
En los trabajos urbanísticos de T.P.A. en Sudamérica, el criterio de planeamiento compacto se aplicó a diversas escalas, según el carácter e importancia de las ciudades. Capitales como Bogotá, Lima o La Habana tenían condiciones especiales como centros de gobierno que contaban con una población considerable. En muchos casos se adaptaron a la trama de las «cuadras» coloniales, herencia de las Leyes de Indias. Su método de trabajo perfeccionado a través de los años de experiencia, puede resumirse como sigue:

— Análisis minucioso de los datos recogidos por los asociados locales a partir de listas y encuestas redactadas por los urbanistas. Al final se seleccionaron los datos más verosímiles y útiles.
— Colaboración con los expertos locales,

In Chimbote, in addition to the planners' close attention to natural conditions – the conservation of freshwater channels, climatological factors and the like – there was a considerable degree of sensitivity to the inclusion of the human factors. Designing for a population with a subsistence economy is very different from designing for a middle-class urban population. A variety of scales had to be taken into account with regard to density and extension – the "units of measurement" of the Plan for Bogota – for the purpose of keeping down costs. The suggestions for the combined use of prefabricated elements and construction directly by the residents themselves predated the later, far more demagogic versions of the "self-help" philosophy currently advocated for underdeveloped countries. Chimbote was the starting point for one of the few typological theories rooted in the Latin tradition and repeated throughout the different projects as a general concept over and above the casuistry of the specific case in hand; the "degrees of privacy" of the courtyard-spaces: the courtyard of the house itself, the neighbourhood square, and the central square of the civic centre. This fundamental theory of the communication of open-air spaces linked by courses for the movement of pedestrians – corridor, street, boulevard, avenue – can now be seen as a precursor of the current tendencies which establish a correspondence between the physical form of the city and the architectural types of its component elements.
Throughout T.P.A.'s urban design work in South America the criterion of compact planning is applied on a variety of scales, according to the character and importance of the city in question. Capitals such as Lima, Bogota or Havana presented special conditions as centres of government with considerable numbers of inhabitants. In many cases the projects were adapted to the layout of the old colonial blocks, an inheritance from the Laws of the Indies. The working method, perfected over years of experience, can be summed up in the following terms:

– meticulous analysis of the data collected by their associates in the local area using checklists and questionnaires drawn up by the planners. The most realistic and useful data was then selected from this.
– collaboration with local experts: geographers, sociologists, health authorities, educationalists, engineers, architects and so on. At times personal conversations and exchanges of impressions proved to be more useful than the written reports.
– intensive use of aerial photographs, maps and statistics (particularly with regard to natural catastrophes).

geógrafos, sociólogos, higienistas, educadores, ingenieros, arquitectos, etc. A veces unas charlas o cambios de impresiones personales se revelaron más útiles que los informes por escrito.

— Una utilización intensiva de fotografías aéreas, mapas y estadísticas (en particular del catastro).

Esta investigación sentaba los problemas básicos y definía las condiciones existentes, punto de partida para la redacción de un programa de actuación. Una vez que este programa era aprobado por las autoridades se elaboraba un *plan piloto* o preliminar en un plazo fijo. Este plan definía el ámbito de la futura ciudad y su relación con la región circundante, se acompañaba de una serie de anteproyectos a diferentes escalas, sugiriendo usos del territorio, densidades, red viaria, transportes colectivos, etc. Los anteproyectos comprendían material escrito y gráfico. Es de señalar el énfasis en la presentación visual, en términos siempre de diseño.
La aprobación del plan piloto era siempre objeto de serios debates, pero una vez aceptado daba a los planificadores una base firme para el desarrollo del plan general o director (Master Plan). Este plan enfocaba el remodelamiento o la nueva creación de enteros segmentos urbanos, con detalle, llevando su grado de definición a un nivel casi arquitectónico.
El plan de La Habana es un ejemplo de plan piloto preliminar, mientras que el de Bogotá se llevó hasta el nivel de plan director o general.
De todos los aspectos del planeamiento, T.P.A. se orientó siempre en sus trabajos y hasta en los medios de desarrollarlos y presentarlos —hacia la configuración física, con indudable énfasis en la definición y conformación de espacios—. Es el inicio de la práctica profesional llamada *diseño urbano.*

This research work identified the basic problems and defined existing conditions as the starting point for the drawing up of a plan of action. Once this programme had been approved by the relevant authorities a pilot plan, or preliminary scheme, was produced within a set period. This plan defined the parameters of the future city and its relationship with the surrounding countryside, and was accompained by a series of sketch designs to different scales, suggesting land use, densities, traffic system, public transport network, etc. These sketch designs included both written material and drawings. This emphasis on visual presentation, always in terms of design, is worth noting.
The process of passing the pilot plan was always one of serious debate, but once it had been approved it gave the planners a firm foundation on which to develop the general or master plan. This plan focussed on the remodelling or the creation from scratch of entire segments of city in considerable detail, carrying the degree of definition to an almost architectural level.
The plan for Havana is an example of a preliminary pilot plan, while the one for Bogota was taken through to the stage of general or master plan.
In every aspect of planning, T.P.A. was always oriented, in each project and even in the manner of working out and presenting a scheme, towards the physical configuration, with an unquestionable emphasis on the definition and conformation of spaces. This was the origin of the profession now known as *urban design*.

1945 Cidade dos Motores, Brasil

Esta nueva ciudad situada entre Río de Janeiro y Petropolis se planeó para 25 000 habitantes. Se procuró dejar intactas las colinas llenas de vegetación, concentrando la construcción en las partes llanas. El trazado viario es simple, define las supercuadras y las conecta con las fábricas y la autopista Río-Petropolis. En conjunto, el proyecto traduce las doctrinas de los primeros C.I.A.M. con bloques exentos paralelos a la orientación más favorable y separación de circulación de peatones y rodada. La ciudad recibe su nombre de unas fábricas de motores de aviación y tractores cuya producción disminuyó al terminar la guerra mundial.

1 Perspectiva aérea del sector residencial. Al fondo, centro cívico y estadio

2 Plan general

3 Perspectiva que muestra el estadio, la escuela técnica, boulevar, centro comercial y la plaza del Centro Cívico

1945 Cidade dos Motores, Brazil

Situated between Rio de Janeiro and Petropolis, this new city was planned for a population of 25,000. The hills, with their dense vegetation, were conserved intact, with construction being concentrated on the level ground. The traffic network is simple, defining the super-blocks and connecting them with the factories and the Rio-Petropolis motorway. Overall, the project implements the doctrines of the first C.I.A.M. congresses, with freestanding blocks laid out parallel to the most favourable orientation and the separation of vehicular and pedestrian traffic. The city takes its name from the aero and tractor engine factories, whose output fell off after the end of the Second World War.

1 Aerial perspective of the residential sector. In the background, the Civic Centre and stadium.

2 General plan

3 Perspective showing the stadium, the technical college, boulevard, commercial centre and the Civic Centre and its square

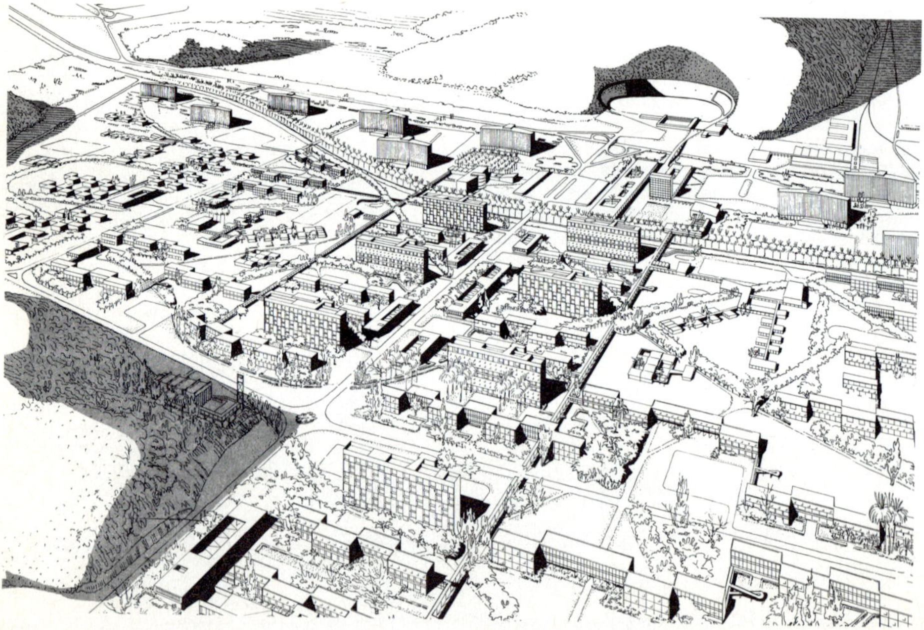

1

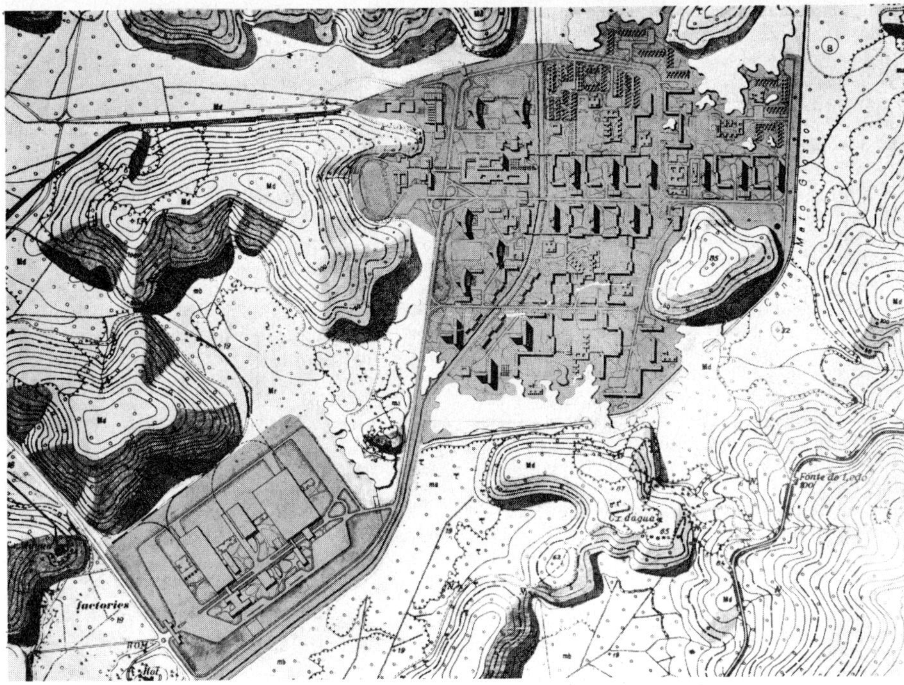

2

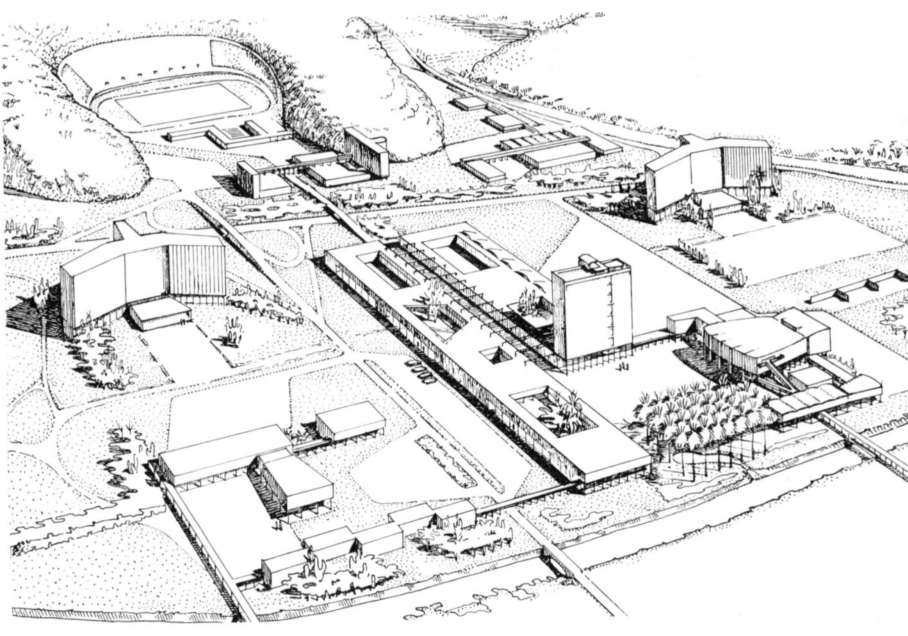

3

1948 La nueva ciudad de Chimbote, Perú

El desarrollo de los recursos mineros del norte del Perú requería la creación de un puerto apropiado. Chimbote era una aldea de pescadores que disponía de un buen puerto natural en su bahía. Situado en una zona cálida y desértica, se pensó en revitalizar los canales de irrigación existentes desde tiempos precolombinos. Estos canales podían originar huertas en las afueras y alimentar los futuros parques de la ciudad. Se planteó un tipo de hábitat nuevo basado en el «tapiz urbano», esto es, un compacto tejido de casas de una, dos y tres plantas con patios cerrados por muros. Estos patios suelen ser mayores que las propias viviendas, apropiados para que los habitantes conserven sus hábitos de vida al exterior. Los viales de servicio y calles de peatones se definen con los muros de escasa altura y prácticamente sin aberturas. El centro cívico concentra los edificios de carácter público: ayuntamiento, oficinas, hotel, iglesia, residencias y una plaza de toros.

Perspectiva del centro cívico abierto sobre la bahía

1948 The new town of Chimbote, Peru

The exploitation of the mineral resources in the north of Peru called for the creation of a suitable port. Chimbote was a fishing village, endowed with a good natural harbour, in a bay. Situated in a hot, desert zone, the area was provided with irrigation canals laid out in pre-Columbian times, which it was hoped to revitalise. These canals would provide the conditions for nurseries and gardens on the outskirts of the city capable of supplying its parks. A new type of urban environment was conceived, based on the «urban tapestry»; in other words, a closely-woven fabric of one-, two- and three-storey houses with internal courtyards enclosed by walls. These courtyards would be larger than the houses proper, ennabling the inhabitants to carry on with their traditionally outdoor life. The service access routes and pedestrian ways are defined by almost unbroken low walls. The civic centre groups together the buildings with a public character: town hall, offices, hotel, church, hotels and a bullring.

Perspective showing the civic centre opening out onto the bay

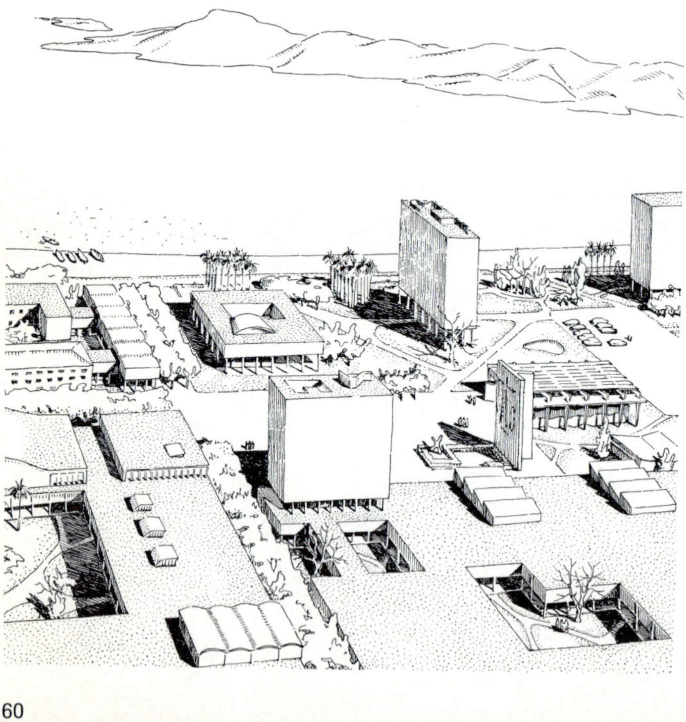

Plan general
1 Zona industrial
2 Sectores centrales
3 Centro cívico
4 Zona agrícola
5 Carretera panamericana

General plan
1 Industrial zone
2 Central sectors
3 Civic centre
4 Agricultural area
5 Panamerican highway

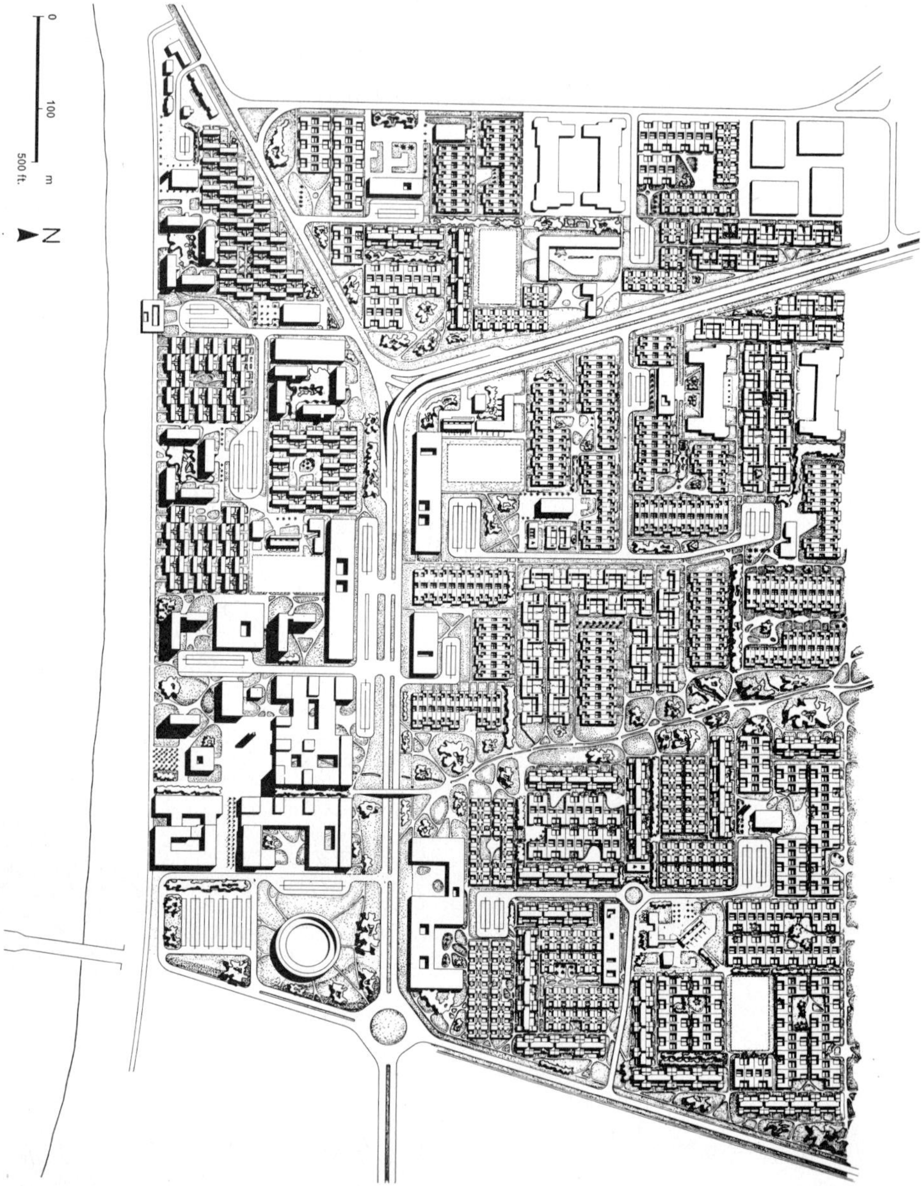

Plano del área central de la ciudad mostrando los grupos compactos de viviendas, los parques lineales que siguen el trazado de los canales y las principales vías de circulación de vehículos

Plan of the central area of the city showing the compact clusters of houses, the linear parks following the line of the canals and the main traffic routes for motor vehicles

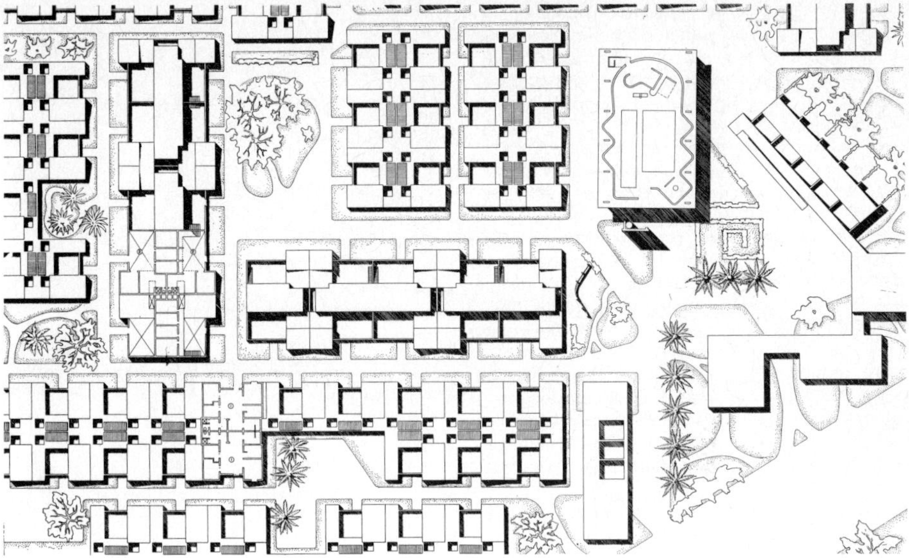

Típico grupo de viviendas

Typical group of houses

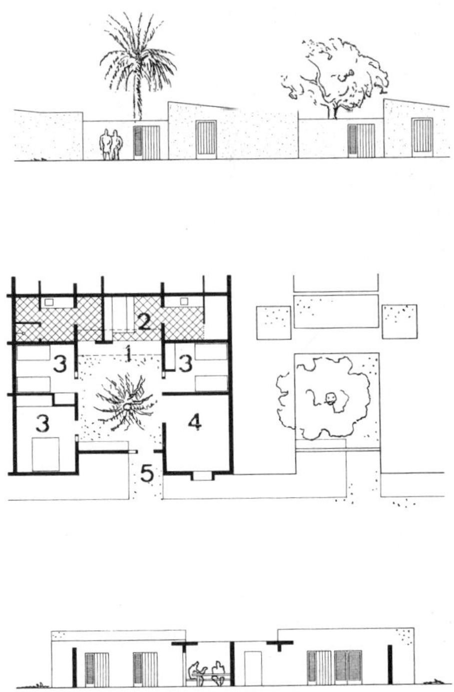

Alzado, planta y sección de una casa típica
1 Patio
2 Cocina
3 Dormitorio
4 Estar
5 Calle de peatones

Elevation, plan and section of a typical house
1 Courtyard
2 Kitchen
3 Bedroom
4 Living room
5 Pedestrian way

1949 Plan director de Medellín, Colombia
Medellín contaba en aquel momento con unos 300 000 habitantes y era un importante centro textil y capital de una región proveedora de café, encajada en el estrecho valle del río Medellín. Esta configuración sugirió un desarrollo lineal. La regulación del cauce del río fue asimismo objeto de planeamiento realizado en colaboración con expertos. Ello dio lugar a una rigurosa manutención de los lechos torrenciales para preservar el drenaje natural y prevenir la erosión. La topografía definió el trazado viario a partir de un tronco axial del que parten ramas secundarias. El saneamiento de una amplia llanura pantanosa hizo disponible nuevos terrenos cerca del centro urbano. El trazado cuidó la integración de los sectores existentes —industriales y residenciales— con los nuevos. Los sectores de nueva creación contaban con un centro local comunitario con equipamientos escolares y recreativos, etc.

1949 General plan for Medellin, Colombia
At the time the plan was drawn up Medellin had a population of 300,000 and was an important centre for textiles and the capital of a coffee-producing region, enclosed in the narrow valley of the Medellin river. This configuration suggested a linear development. A plan was likewise prepared, in collaboration with experts, for the regulation of the channel of the river. This called for the rigorous maintenance of the torrential floodwater courses in order to preserve the natural drainage and prevent erosion. The topography defined the road network, starting from an axial trunk with secondary routes branching off it. The draining of an extensive area of marshland made new land close to the urban centre available. The layout was careful to integrate the existing industrial and residential sectors with the new development. These newly created sectors have their own community centre, with schools and recreation facilities and so on.

Plano general que muestra el sistema de parques y viales.

General plan showing the system of parks and traffic routes

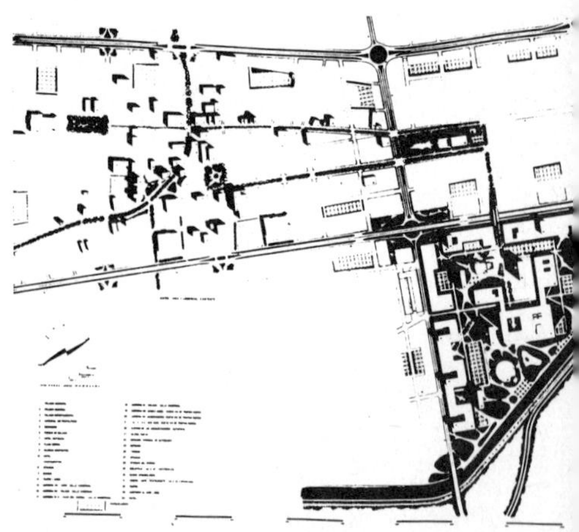

Plano de un sector típico

Plan of a typical sector

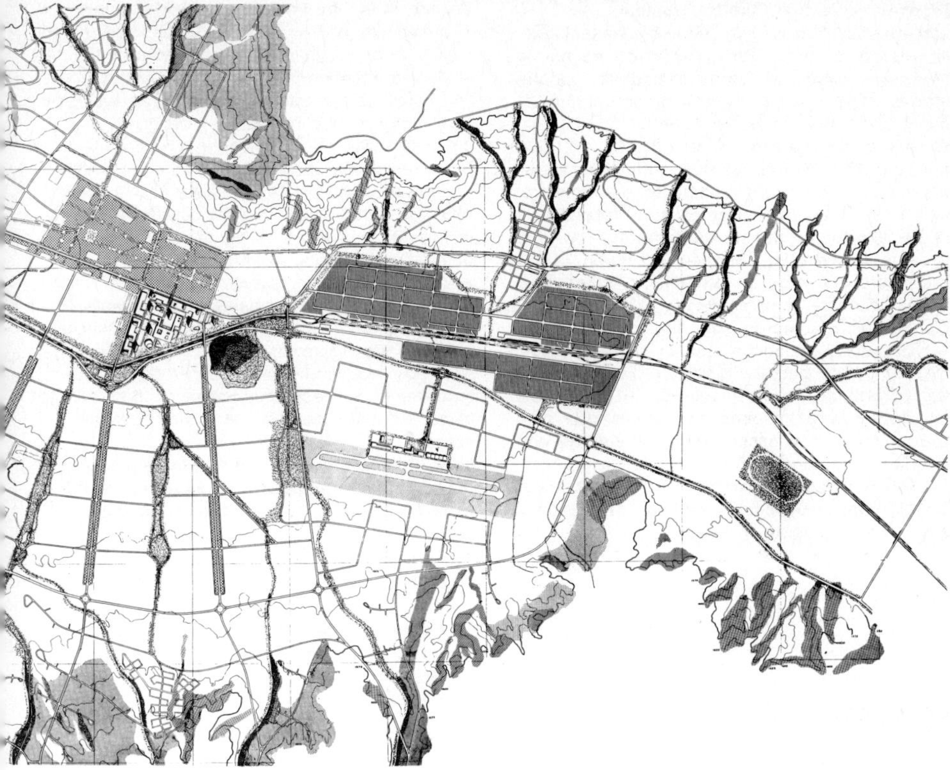

DELLIN

Propuesta para el centro cívico
1 Plaza
2 Paseo
3 Parque lineal junto al río
4 Ayuntamiento
5 Auditorium
6 Anfiteatro
7 Oficinas
8 Hotel
9 Tiendas y despachos

Proposal for the civic centre
1 Square
2 Promenade
3 Linear riverside park
4 Town hall
5 Auditorium
6 Amphitheatre
7 Offices
8 Hotel
9 Shops and offices

Propuestas para el hábitat tropical

Los miembros de Town Planning Associates abordaron el tema de la vivienda económica hasta sus casos extremos, cuando las poblaciones están casi al margen de la economía monetaria. Analizando el hábitat tradicional de las zonas selváticas, diseñaron prototipos que combinaban las ventajas higiénicas de disponer de un grupo compacto de instalaciones (retrete - ducha - cocina) quizá prefabricable, sin dejar de ser construibles por los propios habitantes. También se inició la prefabricación de algunos elementos, como bóvedas - cáscara para cubiertas y sus soportes. Con estos elementos sólo hacía falta levantar paredes con adobe, tablas o mampostería, según se pudiera disponer. Estas mejoras del hábitat se acompañaban de la insistencia en formar agrupaciones compactas que pudieran costear y hacer buen uso de los equipamientos colectivos.

En todas estas propuestas T.P.A. se avanzó en el tiempo respecto a muchos proyectos de los años cincuenta y sesenta.

Proposals for the tropical environment

The members of Town Planning Associates carried their work on economical housing as far as the extreme case where the population is virtually on the margin of the monetary economy. Analysing the traditional rainforest habitat, they designed prototypes which would have the advantages in terms of hygiene of a compact group of possibly prefabricated services (toilet-shower-kitchen) while retaining the possibility of being constructed by the inhabitants themselves. At the same time they began the process of prefabricating certain elements, such as roof vaults and supports. Using these elements it only remains to put up walls of adobe, board or masonry, as local circumstances dictate. These improvements in living conditions were accompanied by the insistence on the formation of compact groupings so as to be able to afford and make the best use of the communal services.

In all of these proposals T.P.A. were appreciably ahead of their time, particularly as regards a number of projects from the fifties and sixties.

1

1 Casas en hilera para Tumaco, Colombia
2 Ensamblaje de bóvedas - cáscara
3 Sección
4 Planta

1 Row of houses for Tumaco, Colombia
2 Roof-vault assembly
3 Section
4 Plan

2

3
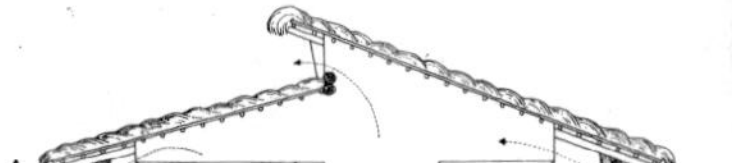

4
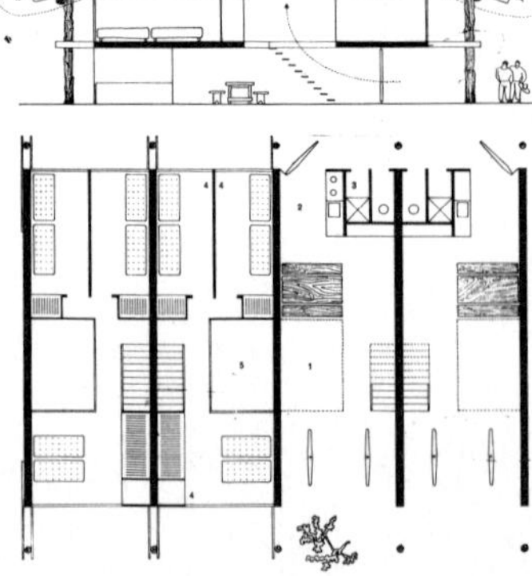

Casas con patio para una colonia residencial en la isla de Pinos, Cuba

Houses with courtyard for a residential development on the island of Pinos, Cuba

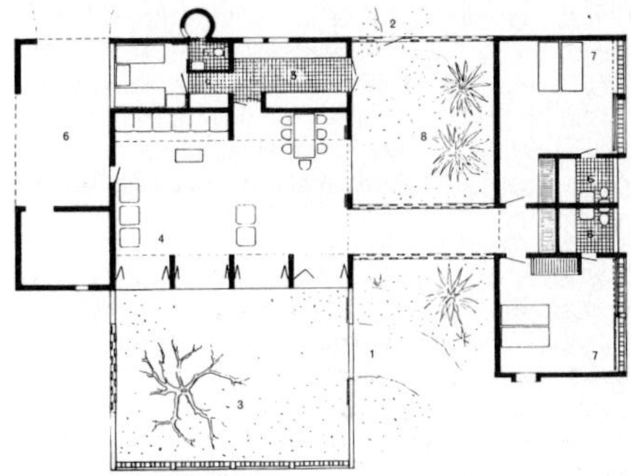

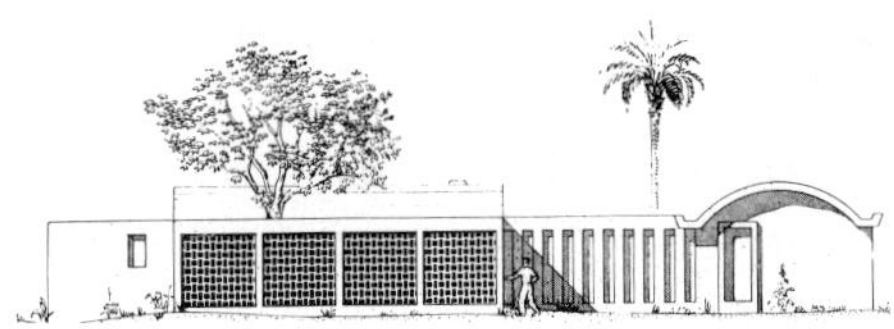

Bloque de pisos de alquiler con cerramientos a base de celosías y porsianas. Pomona, Venezuela

Block of rental apartments with façades of blinds and shutters. Pomona, Venezuela

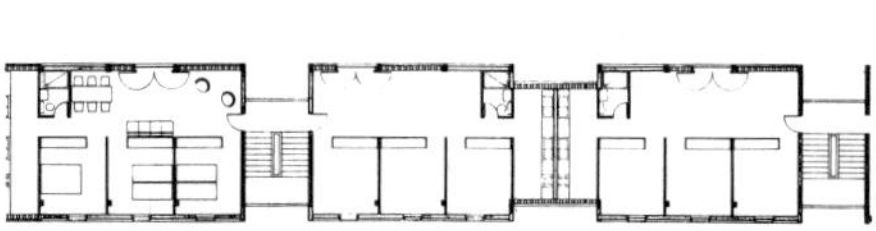

1951-1953 Plan director de Bogotá (Colombia)
Este plan director elaborado con Le Corbusier como consultor y en colaboración con la oficina local de planeamiento, representaba un desarrollo del Plan Piloto trazado por Le Corbusier y aprobado en 1950.
El área de la ciudad, que contaba entonces 700 000 habitantes, y la de las futuras extensiones, quedó dividida en 35 sectores cuyos contornos y superficies estaban definidos por la red viaria. Estos sectores variaban en población entre 25 000 y 75 000 habitantes.
Los elementos que caracterizan el Plan Piloto siguen fielmente las doctrinas de la Carta de Atenas.

Clasificación del sistema viario
El sistema viario sigue la «regla» corbusierana de las 7 Vs: las V1 son las autopistas regionales, las V2 son avenidas rápidas urbanas, las V3 rutas de enlace entre V1 y V2, las tres con acceso limitado. Las V4 son las calles de distribución a lo largo de las cuales se sitúan comercios, las V5 son ramales de enlace entre V4 y las V6 son accesos a aparcamientos o a edificios. Finalmente, las V7 son caminos peatonales en parques o paseos.

Red de parques
Las zonas verdes, existentes o propuestas, se enlazaron mediante itinerarios de peatones V7. Aprovechando terrenos propiedad del municipio se estableció una red que incluye cauces de torrentes, como en Medellín, así como elementos de la topografía natural.

Sectores
Combinando las tipografías de núcleos compactos de casas con patio («tapiz urbano») y edificios más altos se aseguraba cierta variedad de masas y siluetas. Las ordenanzas establecían límites de volumen. Se recomendó usos mixtos, especialmente la introducción de manufacturas ligeras, oficinas y almacenes a lo largo de las calzadas de servicio de las V3 y V2. La clasificación trataba de evitar la segregación territorial en clases, que se traduce en extremadas diferencias de densidades y equipamientos.

El centro de la ciudad
El centro urbano se subdividió en tres zonas: 1, el centro gubernativo y religioso; 2, los sectores de negocios y comercio, y 3, el centro cultural y recreativo. Se previó un paseo para peatones que enlazaría el centro gubernativo y el comercio combinándolo con plazas existentes y nuevas plazas de centros de cuadras y sacando partido de la pendiente para crear aparcamientos subterráneos.

1951-1953 General plan for Bogota, Colombia
This general plan, drawn up with Le Corbusier as consultant and in collaboration with the local planning department, can be seen as a development of the Pilot Plan outlined by Le Corbusier and approved in 1950. The area of the city itself, which at the time had a population of some 700,000 people, and the area for future expansion, were divided into 35 sectors, whose shape and size were defined by the road network. These were for from 25,000 to 70,000 people each. The elements which make up the Pilot Plan are in faithful adherence to the principles of the Charter of Athens.

Classification of the road network
The road system follows the Corbusian "rule" of the 7 V's: V1 – the regional motorways, V2 – rapid transit urban thoroughfares, V3 – the links between V1 and V2; all of these have limited access. The

V4 streets are the distribution network, lined with commercial properties, V5 are links between V4 streets and V6 are accesses to car parks and buildings. Finally, V7 are pedestrian paths in parks or along promenades.

Network of parks
The landscaped areas, existing or proposed, are linked together by way of pedestrian V7 routes. By taking advantage of municipal land, a network including stormwater courses, as in Medellin, as well as features of the natural topography is created.

Sectors
A degree of variety in mass and silhouette is achieved by combining typographies – the compact nuclei of houses with courtyard (the "urban fabric") and some higher buildings. The building regulations set limits on volume. It was recommended that uses be mixed, and in particular that light industry, offices and warehouses be situated along the V3 and V2 service lanes. The approach to classification tried to avoid the physical segregation of different social groups which results in extreme differences of density and amenities.

The city centre
The centre of the city was divided into three zones: 1, the governmental and religious centre; 2, the business and commercial sectors, and; 3, the cultural and recreational centre. A pedestrian precint was envisaged, linking the administrative and commercial centres, combining with existing and newly laid out squares in the middle of the blocks and taking advantage of the gradient by locating the car parks below ground.

Plano general: en el círculo, área central

General plan: the city centre is inside the circle

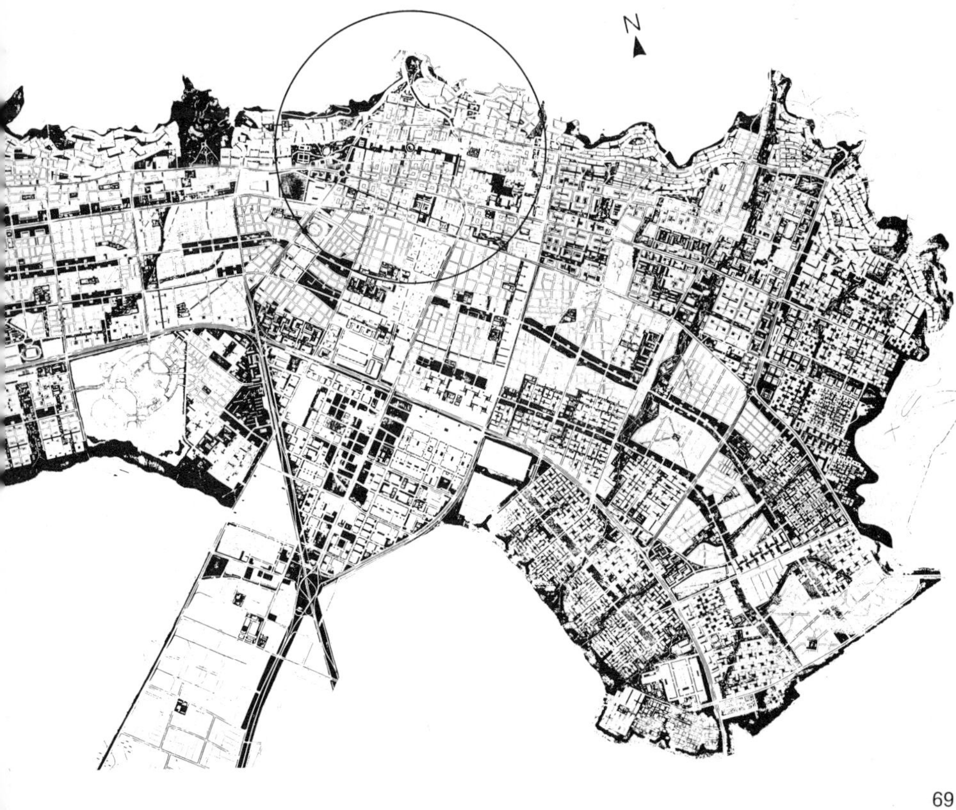

Sector típico que muestra la clasificación viaria y las «unidades de medida» con los distintos tipos de regulación de alturas, integración de la trama existente y sistema de parques lineales

A Centro de sector
B Parques lineales
C Escuelas
D Mercados
E Típica parcelación para grupos de casas con patio

A typical sector showing the classification of traffic routes and the "units of measurement" with the different building types of different heights, the integration into the existing grid and the system of linear parks

A Centre of the sector
B Linear parks
C Schools
D Markets
E A typical layout of groups of houses with courtyards

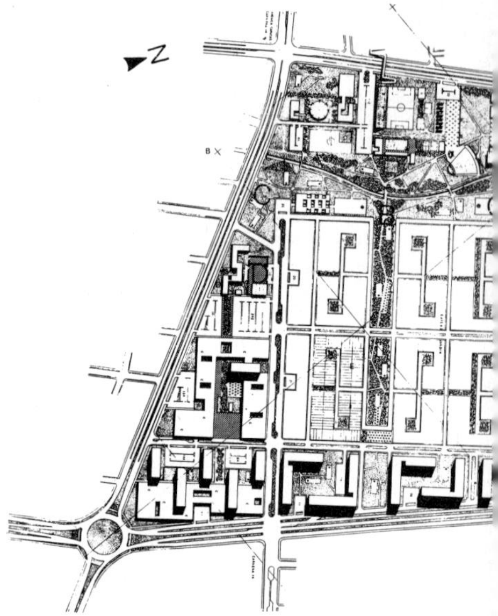

Area central
1 Centro gubernativo y religioso
2 Centro de negocios
3 Centro cultural y de recreación

Central area
1 Administrative and religious centre
2 Centre of the business district
3 Cultural and recreational centre

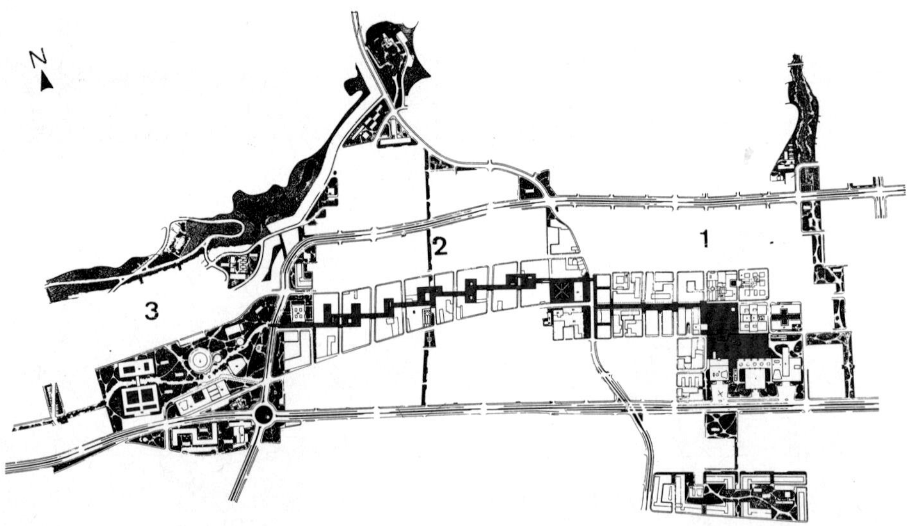

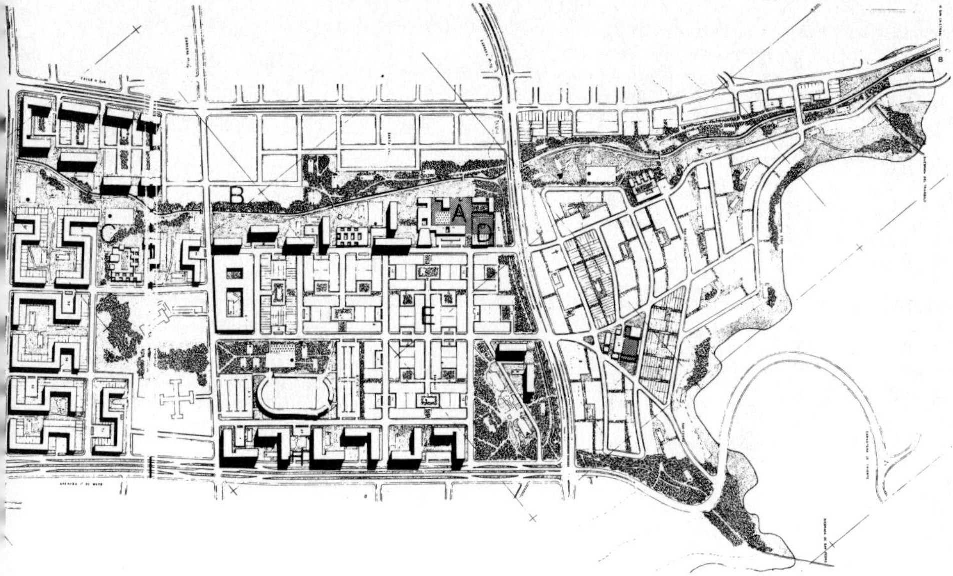

Detalle del paseo de peatones que enlaza las tres zonas del centro urbano

1 Calle Real, flanqueada por tiendas
2 Plaza existente
3 Plazas nuevas propuestas
4 Aparcamientos en el nivel inferior

Detail of the pedestrian thoroughfare linking the three sectors of the city centre

1 Calle Real, with shops running the length of the street
2 An existing square
3 Proposed new squares
4 Underground car parking

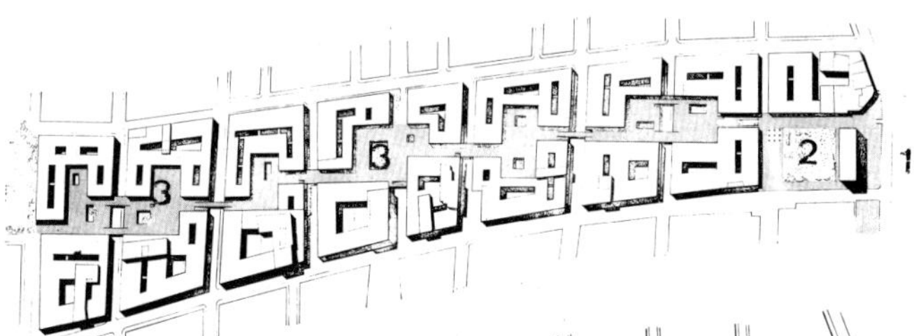

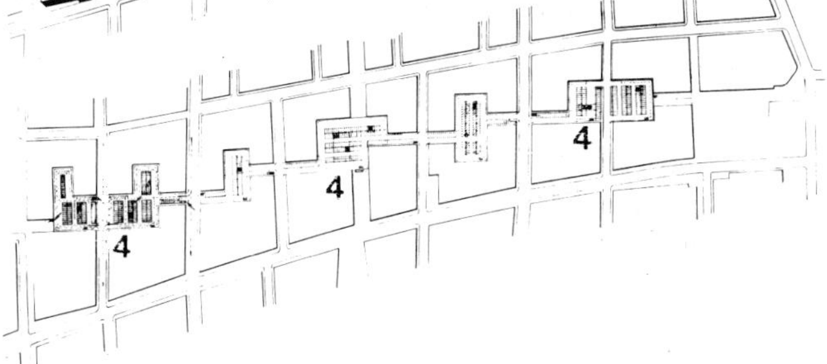

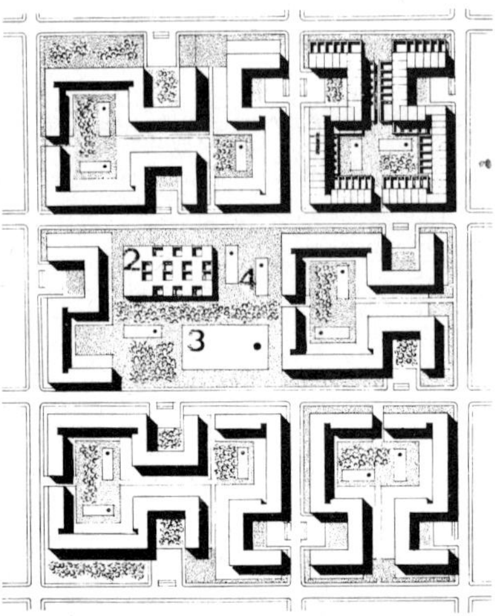

A

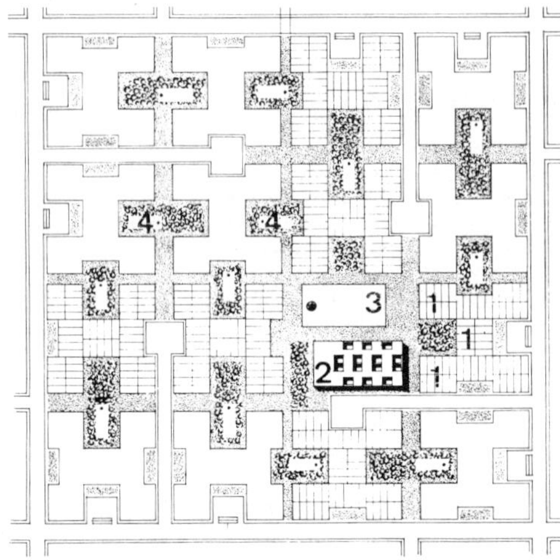

B

Típicas «Unidades de medida» para distintas zonas residenciales

A Viviendas de coste medio: 1, edificios con acceso directo por escaleras (4 plantas); 2, escuela primaria; 3, campos deportivos; 4, juegos infantiles

B Zona de viviendas de bajo coste: 1, viviendas económicas del tipo compacto de 1, 2 y 3 plantas, con patios; 2, escuela primaria; 3, campos de deporte; 4, juegos infantiles

Typical "units of measurement" for the different residential areas

A Housing in the middle of the price range: 1, four storey buildings with access by means of stairs; 2, primary school; 3, sports fields; 4, children's playgrounds

B Low cost housing: 1, economical housing in compact 1, 2 and 3 storey blocks with courtyards; 2, primary school; 3, sports fields; 4, children's playgrounds

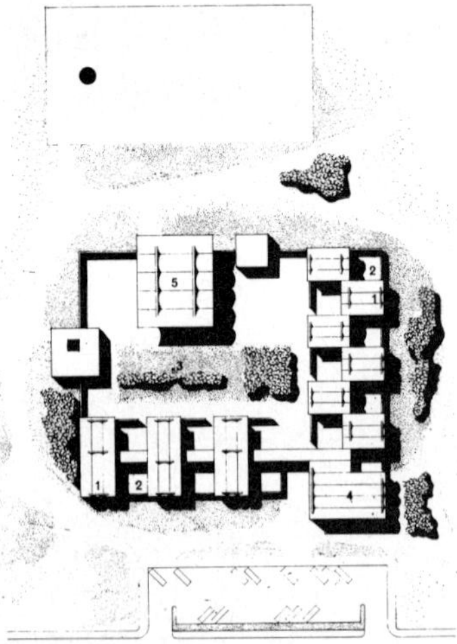

Planta típica de una escuela utilizando cubiertas prefabricadas independientes de los muros de cerramiento. Estas cubiertas pueden utilizarse en una gama variada de edificios comunitarios

Plan of a typical school, with prefabricated roofing structurally independent of the closure of the walls. This type of roofing can be used for a variety of community buildings

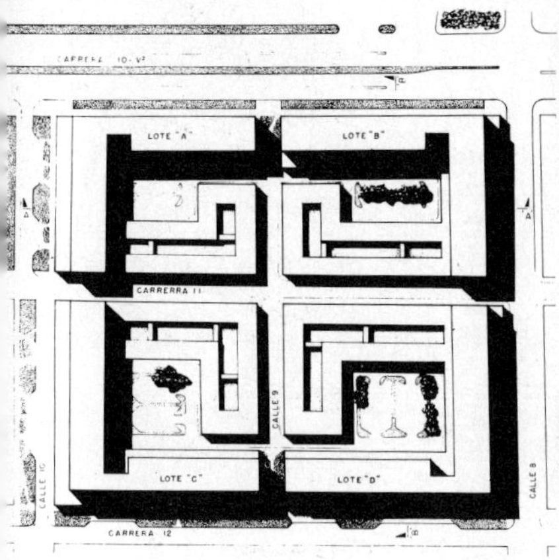

Propuesta para remodelación de una manzana (cuadra) del viejo Bogotá. A la derecha, maqueta

Proposal for the remodelling of a block (cuadra) in the old part of Bogota. On the right, the model

Detalle del centro recreativo y cultural

Detail of the cultural and recreational centre

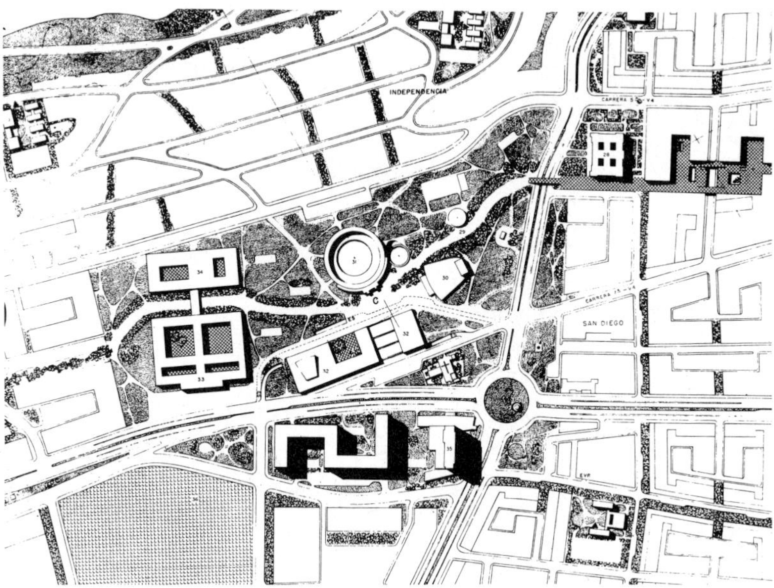

1950-1953 Ciudades nuevas en Venezuela
Proyectos

Town Planning Associates trazó planes directores para varias poblaciones venezolanas destinadas a un rápido crecimiento por hallarse en zonas mineras susceptibles de generar un desarrollo industrial. Los ejemplos aquí mostrados corresponden a Pomona, en la zona petrolífera de Maracaibo y Puerto Caroni —nueva denominación de Puerto Ordaz— en el delta del Orinoco, no lejos de la nueva Ciudad Guayana.

1950-1953 New towns in Venezuela
Projects

Town Planning Associates drew up overall plans for various communities in Venezuela which were experiencing rapid growth as a consequence of their location in mineral-rich areas with the potential for industrial development. The examples presented here show the schemes for Pomona, in the oil-producing area of Maracaibo, and Puerto Caroni – the new name for Puerto Ordaz – in the Orinoco delta, not far from the new Ciudad Guayana.

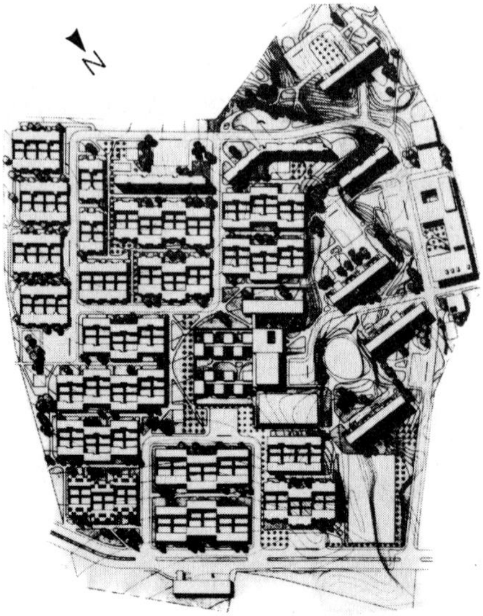

Fragmento del plan general de Pomona

Part of the general plan for Pomona

Plan de Puerto Caroni (Puerto Ordaz)

Plan for Puerto Caroni (Puerto Ordaz)

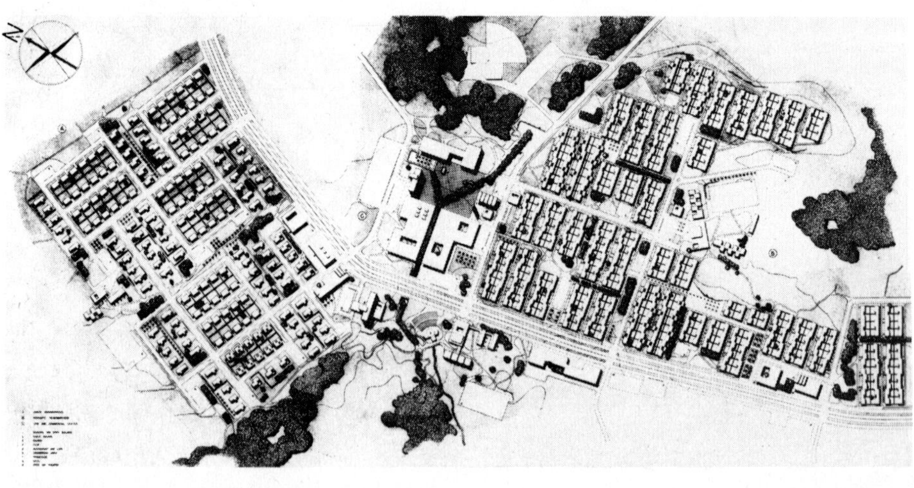

1951 Iglesia en el centro cívico de Puerto Ordaz, Venezuela
Proyecto

Esta iglesia estaba destinada a formar parte de la plaza central de Puerto Ordaz, junto a los edificios municipales, comerciales, etc. El diseño es de gran simplicidad de formas y materiales, siguiendo la tradición de las viejas iglesias coloniales. Los acentos decorativos son pocos y fuertes. La planta se basa en un cuadrado inscrito dentro de un patio que hace las veces de atrio.

1951 Church in the civic centre of Puerto Ordaz, Venezuela – project

This church was intended to have been part of the main square of Puerto Ordaz, alongside municipal buildings, commercial premises and so on. The design is extremely simple with regard to both form and materials, following the tradition of the old colonial churches. The decorative accents are few in number, but strong. The plan is based on a square inserted in a courtyard which serves as vestibule.

Maqueta del centro cívico con la plaza central y paseo
Fotografías de la maqueta de la iglesia

Model of the civic centre with the central square and pedestrian promenade
Views of the model of the church

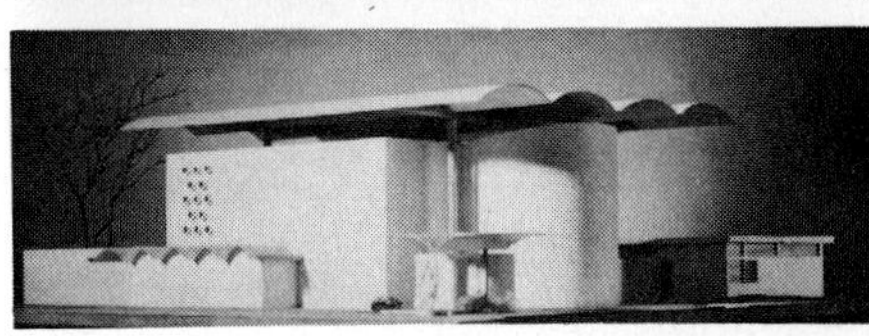

Planta

Plan

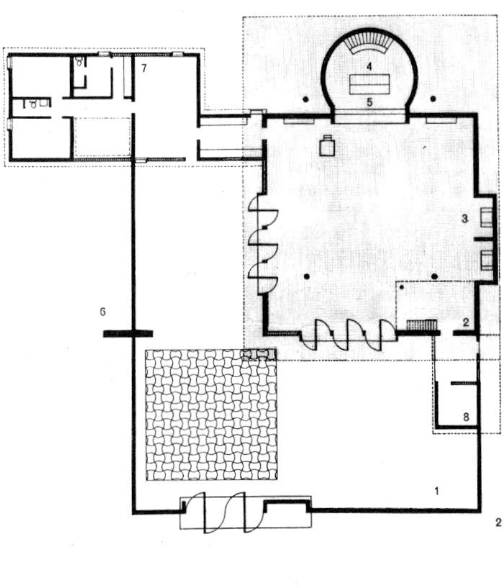

1955-1958 Plan piloto de La Habana, Cuba
La Habana había alcanzado un millón de habitantes y se hallaba necesitada de un plan que regulara su rápido crecimiento. El Plan Piloto sentó las directrices que habían de servir para un proyecto definitivo y se hicieron estudios especiales, a modo de ejemplo, para La Habana vieja y la zona central.
El plan situaba a la capital en su papel respecto a la América Central y la totalidad de la isla, con sus infraestructuras y recursos naturales. Establecía la noción de región metropolitana, para la que proponía una mejora del sistema viario. Para la capital misma se estudió la relación entre el centro existente y los que convendría crear. Se propuso una clasificación entre barrios: residenciales, industriales y comerciales.

1955-1958 Pilot plan for Havana, Cuba
Its population having risen to over a million, Havana found itself in need of a plan to regulate its rapid growth. The Pilot Plan set down the guidelines which a definitive project would be based on, and special studies were made of old Havana and the city centre by way of illustration. The plan focussed on the capital in its relationships with the island and with Central America as a whole, its infrastructure and its natural resources. It established the concept of a metropolitan region, for which it proposed an improved traffic system. For the capital itself there was a study of the relationship between the existing centre and the new centres which would have to be created, and there was a proposal for the differentiation of residential, industrial and commercial districts.

Región de La Habana

Havana and the surrounding region

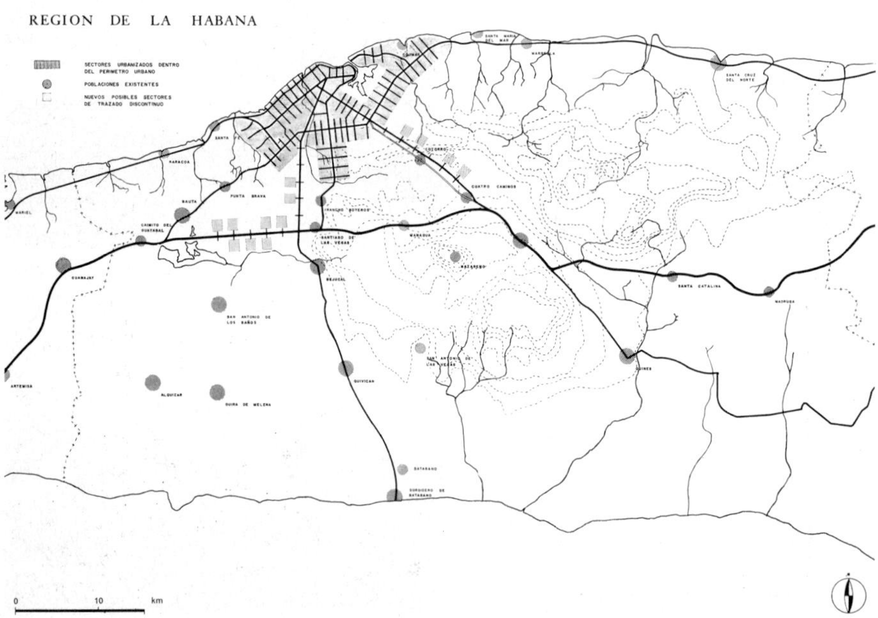

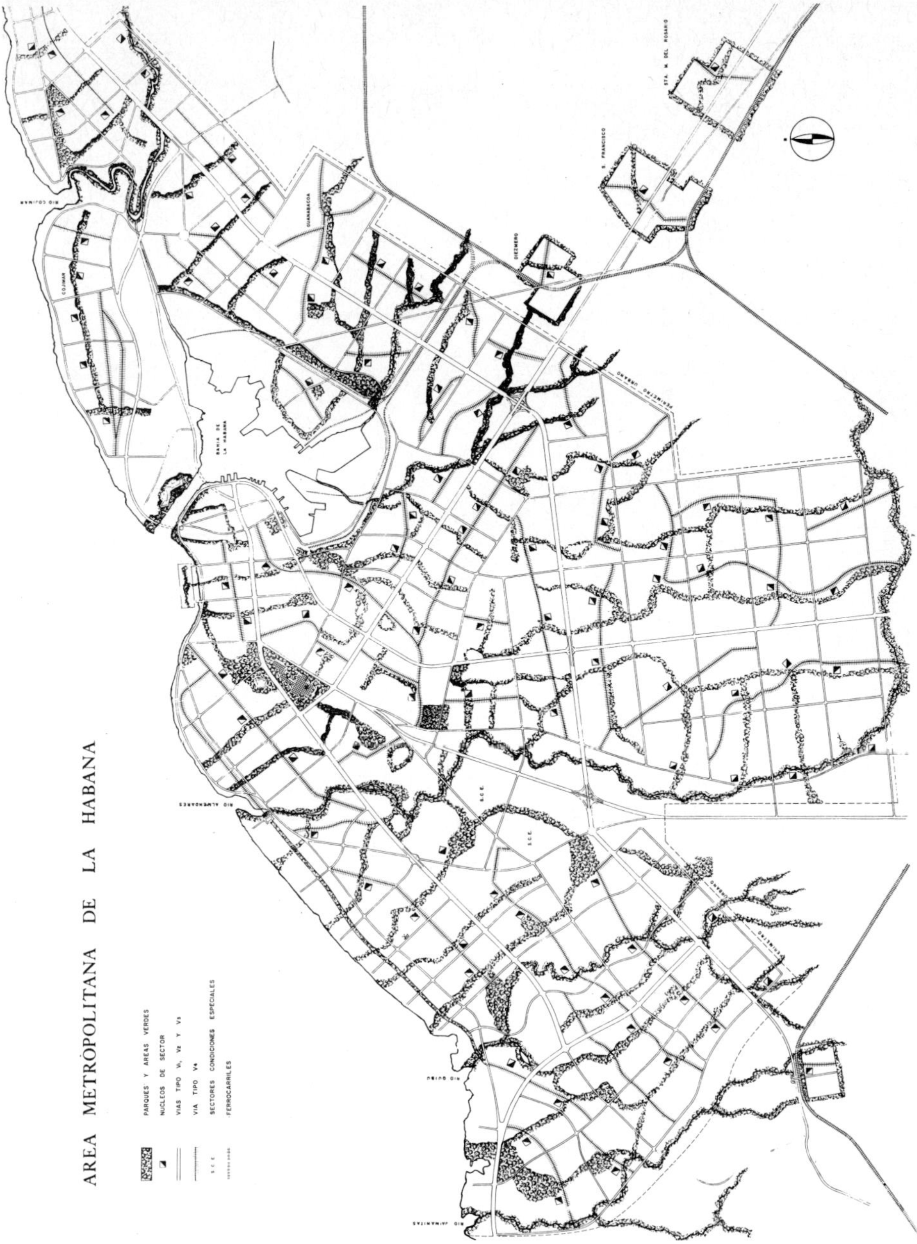

Sistema viario y red de parques lineales

Traffic system and network of linear parks

AREA CENTRAL DE LA HABANA

Central area with new street system dividing city into sectors

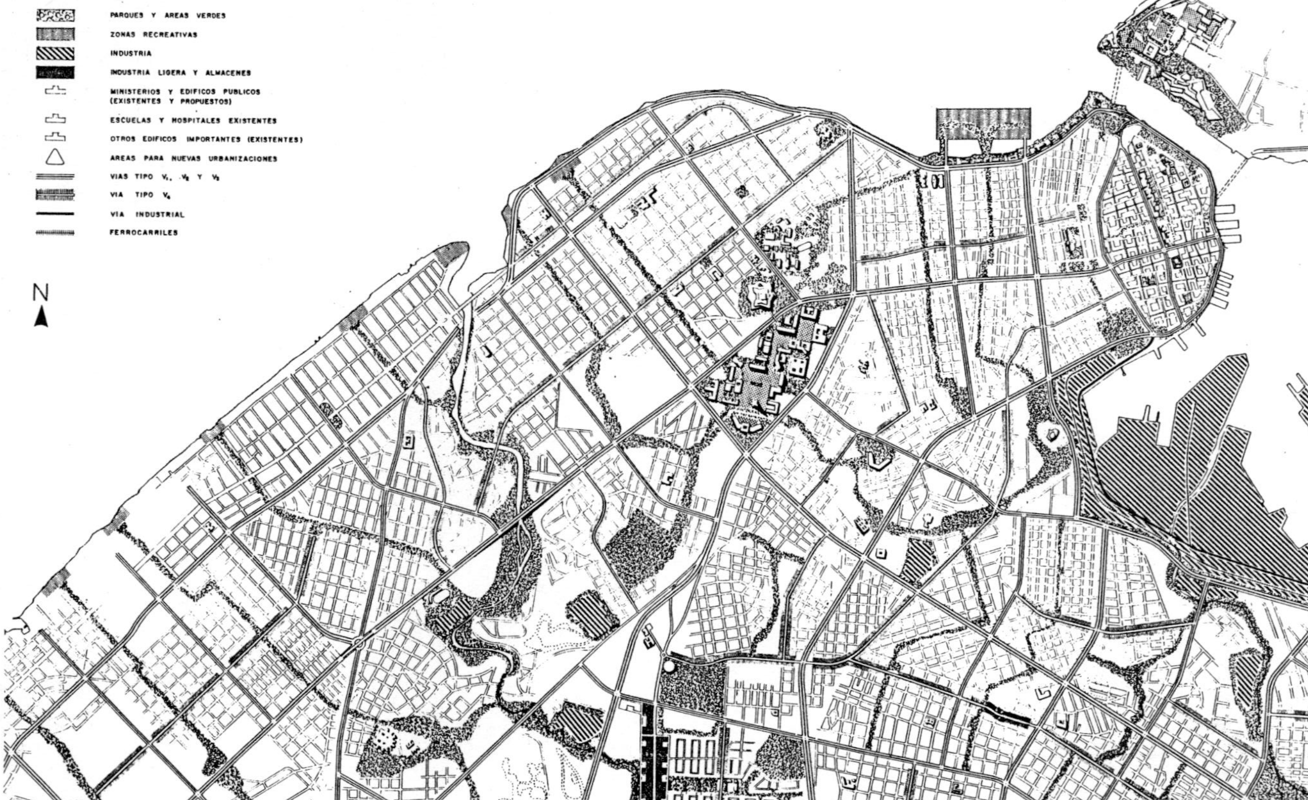

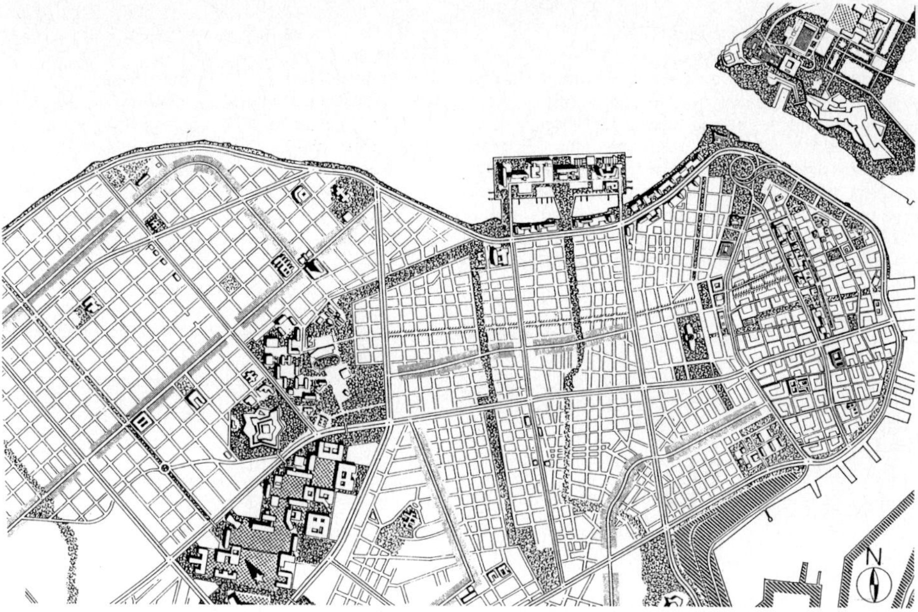

◄ **Area central de La Habana**

Central sector of Havana

Zona central - núcleos cívicos
Estudio de rehabilitación de La Habana vieja

The central zone and the urban nuclei
Study for the rehabilitation of old Havana

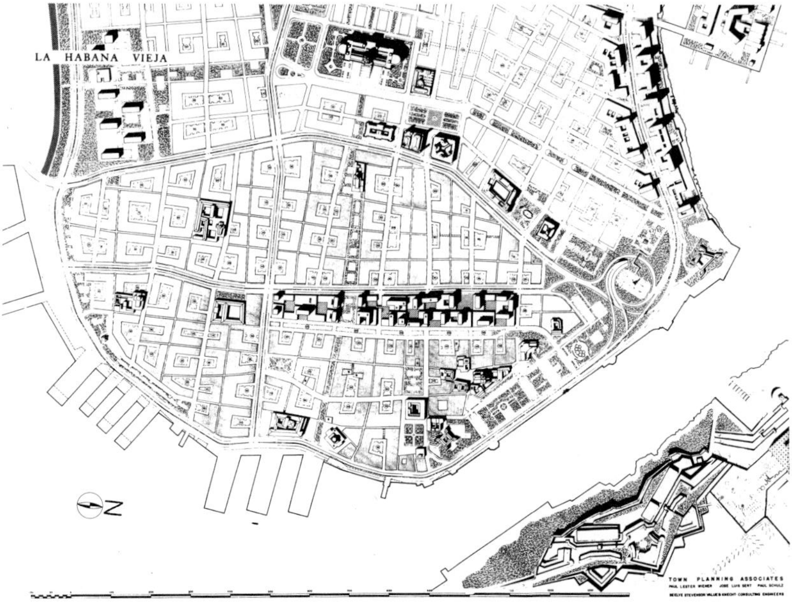

1949 Casa Sert en Locust Valley, Long Island (Nueva York)

La primera casa de los Sert en Estados Unidos fue una remodelación —con adiciones— de un típico «barn», construcción rural que hace las veces de cobertizo para carruajes. El gran espacio disponible se clasifica mediante niveles y piezas del mobiliario. La gran sala mide 11 × 16 m, y la forma abovedada del techo responde a la configuración de las cerchas en tijera que sostienen la cubierta.

1949 Sert house in Locust Valley, Long Island, New York

The Serts' first house in the United States was a remodelled barn – with a few additions –, a typical rural constructions built for keeping coaches in. The large space was defined and determined by means of changes in level and the positioning of the furniture. The large living area is 11 × 16 m, and the form of the vaulted roof derives from the scissor-shaped framework supporting the roof.

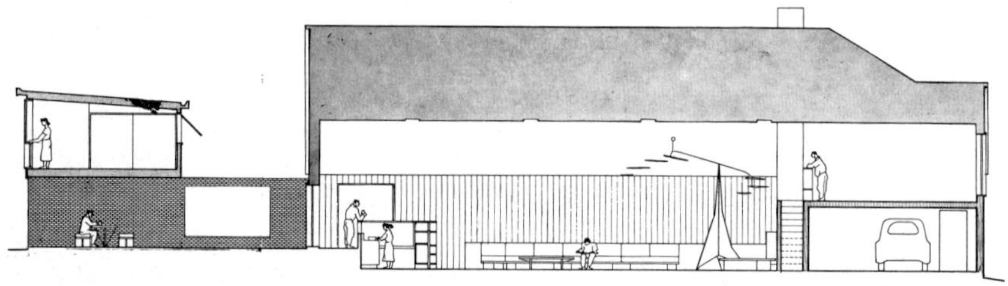

Sección longitudinal

Longitudinal section

Planta

1 Cocina
2 Comedor
3 Núcleo de conversación
4 Chimenea
5 Escultura de Calder
6 Dormitorio
7 Baño
8 Garaje
9 Almacén y calefacción
10 Entrada
11 Guardarropía
12 Porche
13 Patio

Plan

1 Kitchen
2 Dining room
3 Parlour
4 Fireplace
5 Sculpture by Calder
6 Bedroom
7 Bathroom
8 Garage
9 Storeroom and heating
10 Entrance
11 Cloakroom
12 Porch
13 Courtyard

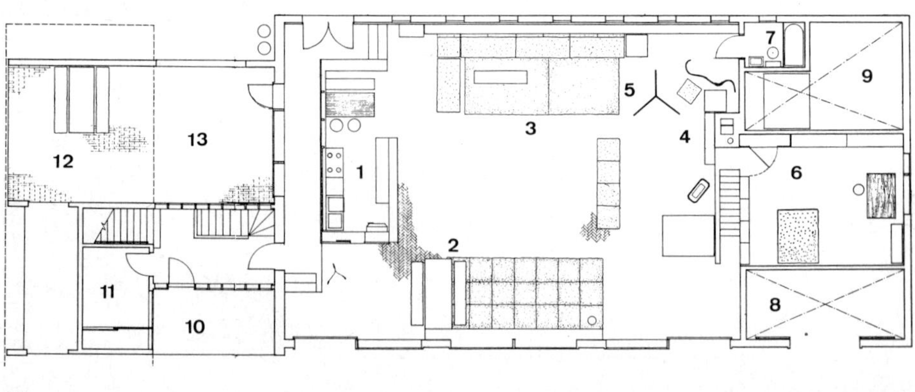

Aspecto de la sala de estar

View of the living room

Vista del ala de dormitorios con las puertas correderas abiertas

View of the bedroom wing with the sliding doors open

Zona de comedor, hacia el sur. Las estanterías a la derecha separan el espacio de la cocina

The dining area, looking south. The shelving on the right separates this space from the kitchen

1958 Casa Sert en Cambridge (Massachusetts)

En un contexto donde las casas unifamiliares repiten hasta la saciedad ądocenadas versiones de modelos históricos, poco puede sorprender que un reportero preguntara a Sert: «¿De qué estilo es su casa?». Sert, sin inmutarse respondió: «Neosumeria». Efectivamente, el tipo de casa cercada y con patio interior tiene una presencia universal y precedentes ancestrales. Aunque basado en los esquemas estudiados para las ciudades sudamericanas, el diseño se adaptó al clima nórdico con mayores superficies acristaladas y construcción con estructura de madera. Las transparencias entre patios exteriores e interior permiten visuales de hasta 30 m, dando una sensación de espaciosidad imposible de conseguir en una casa de dos pisos de la misma superficie.

1958 Sert house in Cambridge, Massachusetts

In the context of a setting in which the private houses repeat ad nauseam the vulgar imitation of historical models, it is hardly surprising that a reporter should have asked Sert, "In what style is your house?". Sert, without blinking, replied, "Neosumerian". Of course, this type of enclosed house with an internal courtyard can be found all over the world and has a very ancient history. Although based on the squemes worked out for the cities in South America, the design here has been adapted for the northern climate, with a greater area of glazed surface and a wooden structure. The openings from outer courtyards through to the internal courtyard give 30 m sightlines which create a sense of space which could not have been achieved in a two-storey house with the same surface area.

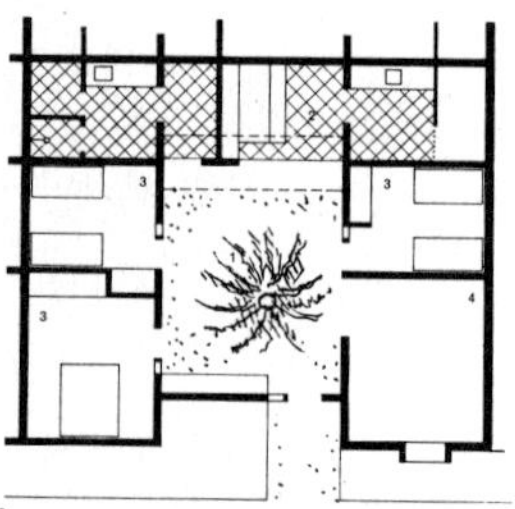

1

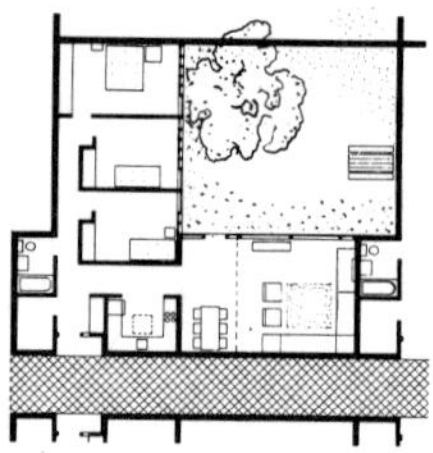

2

Plantas de dos tipos usados como precedentes
1 Proyecto para Chimbote, Perú
2 Proyecto para Pittsburgh, Estados Unidos

Two different types of plan which were used as models
1 Project for Chimbote, Peru
2 Project for Pittsburgh, United States

Planta: las proporciones de las habitaciones y los patios siguen la regla áurea. La sala de estar y el patio exterior contiguo forman un cuadrado. El patio interior es otro cuadrado de 7,30 × 7,30 m

Plan: the proportions of the rooms and the courtyards follow the Golden Mean. The living room and exterior courtyard together form a square. The internal courtyard is another square, 7.30 × 7.30 m.

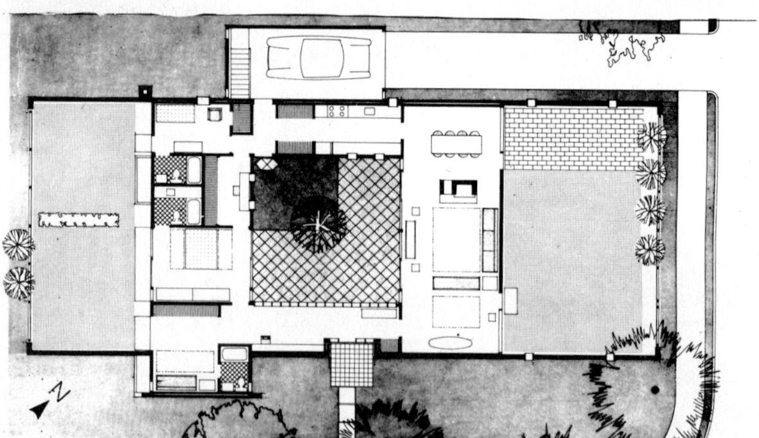

Vista del patio interior
Vestíbulo

View of the interior courtyard
Hall

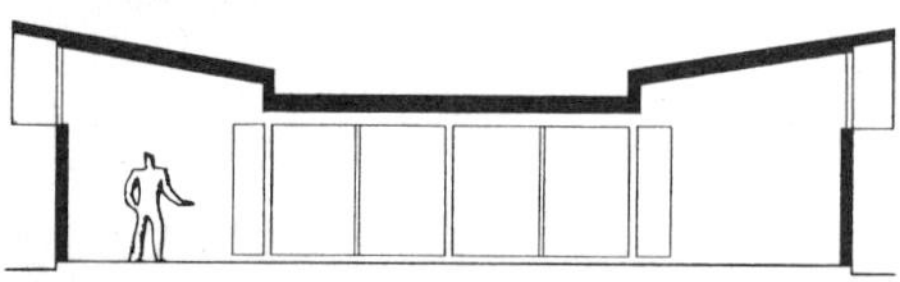

Comedor y patio exterior. Las cercas altas protegen de los vientos a personas y plantas Sección longitudinal del estar - comedor Aspecto de la sala de estar

Dining room and outer courtyard. The high walls shelter people and plants from the wind.
Longitudinal section of the living-dining room
View of the living room

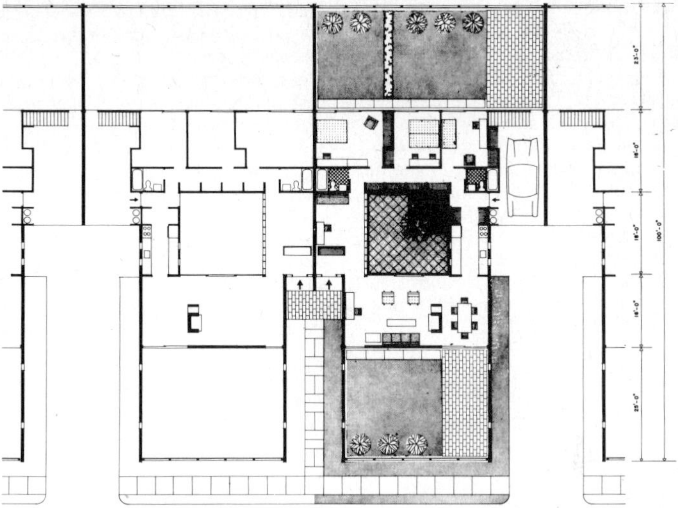

La casa Sert fue diseñada para formar parte de una serie en hilera en la que cada casa ocuparía una parcela de 15 × 30 m, típica de las zonas residenciales de Estados Unidos

The Sert house was designed to be part of a row of houses, each occupying a 15 × 30 m plot, typical of residential areas in the United States

Dormitorio: la vista se extiende hasta el patio exterior, atravesando el patio interior y el estar

Bedroom: the view extends to the outer courtyard, across the interior courtyard and the living room

Cocina con luz cenital

View of the kitchen showing the skylights

1960 Centro de estudio de las religiones mundiales, Universidad de Harvard, Cambridge (Massachusetts)

El centro es una residencia para estudiantes de religión de distintos credos que desean convivir e intercambiar ideas. Veinte apartamentos se agrupan formando un claustro. Cada uno dispone de cocina para que las familias puedan observar sus costumbres dietéticas. Sólo se comparten salas de reunión y una capilla multiconfesional. La reducida escala del edificio y sus acabados de ladrillo y madera se adaptan al entorno residencial. Se tuvo un particular cuidado en preservar los árboles y vegetación existente.

1960 Study centre for the world's religions, Harvard University, Cambridge, Massachusetts

The centre is used as a residente for students of religions from different faiths who wish to live together and exchange ideas. Twenty apartments are grouped together to form a cloister. Each apartment has its own kitchen, so that each family can observe its own dietary customs, and the only communal spaces are the meeting rooms and a chapel serving all faiths. The small scale of the building, and its brick and wood finish are in keeping with the residential character of its surroundings. Particular care was taken to conserve the existing trees and other vegetation.

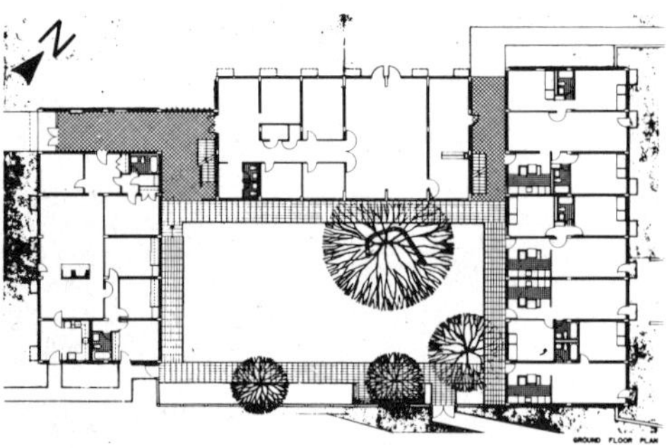

Planta baja

Ground floor

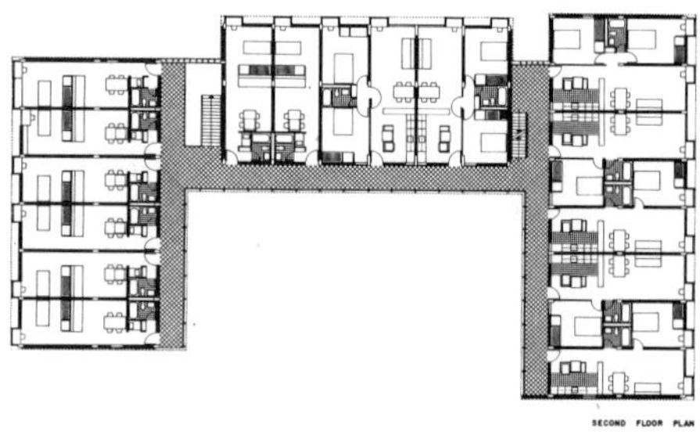

Planta piso

First floor

Fachada exterior

External façade

Aspecto del claustro
Interior de la capilla
Interior de un apartamento

View of the cloister
Interior of the chapel
Interior of one apartment

1960 Embajada de los Estados Unidos en Bagdad (Irak)

La embajada estadounidense en Bagdad ocupa una parcela de terreno estrecha que se extiende desde el río Tigris hasta una de las avenidas de la ciudad.

Los edificios dividen el terreno en una serie de espacios ajardinados empezando con la cancillería, que forma la fachada hacia la avenida y terminando con la residencia del embajador junto al río. Entre ellas se sitúan un edificio de servicios y las residencias del personal. El terreno está atravesado por un canal de irrigación que alimenta los jardines, estanques y piscinas.

Los edificios más importantes tienen aire acondicionado y las fachadas utilizan partesoles y celosías para protejerlas del sol y los vientos del desierto. La cancillería tiene una cubierta doble, hueca y abierta para evitar que acumule calor. Esta cubierta sobresale para poder proyectar sombra sobre los niveles inferiores.

1960 United States embassy in Baghdad, Iraq

The United States embassy in Baghdad is situated on a long narrow plot which runs between the river Tigris and one of the city's main avenues. The buildings divide the site into a series of landscaped spaces, beginning with the embassy building proper, which occupies the façade looking onto the avenue, and finishing with the ambassador's residence by the river. Between these two are a service building and the residences of the embassy staff. The site is crossed by an irrigation channel which waters the gardens and feeds the ponds and swimming pools.

The more important buildings have air conditioning, and have sunshades and shutters to protect them from the sun and the desert winds. The embassy building has a double roof, hollow and open to prevent the accumulation of heat. This roof projects out from the building to shade the floors below.

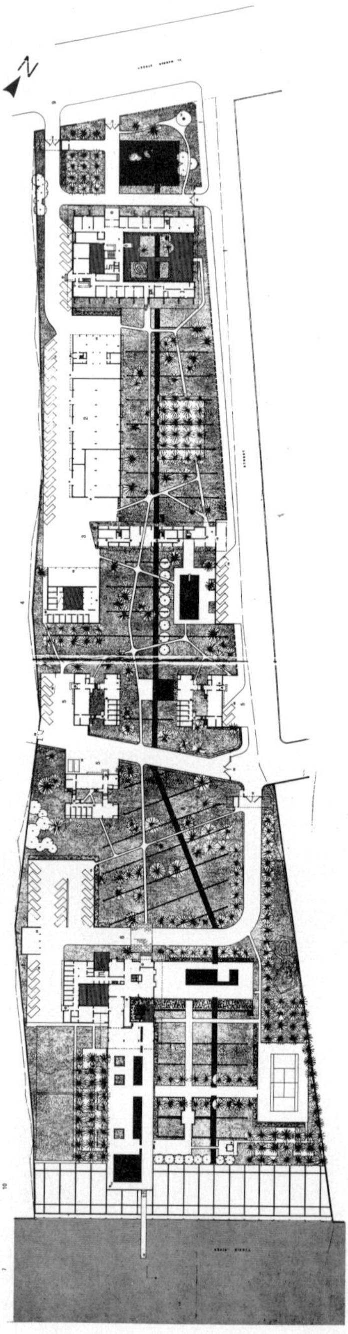

Planta general edificios embajada

General plan of the embassy buildings

Edificio de la cancillería: fachada oeste, hacia la avenida

Main embassy building: the west façade looking onto the avenue

Sección y alzado parciales. La incorporación de elementos tradicionales de protección solar como celosías y partesoles en las fachadas, da lugar a un vocabulario formal lleno de afinidad con el vernáculo

Partial section and elevation. The incorporation of traditional elements such as sunshades and shutters has made for a formal vocabulary rich in affinities with the vernacular

Edificio de la cancillería: fachada este

Main embassy building: west façade

Residencias del personal: fachada oeste

Staff residences: west façade

Residencias del personal: sección y alzado parciales

Staff residences: partial section and elevation

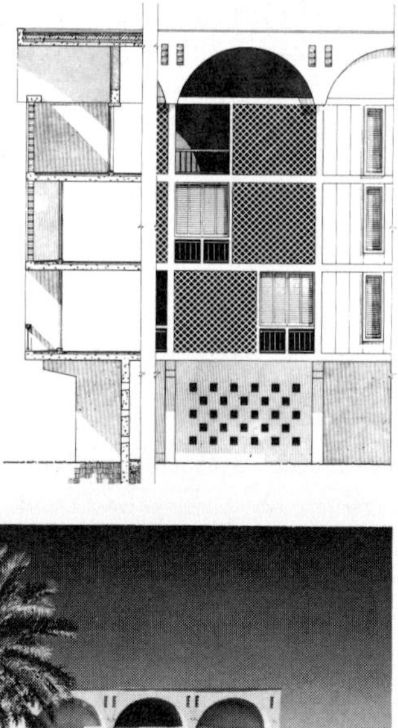

Residencias del personal: fachada este

Staff residences: east façade

Residencia del embajador: fachada este

Ambassador's residence: east façade

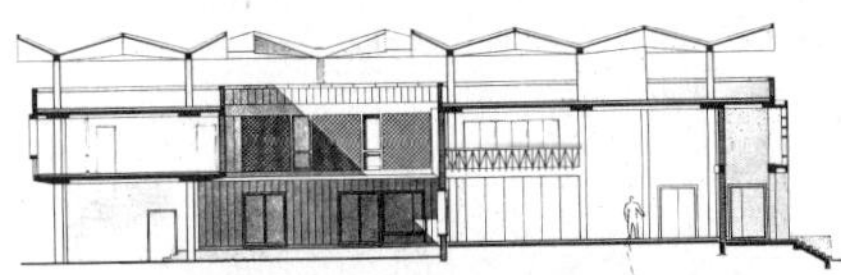

Sección de la residencia del Embajador mostrando los techos altos de las salas de recepciones, el patio interior, los dormitorios sobre una terraza cubierta y la doble cubierta en forma de parasol

Section through the ambassador's residence showing the high ceilings of the reception rooms, the interior courtyard and the double roof in the shape of a sunshade

Residencia del embajador: detalle del jardín

Ambassador's residence: detail of the garden

1961 Oficinas de la New England Gas and Electric Association, Cambridge (Massachusetts)

Para este edificio de oficinas se utilizó un concepto nuevo de ventana que permitió evitar la monotonía de los muros - cortina estandarizados. Dos montantes de hormigón premoldeado enmarcan paneles translúcidos formados por dos láminas de vidrio y una intermedia de fibra de vidrio. Las ventanas transparentes se intercalan —para ofrecer vistas— donde sean necesarias. El panel translúcido, inspirado en las pantallas «sochi» tradicionales del Japón, difunde la luz eficazmente hacia el interior, al tiempo que brinda la necesaria discreción e intimidad a los lugares de trabajo. La libertad de situar ventanas transparentes permite dar distinto carácter a los espacios interiores y enriquece con un segundo elemento la composición en fachada.

El aspecto nocturno, con la luz provinente del interior por los vidrios translúcidos es particularmente efectivo.

1961 Offices for the New England Gas and Electric Association, Cambridge, Massachusetts

A new approach to the design of the windows in this office building made it possible to get away from the monotony of standardised curtain walls. Two precast concrete transoms frame the translucent panels made of two layers of glass with a layer of fibreglass between them. The transparent windows are inserted, where necessary, to allow views of the exterior. The translucent panels, inspired by the traditional "sochi" screens of Japan, effectively diffuse light into the interior, as well as offering the requisite discretion and intimacy to the work stations. The degree of freedom in the location of the transparent windows made it possible to give a different character to the interior space and also to enrich the composition of the façade with the addition of a second element.

The appearance of the building at night, with the translucent panels illuminated by the light within, is particularly effective.

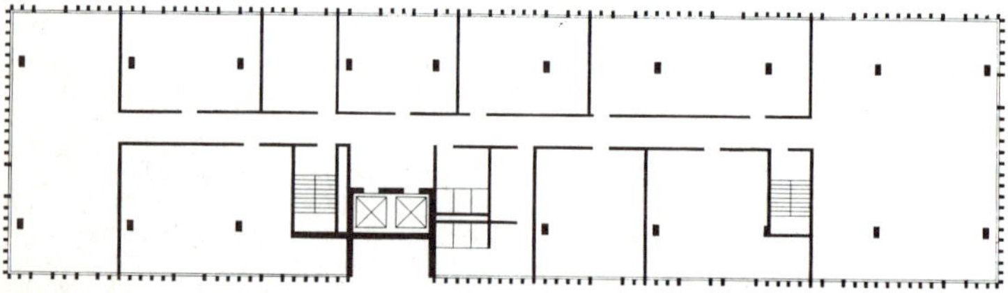

Planta 3.ª (típica)

Typical plan of the 3rd floor

Fachada

Façade

Detalle de la fachada y puerta de acceso

Detail of the façade and the main door

Vestíbulo Vestibule

Sala de computadoras Computer room

1965 Area central de negocios, Worcester (Massachusetts)

Proyecto

Los proyectos de renovación de centros urbanos en Estados Unidos dependen, como elemento esencial, de amplias estructuras de aparcamiento —garajes— para permitir, y a la vez controlar, el acceso de los automóviles. El Worcester Center establece un núcleo peatonal que conecta el parque con los edificios comerciales, hoteles y teatros, utilizando galerías acristaladas, desniveles y vistas para amenizar los recorridos. Los garajes se disponen periféricamente con un orden rítmico en silueta y circular en planta. Consecuentemente con la contundente geometría establecida, el centro del semicírculo aloja los edificios altos, símbolo iconográfico del corazón urbano.

1965 Business district in Worcester, Massachusetts

Project

Projects for the renovation of city centres in the United States depend on the provision of adequate parking space in order to allow, and at the same time control, vehicle access. In the Worcester Centre the setting up of a pedestrian nucleus connects the car parks with the commercial buildings, hotels and theatres by way of glazed arcades and changes in level, and these, together with the views to be enjoyed along the way, make the walk more entertaining. The car parks are laid out around the periphery of the zone with a rhythmical pattern to the sequence of their silhouettes and the plan is in the form of an arc. In keeping with the forceful impact of this geometry, the tall buildings are located in the centre of the semi-circle as an iconographic symbol of the heart of the city.

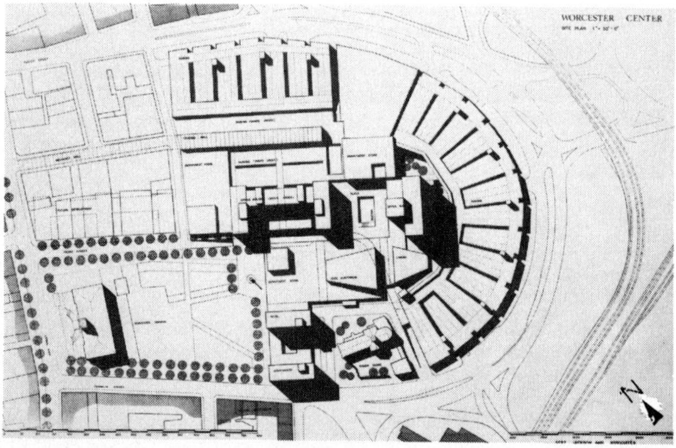

Planta del conjunto

Overall plan

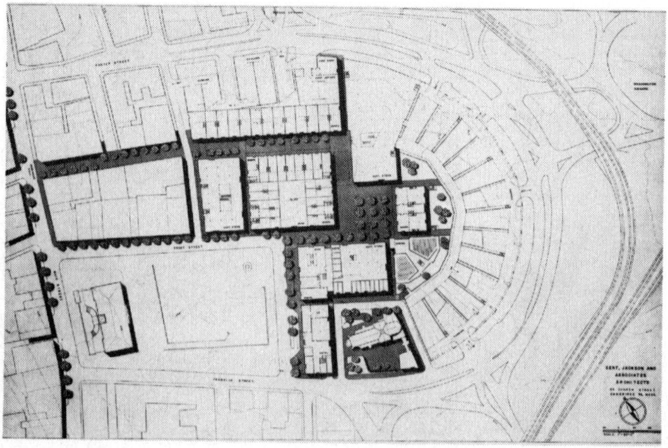

Planta baja: circulación peatonal y accesos

Ground level: pedestrian circulation and accesses

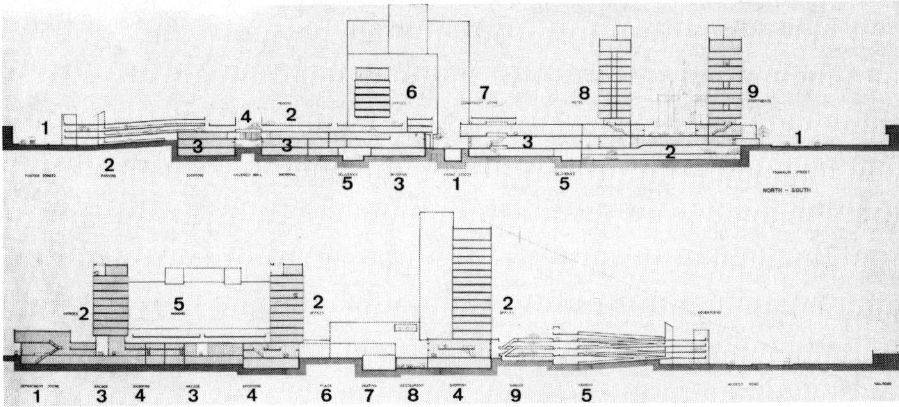

Sección Norte - Sur
1 Calles existentes
2 Garajes
3 Tiendas - comercios
4 Pasaje peatonal con cubierta transparente
5 Acceso suministros
6 Edificio oficinas
7 Grandes almacenes
8 Hotel
9 Edificio residencial

North-south section
1 Existing streets
2 Car parks
3 Shops and businesses
4 Pedestrian arcade with glazed roof
5 Service access
6 Office buildings
7 Department stores
8 Hotel
9 Apartment building

Sección Este - Oeste
1 Grandes almacenes
2 Oficinas
3 Galería interior
4 Tiendas
5 Garajes
6 Plaza
7 Pista de patinaje
8 Restaurante
9 Jardín

East-west section
1 Department stores
2 Offices
3 Arcade
4 Shops
5 Car parks
6 Square
7 Skating rink
8 Restaurants
9 Garden

Fotografía de la maqueta

View of the model

1966 Centro de comercio y transporte «South Station», Boston
Proyecto

La disminución del uso de los ferrocarriles originó grandes espacios vacantes alrededor de algunas estaciones terminales en situación relativamente céntrica respecto a la ciudad. En el caso de South Station se trató de organizar un gran centro de transferencias combinando los accesos automovilísticos —se halla junto a una autopista urbana y su confluencia con la autopista principal de Massachusetts— con terminales de autobuses y ferrocarriles y una estación de metro. La capacidad de aparcamiento, además de servir para facilitar el intercambio entre transporte privado y público, debía servir para los comercios y oficinas de nueva creación y a los asistentes a un gran estadio deportivo.

Croquis de Josep Ll. Sert del centro comercial visto desde Summer Street, al norte

A sketch by Josep Ll. Sert showing the commercial centre from Summer Street, to the north

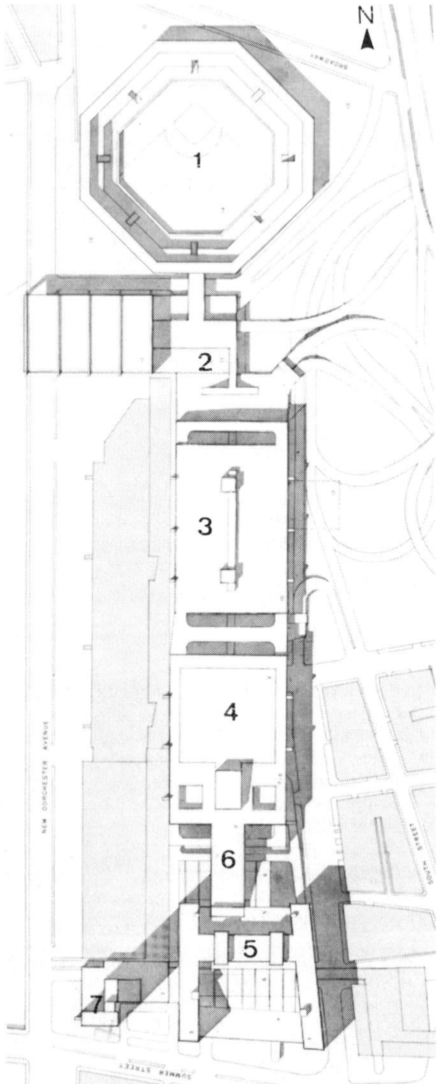

1966 "South Station" commercial and transport centre, Boston
Project

The falling off of the use of the railways created large open spaces in locations relatively close to the city centre in the vicinity of the old rail terminals. In the case of South Station the aim was to convert it into a major transport nucleus for transfers and connections in conjunction with road traffic accesses – it is situated beside an urban freeway near its meeting with the main Massachusetts state freeway – and provided with bus and rail terminuses and an underground station. The car parking is intended to make the transfer from public to private transport easier as well as serving the newly created offices and shops and spectators at a large sports stadium.

Planta del conjunto
1 Estadio
2 Complejo deportivo
3 Garajes
4 Posible helipuerto
5 Edificio de oficinas
6 Centro comercial
7 Hotel

Overall plan of the complex
1 Stadium
2 Sports complex
3 Car parks
4 Possible heliport
5 Office building
6 Shopping centre
7 Hotel

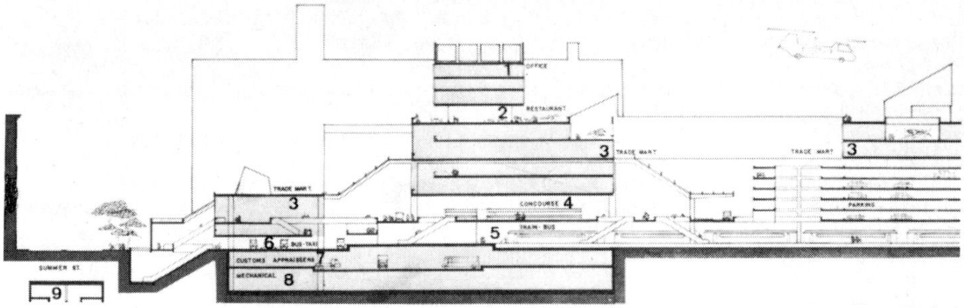

Sección N-S
del centro comercial
1 Oficinas
2 Restaurante
3 Grandes almacenes
4 Terminal
5 Trenes - autobuses
6 Autobuses y taxis
7 Aduanas
8 Instalaciones
9 Estación metro

North-south section
1 Offices
2 Restaurant
3 Department stores
4 Terminus
5 Buses and trains
6 Buses and taxis
7 Customs
8 Services
9 Underground station

Perspectiva de la terminal

Perspective of the terminus

Fotografía de la maqueta: en primer término, el conjunto comercial - oficinas

View of the model: the shopping and office complex is in the foreground

1967 Interama: Centro Cultural Latinoamericano, Miami (Florida)
Proyecto

Concebido como una feria permanente de la producción económica y cultural de varios países latinoamericanos, Interama se había de ubicar en una pequeña isla de la costa de Florida, integrándose en un parque existente. El proyecto tenía originalmente que incorporar un grupo de residencias. La versión final las sustituía por locales destinados a cada uno de los países.

Secciones y fachadas de la versión final

a) Fachada oeste del conjunto
1 Restaurante
2 Palacio de exposiciones

b) Sección Norte - Sur hacia el Este, por el paseo central
1 Cine - anfiteatro
2 Auditorium
3 Café - bar
4 Casas nacionales

c) Sección Norte - Sur hacia el Oeste
1 Palacio de exposiciones
2 Explanada
3 Restaurante
4 Cine - anfiteatro

d) Fachada este

1967 Interama: Latinamerican Cultural Centre, Miami, Florida
Project

Conceived as a permanent trade fair devoted to the economic and cultural output of various Latinamerican countries, Interama was to be situated on a small island off the Florida coast, and integrated into an existing park. Originally, the project was also to have included a residential complex. In the final project these were substituted by premises for each of the countries involved.

Sections and façades from the final project

a) West façade of the complex
1 Restaurant
2 Exhibition centre

b) North-south section from the central passageway looking east
1 Cinema and amphitheatre
2 Auditorium
3 Cafe-bar
4 Houses of the different countries

c) North-south section looking west
1 Exhibition centre
2 Esplanade
3 Restaurant
4 Cinema and amphitheatre

d) East façade

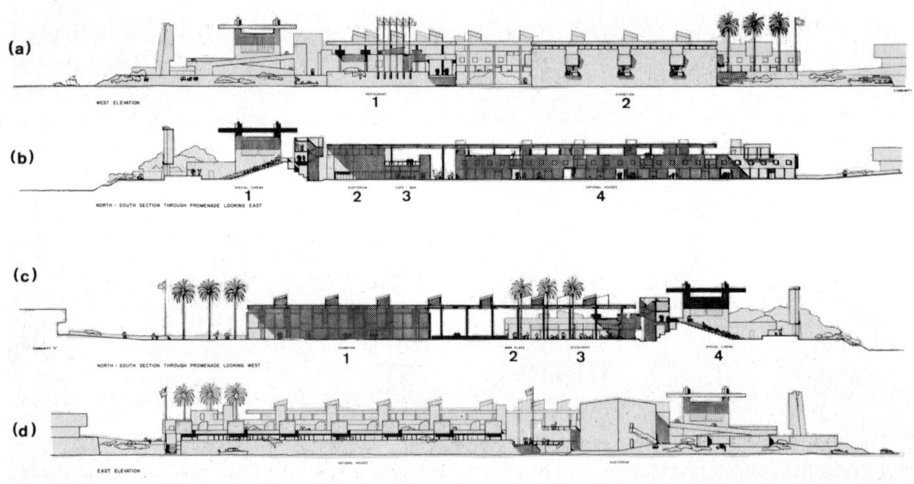

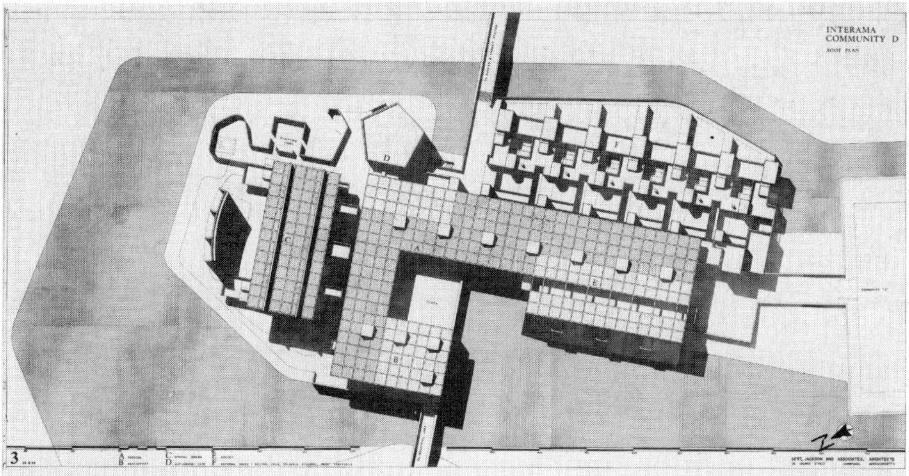

Planta del conjunto
A Parasol
B Restaurante
C Cine - anfiteatro
D Auditorium - café
E Exposiciones
F Casas nacionales: Bolivia, Chile, Colombia, Ecuador, Perú, Venezuela

Plan of the complex
A Parasol
B Restaurant
C Cinema and amphitheatre
D Auditorium-cafe
E Exhibition centre
F Houses of the nations: Bolivia, Chile, Colombia, Ecuador, Peru, Venezuela

Fotografía de la maqueta mostrando la primera versión del proyecto
A la derecha: núcleo residencial

View of the model of the first version of the project. The residential complex is on the right of the picture

Fotografía de la maqueta en la segunda versión del proyecto

View of the model of the second version of the project

1967 Capilla del Government Center (Centro Cívico), Boston
Proyecto

Junto con la construcción del nuevo ayuntamiento de Boston se realizó una extensiva remodelación de todo el área alrededor del mismo. El obispado encargó a Sert el diseño de una capilla que hubiera podido atender a las necesidades espirituales de los empleados de la zona. La planta se basa en un cuadrado con el eje principal en diagonal. Las cerchas del techo forman una retícula de 3,6 × 3,6 m que se vacía para originar lucernarios.

1967 Chapel in Government Center (administrative centre), Boston
Project

In addition to the construction of the new city hall in Boston, an extensive remodelling of the entire surrounding area was undertaken. The diocesan office commissioned Sert to design a chapel capable of providing for the spiritual needs of the people working in the area. The plan is based on a square with the diagonal as its main axis. The roof beams form a square grid, 3.6 × 3.6 m, whose openings serve as skylights.

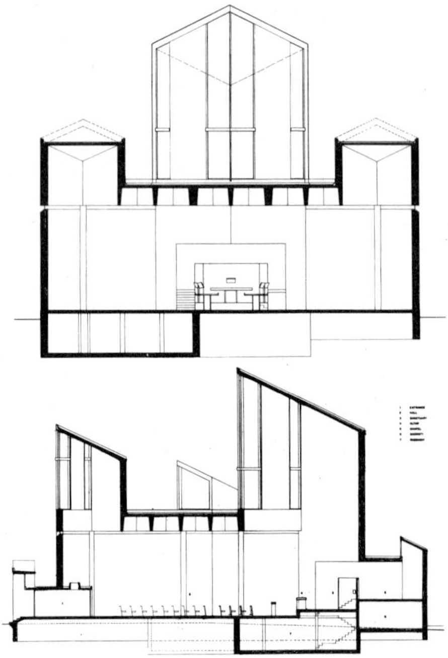

Secciones / Sections
Planta / Plan

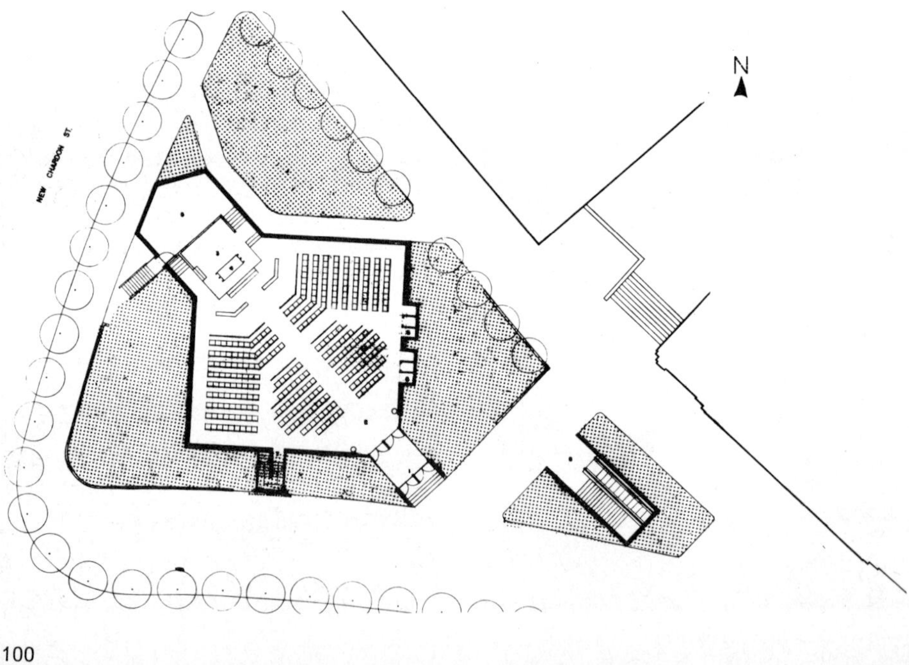

Fotografía de la maqueta. Vista desde el oeste

View of the model, seen from the west

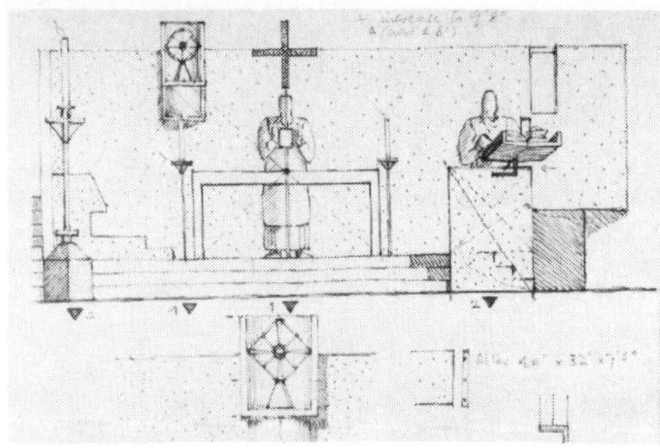

Diseños del altar y objetos litúrgicos

Designs for the altar and the objects used in the liturgy

Fotografía de la maqueta: interior

View of the model: interior

Fotografía de la maqueta

View of the model

1961 Casa en el Paseo de la Muralla, Ibiza (islas Baleares)

Al construir esta casa entre medianeras, Sert quiso que se integrara el máximo posible con la arquitectura del apretado casco antiguo de Ibiza, que se agazapa en la falda de un monte coronado por la catedral y ceñido en su base por unas impresionantes murallas del siglo XVI. El solar, en forma de L y abierto a dos calles a distinto nivel permitió diseñar dos apartamentos con entradas separadas y una tienda.

1961 House in the Passeig de la Muralla, Ibiza (Balearic Islands)

In building this house abutting onto two existing buildings, Sert sought the maximum integration with the architecture of the tightly packed historic centre of Ibiza, clustered on the slopes of the hill crowned by the cathedral and girdled around its base by the impressive 16th century city walls. The L-shaped site runs between two streets on different levels, making it possible to design two apartments with separate entrances and a shop.

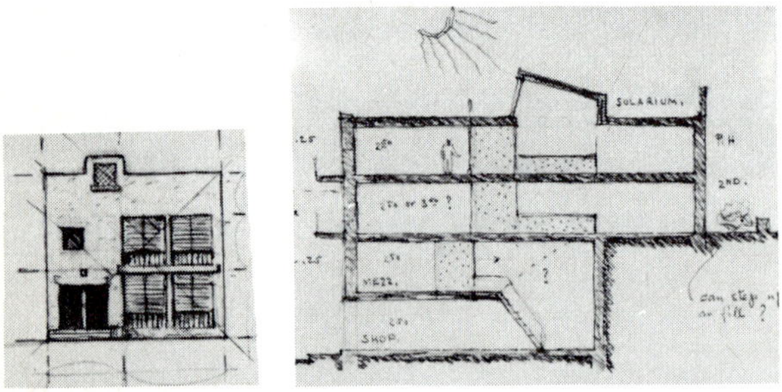

Croquis de las secciones y alzados

Sketches of sections and elevations

Fachada al Paseo de la Muralla

Façade onto the Passeig de la Muralla

Plantas

Plans

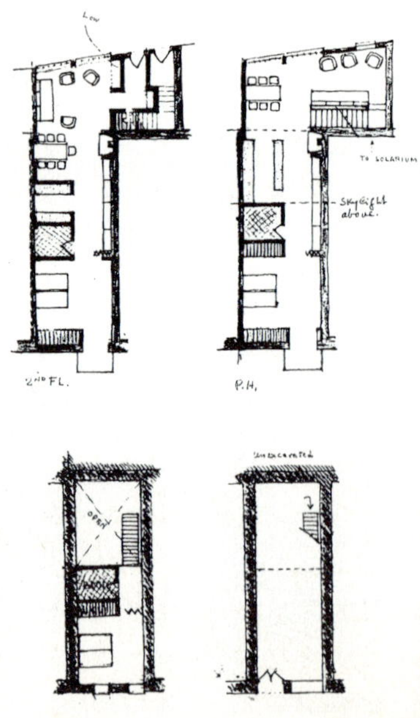

1969 Apartamentos en Punta Martinet, Ibiza (islas Baleares)

Esta serie de 13 casas en hilera utiliza la tipología de la casa entre medianeras, de una sola crujía, desarrollada en profundidad y altura, que es tradicional en los pueblos. El uso contiguo de dos variantes y el leve retranqueo de cada unidad respecto a la anterior establecen un ritmo vertical —que refuerzan los pórticos - garaje de la planta baja— en contrapunto con la horizontalidad del edificio en conjunto.

1969 Apartments in Punta Martinet, Ibiza (Balearic Islands)

This group of 13 houses makes use of the typology of the linear row, with only one open side, developed in terms of depth and height, traditional in villages such as this. The alternate use of two variants and the slight successive stepping back of each unit in turn sets up a vertical rhythm – reinforced by the garage-portico on the ground floor – in contrast to the horizontality of the building as a whole.

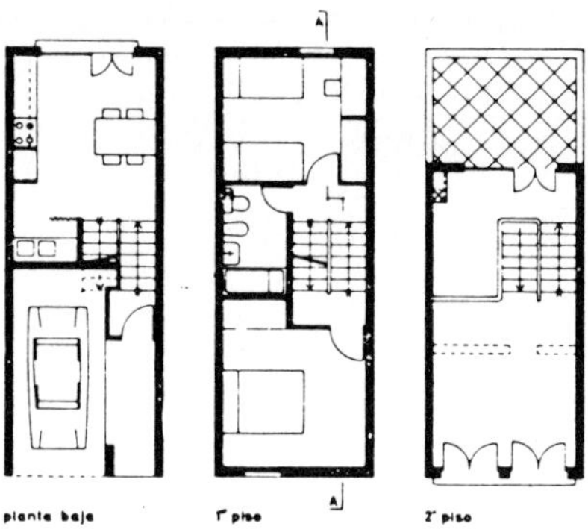

Plantas

Plans

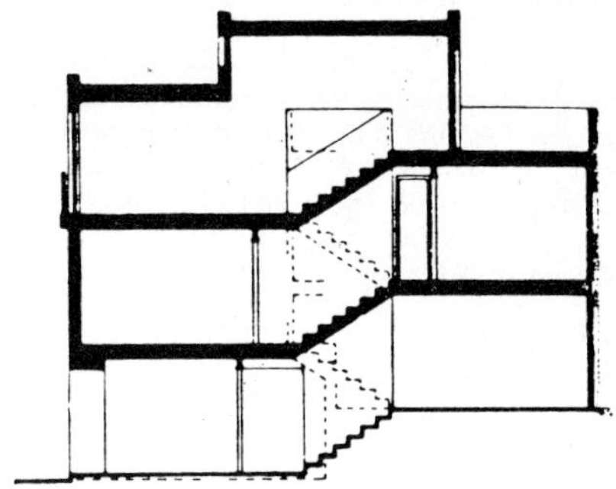

Sección

Section

Fachada sur

South façade

1966-1971 Casas en Punta Martinet, Ibiza (islas Baleares)

Cada una de las 9 casas de este conjunto tiene un diseño distinto, adaptado a las necesidades de cada familia y a la topografía del terreno. Aunque formen parte de una urbanización convencional de casas de vacaciones, se consigue un efecto visual de poblado. El vocabulario formal es afín al vernáculo de la isla, que Sert siempre admiró porque evidencia «la raíz intemporal de un hábitat racional y lleno de fuerza plástica». La utilización de elementos repetidos (porches, ventanas) subordinados al orden de las medidas «modulor», establecen ecos de parentesco entre las casas, resultando en una predominancia de la lectura del conjunto sobre las casas - componente. La cuidadosa preservación de los muros de piedra de los antiguos bancales y la ausencia de vallas entre parcelas coadyuvan a establecer nexos entre las casas, enraizándolas en el paisaje.

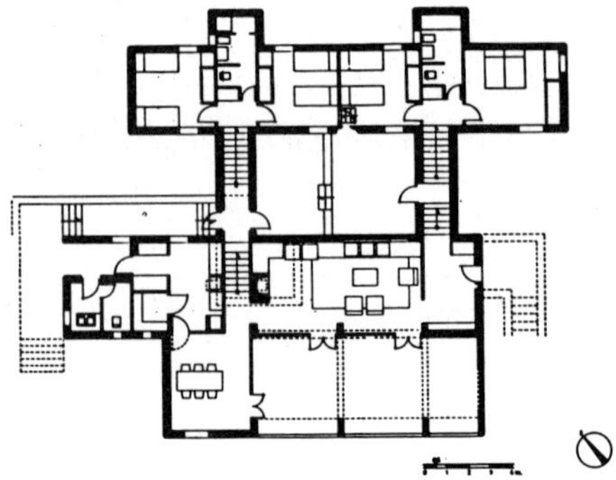

Planta de la casa Gomis

Plan of the Gomis houses

Croquis preliminares

Preliminary sketch

1966-1971 Houses in Punta Martinet, Ibiza (Balearic Islands)

Each of the 9 houses in this development is different in design, adapted to the requirements of its owner and to the topography of the site. Although they are part of a conventional holiday-home complex they manage to create the effect of being a village. The formal vocabulary is drawn from the island's vernacular style, which Sert had always admired for its manifestation of "the timeless roots of a habitat which is both rational and filled with strength of form". The repetition in the use of certain elements (porches, windows) which are subordinated to the order of the "modulor" proportions creates a resonance of similarity between the houses, stressing a reading of the complex as a whole rather than in terms of the component houses. The careful conservation of the stone walls of the old stepped terraces and the absence of walls or fences between plots combine to set up links between the houses and root them in the landscape.

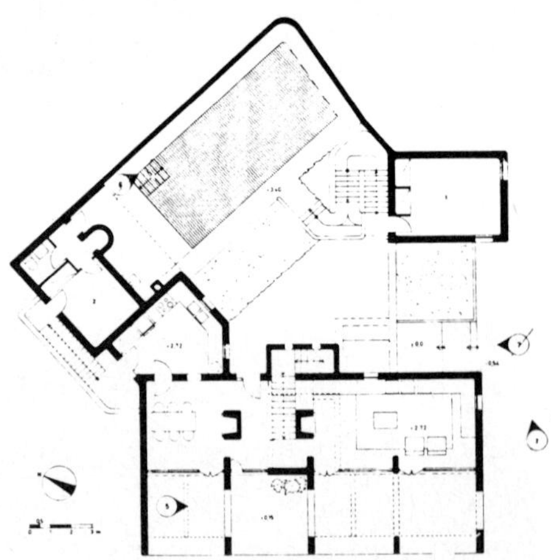

Planta de la casa Sert

Plan of the Sert house

Vista del conjunto

View of the complex

Las aberturas grandes están siempre protegidas por porches

The large openings are always protected by porches

Casa Gomis: sala de estar

Gomis house: living room

Entrada de la casa Sert

Entrance to the Sert house

Croquis de una casa

Sketch of a house

Terraza de la casa Sert

Terrace of the Sert house

Casa Sert en Punta Martinet: sala de estar

Porche: los espacios exteriores prolongan los interiores

Sert house in Punta Martinet: living room

The porch: the exterior spaces continue those inside the house

1969 Cala d'en Serra, Ibiza (islas Baleares) Proyecto

Las habitaciones de este apart - hotel se reparten en hileras, adaptándose a la forma de anfiteatro de la cala. Las habitaciones son dobles, con un 30 % de suites familiares. Los edificios comunitarios se agrupan sobre la colina formando dos plazas, una abierta y otra cerrada, con un porche alrededor.
Estos edificios albergan recepción, oficinas, comedor, cocina, salas de recreo, piscina, etc. Junto a este núcleo central se sitúan la residencia del personal y un bloque para solteros. Capacidad: 360 camas.

1969 Cala d'en Serra, Ibiza (Balearic Islands) Project

The rooms of this apartment-hotel are laid out in rows, accomodating themselves to the amphitheatre-like form of the cove. All of the rooms are doubles, and about 30 % are family suites. The communal buildings are grouped together on the hill, forming two squares, one open and the other enclosed, with a portico running around it.
These buildings house the reception, offices, dining room, kitchen, recreation rooms, swimming pool, etc. Next to this central nucleus are the staff residence and a block providing accomodation for single people. In all there are 360 beds.

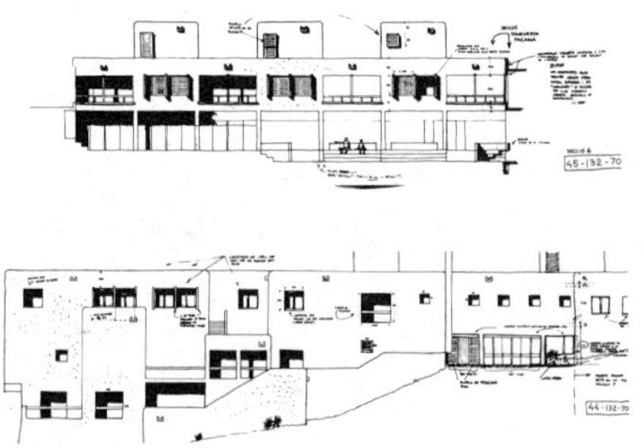

Croquis de las fachadas del edificio de comedor, administración y salas de recreo

Sketch showing the façades of the dining hall, administration building and recreation rooms

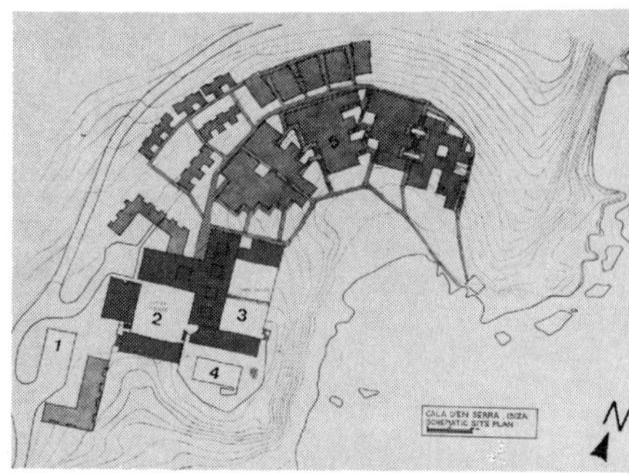

Planta esquemática del conjunto

Schematic plan of the complex

Fotografía de la maqueta

View of the model

1968 Saphire Bay, islas Vírgenes
Proyecto

Situado en una bahía de la isla de St. Thomas, en el Caribe, este complejo turístico estaba constituido por casas escalonadas, adaptándose a la fuerte pendiente del terreno. El sistema permite a cada vivienda vistas al mar y acceso a terrazas sobre la cubierta de la unidad inferior.

1968 Sapphire Bay, Virgin Islands
Project

Situated on a bay on the island of St. Thomas, in the Carribean, this tourist complex was to consist of houses arranged in a step formation suited to the steeply sloping site. This layout allows each house a view of the sea and access to a terrace on the roof of the house below.

Fotografías de la maqueta
Views of the model

1969 Islas del Frioul, Marsella (Francia)
Proyecto, con Delta Atelier d'Architecture
La ciudad de Marsella recuperó el control sobre este grupo de islas, situadas justo fuera de su puerto. El alcalde, Gaston Deferre, encargó un plan general para convertirlas en parque marítimo con capacidad para 30 000 visitantes en los fines de semana. Contará con hoteles, apartamentos, residencias, tiendas, restaurantes, club náutico, club de submarinismo, etc. Se unirá a tierra firme mediante transbordadores y lanchas rápidas «Hovercraft».
El programa incluye 2000 unidades de viviendas y 74 000 m² de construcciones comerciales, edificios públicos y escuela.

1969 Frioul Islands, Marseille, France
Project with Delta Atelier d'Architecture
The city of Marseilles having regained administrative control over this group of islands, situated just outside its harbour, the mayor, Gaston Deferre, commissioned a general plan for their conversion into a maritime park with capacity for up to 30,000 weekend visitors. This would include hotels, apartments, guest houses, shops, restaurants, a sailing club, a sub-aqua club, and so on. The park would be connected with the mainland by means of ferries and a fast hovercraft link.
The programme includes 2,000 housing units and 74,000 m² of construction for commercial premises, public buildings and a school.

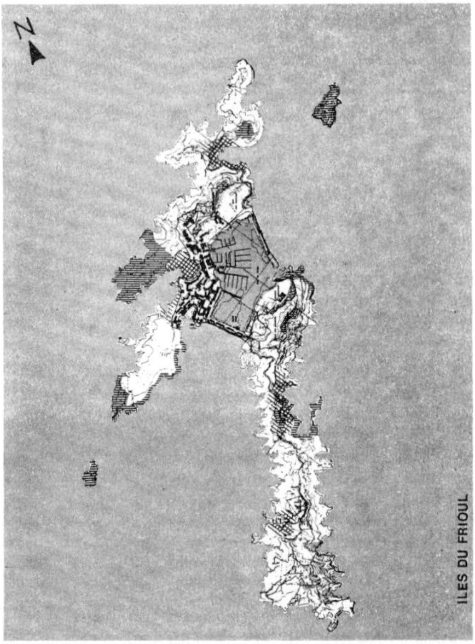

Plano general de usos. En negro: zonas edificadas. En rayado: parque costero a repoblar. En cuadriculado: equipamiento balneario

General plan showing uses. Black: built-up areas. Hatched: coastal park for afforestation. Cross-hatched: bathing facilities

Fotografía de la maqueta: vista del puerto recreativo

View of the model showing the marina

Aspecto de la maqueta del plan general

Partial view of the model of the general plan

Alzados frontal y lateral del grupo de viviendas a construir en el paseo del puerto

Front and side elevations of the group of houses to be built along the harbour front

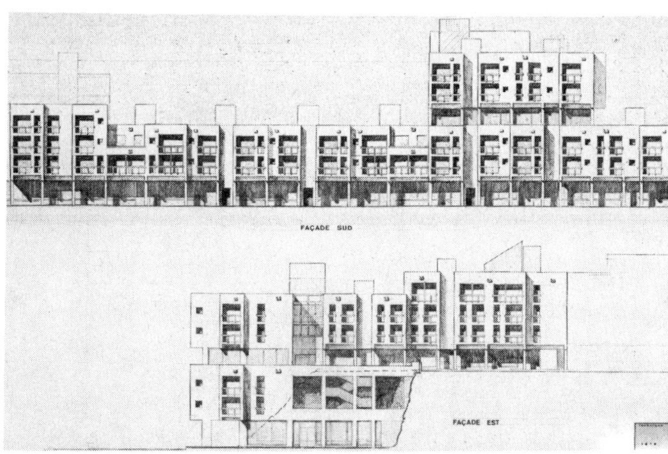

1972 Convento «Carmel de la Paix» Mazille, Saone - et - Loire (Francia), con Dominique Escorsa

Situado muy cerca de Cluny, este monasterio de la Orden Carmelita está completando su construcción con mobiliario y jardinería ejecutados por las propias monjas.

El encargo llegó a Sert por intermedio del Abbé Maurel, gran promotor del arte religioso contemporáneo. El conjunto se levanta en una ladera, dominando un paisaje de colinas con bosques y cultivos. El juego de volúmenes, con las celdas agrupadas en pabellones o casas exentas, establece una imagen de poblado.

1972 "Carmel de la Paix" convent, Mazille, Saone-et-Loire, France – with Dominique Escorsa

Located very close to Cluny, the construction of this Carmelite convent is being completed with the nuns themselves making the furniture and laying out the garden.

The commission came to Sert by way of the Abbé Maurel, well-known for his promotion of contemporary religious art. The complex is built up on the slope of a hillside, commanding a view of a landscape of wooded hills and cultivated fields. The play of volumes, with the cells grouped together in pavilions or houses set apart from one another, creates the impression of a village community.

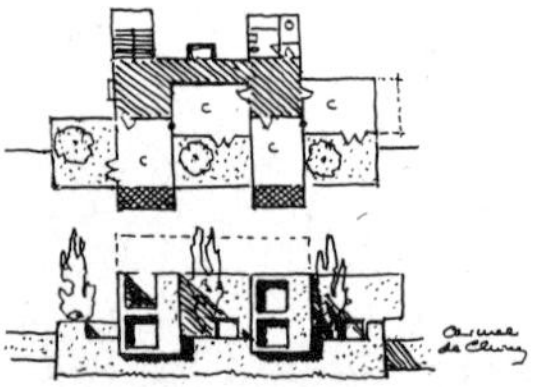

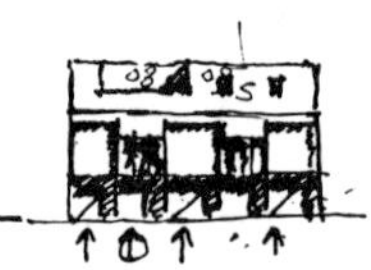

Planta
1 Capilla
2 Refectorio de huéspedes
3 Cocina
4 Edificio principal: salas de recepción, capitular, etc.
5 Refectorio (abajo: aulas)
6 Recreación
A, B, C, D Pabellones - residencias de las monjas

Plan
1 Chapel
2 Guests' refectory
3 Kitchen
4 Main building: reception rooms, chapter house, etc.
5 Refectory (with classrooms below)
6 Recreation rooms
A, B, C, D Pavilion-residences for the nuns

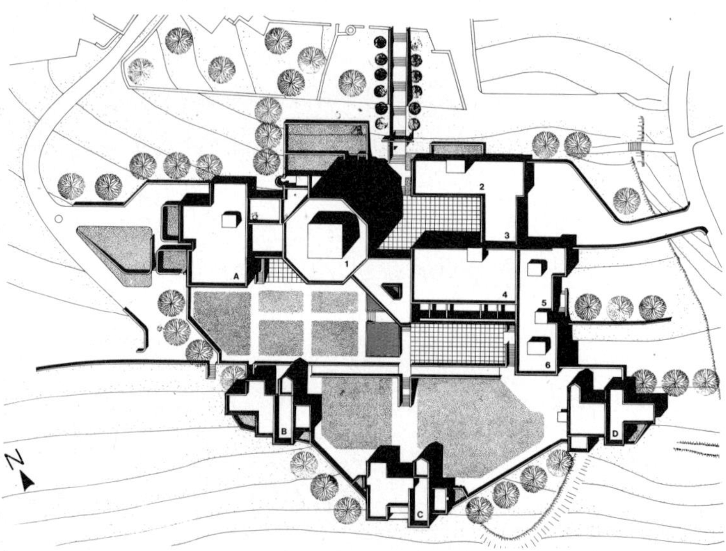

Fotografías de la maqueta

Views of the model

1973 Les Escales Park, edificio de viviendas en Barcelona, con Anglada, Gelabert y Ribas
Para este edificio de 26 apartamentos, Sert adopta el concepto de dúplex o «maisonnette», postulado por Le Corbusier y experimentado en sus obras de la preguerra. [Véanse la casa de la calle Muntaner (1932) y la «casa bloc» (1935).] Las terrazas, de doble altura, hacen las veces de «patios suspendidos».
El edificio se beneficia de un jardín con espléndidos árboles que formaba parte de una antigua finca. Estos árboles se preservaron íntegramente, separando el edificio de la calle paralela, en su fachada norte. Por el lado sur, las cubiertas de los garajes en nivel semisótano forman terrazas accesibles desde los apartamentos de la primera planta. También en el lado sur, a lo largo del muro que cierra los garajes, se creó un jardín, remodelando una fuente existente y añadiendo una piscina.
Este jardín de nueva planta está destinado a integrarse en una gran zona verde interior de toda la manzana. En planta baja, los 6 vestíbulos de acceso están unidos por un corredor acristalado en su fachada norte y con espejos en su pared interior que reflejan el magnífico jardín existente. Otro juego de reflejos viene ofrecido por un canal de agua que recorre paralelamente la longitud del corredor interrumpido sólo por el «puente» de la entrada principal. Este proyecto, en gran parte, fue modificado por los promotores, los cuales han subdividido cierto número de apartamentos.

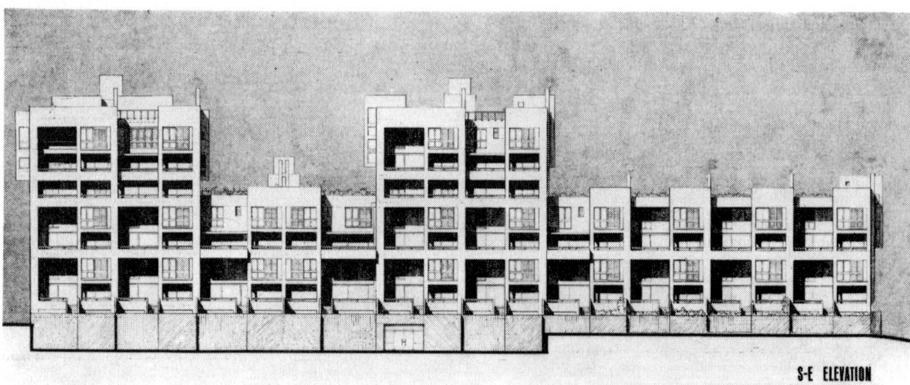

Fachada sur

South façade

Fachada norte

North façade

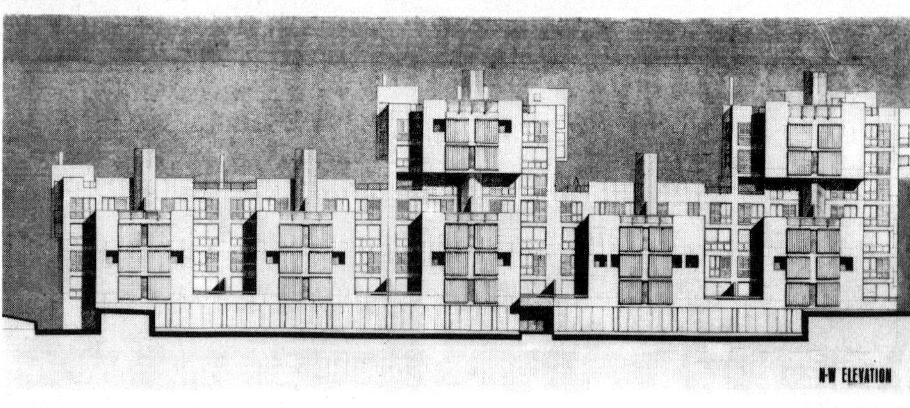

1973 Les Escales Park apartment building in Barcelona – with Anglada, Gelabert and Ribas

For this building comprising 26 apartments, Sert adopted the concept of the duplex or "maisonette" put forward by Le Corbusier, and which he had himself experimented with in the period before the Civil War (see the apartment building on Muntaner street (1932) and the "casa bloc" (1935)). The terraces, which are double height, serve as "hanging courtyards". The building benefits from having a garden which includes some splendid mature trees, conserved from the estate which previously occupied the site, and these effectively separate the building from the street running parallel to its north façade. To the south, the roofs of the garages, which are partially submerged, provide terraces which are reached from the apartments on the first floor. Also on the south side, along the length of the wall which encloses the garages, is a garden, with and original fountain – now refurbished – and a new swimming pool. This newly laid out garden will be integrated into a large interior landscaped area which will occupy the entire block. On the ground floor, the 6 entrance halls are linked by a passageway which is glazed on its north side, and whose internal wall is covered in mirrors reflecting the magnificent existing garden. Another play of reflections is provided by a water channel running in parallel to the passageway for the whole of its length, broken only by the "bridge" of the main entrance. The project was modified considerably by the developers, who have subdivided a number of the apartments.

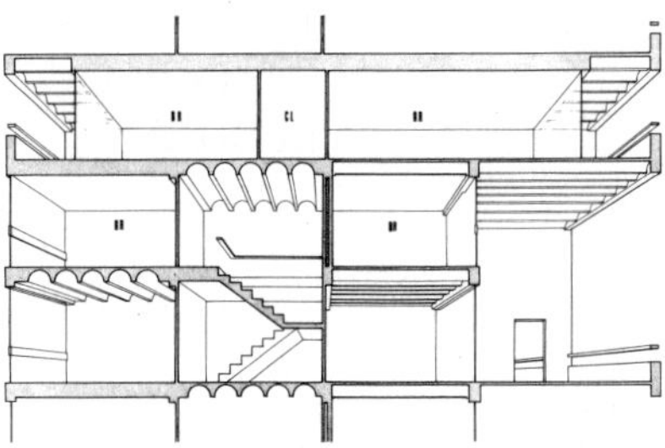

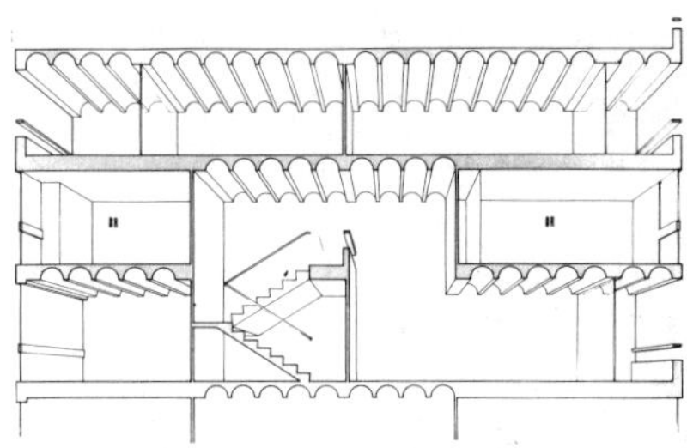

Secciones axonométricas A-A y B-B (véanse plantas). Los techos de los espacios comunes tienen nervaduras con bovedillas

Axonometric sections A-A and B-B (see plans). The ceilings of the communal spaces are rib-vaulted

Vista desde el jardín — View from the garden

Aspecto fachada sur — Partial view of the south façade

Plantas típicas de un apartamento dúplex

Typical floor plans of a duplex apartment

Detalle de la fachada sur

Detail of the south façade

Interior del vestíbulo

Interior of the entrance hall

Corredor vestíbulo

Entrance hall passage

Jardín con fuente en el lado sur

Garden with fountain on the south side

Un aspecto del interior

View of the interior

1972 Escuela Elemental Martin Luther King, Cambridge (Massachusetts)

Separada sólo por una calle del conjunto de viviendas para estudiantes casados de Harvard, esta escuela municipal cuenta con amplio repertorio de instalaciones, muchas de las cuales se destinan al uso comunitario: biblioteca, auditorio, campos deportivos, clases nocturnas, etc. La resolución arquitectónica tiene en cuenta esta dualidad de funciones permitiendo el acceso fraccionado a distintas partes del edificio.

El equipamiento didáctico incluye pizarras y paneles divisorios móviles entre aulas del mismo grado, circuito local de televisión, etc. La cocina cuenta con capacidad para suministrar comidas a otras escuelas del distrito.

Se utiliza el hormigón armado como material de estructura y cerramientos.

Area: 1300 m^2. Capacidad: 900 alumnos

1972 Martin Luther King Elementary School, Cambridge, Massachusetts

Separated from the Harvard married students' residences by only a single street, this municipal school is provided with a wide range of facilities, many of them intended for the use of the community as a whole: library, auditorium, sports fields, evening classes, and so on. The architectural solution has taken this duality of function into account by giving separate acces to different parts of the building.

The pedagogical equipment includes blackboards and partition screens which can be moved between different classrooms on the same academic level, closed circuit television, etc. The kitchen has sufficient capacity to be able to provide meals to other schools in the area.

Reinforced concrete has been used for both the structure and its closure.

Area: 1,300 m^2. Capacity: 900 pupils

Fachada este

East façade

Fachada este del cuerpo de aulas con las torres de las viviendas de Harvard al fondo

East façade of the main teaching building with the towers of the Harvard residences in the background

Vista del patio interior del cuerpo de aulas con corredores vidriados

View of the interior courtyard of the teaching building with its glazed corridors

Sección A-A
1 Aulas
2 Sótano - instalaciones
3 Patio

Section A-A
1 Classrooms
2 Basement and services
3 Courtyard

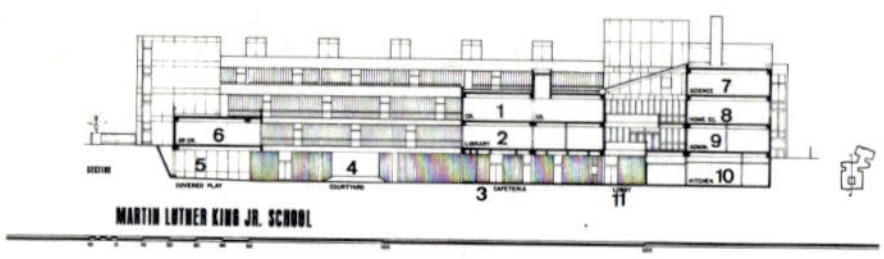

Sección B-B
1 Aulas
2 Biblioteca
3 Cafetería
4 Patio
5 Porche
6 Aula especial
7 Ciencias
8 Economía doméstica
9 Administración
10 Cocina
11 Vestíbulo

Section B-B
1 Classrooms
2 Library
3 Cafeteria
4 Courtyard
5 Portico
6 Special classroom
7 Science
8 Domestic science
9 Administration
10 Kitchen
11 Entrance hall

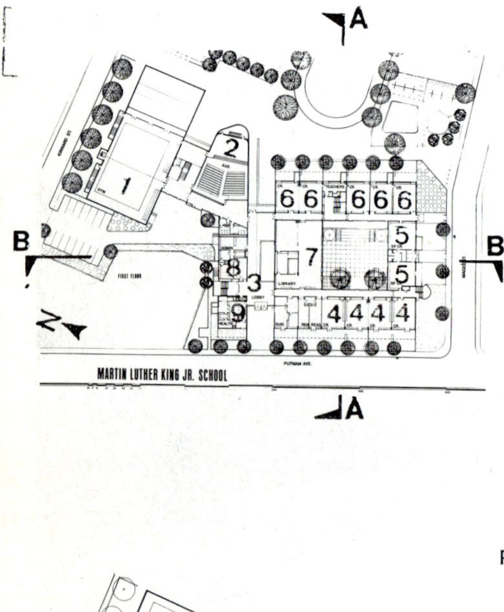

Planta primer piso
1 Gimnasio
2 Auditorio
3 Vestíbulo
4 Aulas 2.° grado
5 Aulas especiales
6 Aulas 1.er grado
7 Biblioteca
8 Administración
9 Enfermería

Plan of the first floor
1 Gymnasium
2 Auditorium
3 Entrance hall
4 Classrooms (2nd grade)
5 Special classrooms
6 Classrooms (1st grade)
7 Library
8 Administration
9 Medical room

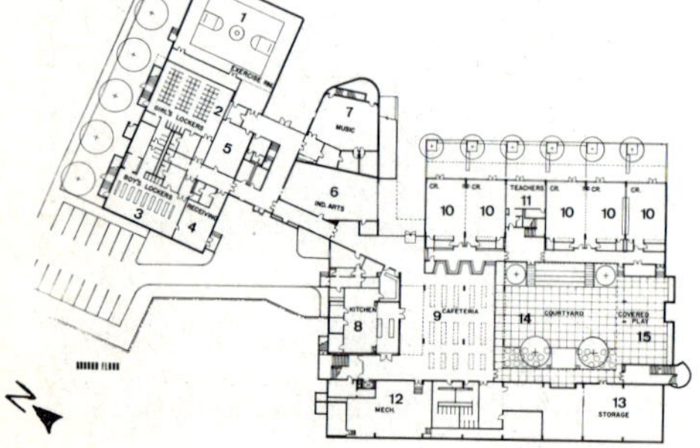

Planta baja
1 Cancha baloncesto
2 Vestuarios femeninos
3 Vestuarios masculinos
4 Instructores
5 Almacenes
6 Trabajos manuales
7 Sala de música
8 Cocina
9 Cafetería
10 Parvulario
11 Maestros
12 Maquinaria
13 Almacén
14 Patio
15 Porche

Ground floor
1 Netball court
2 Girls' changing rooms
3 Boys' changing rooms
4 Instructors' room
5 Storerooms
6 Crafts
7 Music room
8 Kitchen
9 Cafeteria
10 Nursery school
11 Staff room
12 Services
13 Store
14 Courtyard
15 Portico

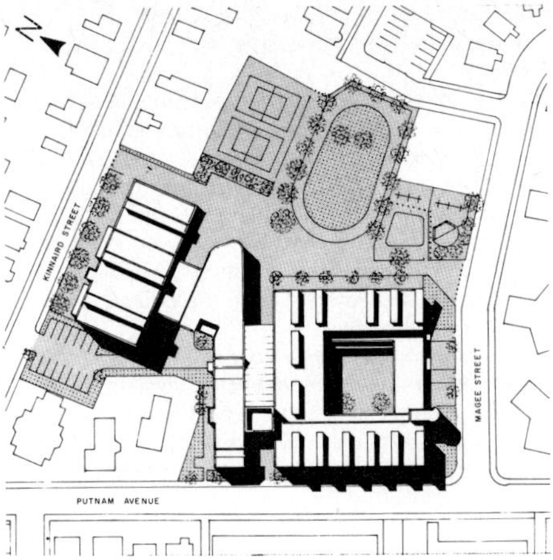

Planta del conjunto

Plan of the complex

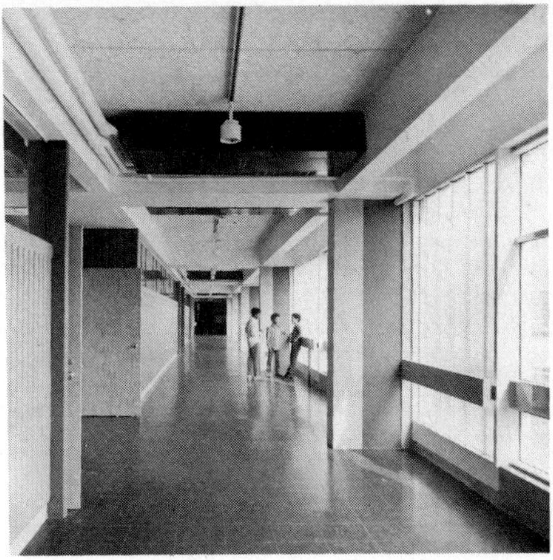

Corredor de distribución entre aulas

Distribution corridor between classrooms

Vista interior de la cancha de baloncesto

View of the interior of the netball court

Balcón interior en segunda planta con vistas sobre el vestíbulo y cafetería

Interior second floor balcony looking over the entrance hall and the cafeteria

1971 Escuela Elemental Bunker Hill, Charlestown (Massachusetts)
Proyecto

Con un programa menos amplio que la anterior, esta escuela incorpora el concepto de «aula abierta», método pedagógico que suprime la rígida división en grados del proceso docente. Ello afecta profundamente, no sólo la jerarquía de espacios sino sus relaciones internas y con respecto al exterior (patio y terrazas).

El diseño tuvo que basarse en un sistema constructivo modular adoptado por la Municipalidad de Boston. De ahí la aparición de volúmenes repetidos y de menor tamaño, que a su vez facilitaron la adaptación a los desniveles del terreno y a la configuración del solar.

1971 Bunker Hill Elementary School, Charlestown, Massachusetts
Project

Although the programme for this school is not as wide as that for the school we have just looked at, it incorporates the concept of the "open" classroom, a pedagogical approach which largely does away with rigid divisions according to grade in the teaching process. This has a profound effect, not only on the hierarchy of the spaces, but on their internal and external (with the courtyard and terraces) relationships.

Boston city council stipulated that the design be based on the modular construction system they had adopted, which explains the repetition of volumes and the reduced scale, which had advantages for the adaptation of the design to the changes in level and configuration of the site.

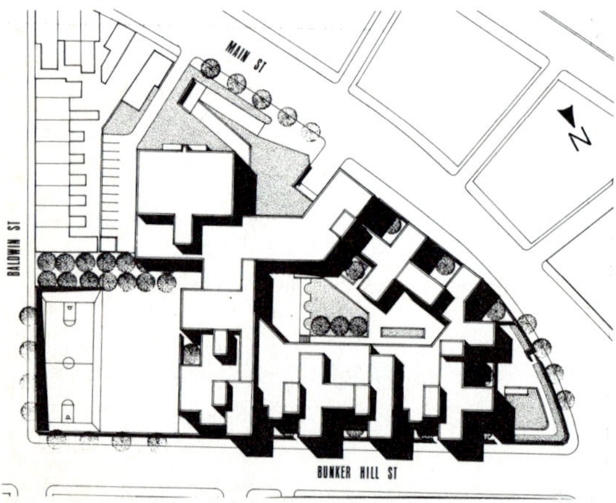

Planta del conjunto

Plan of the complex

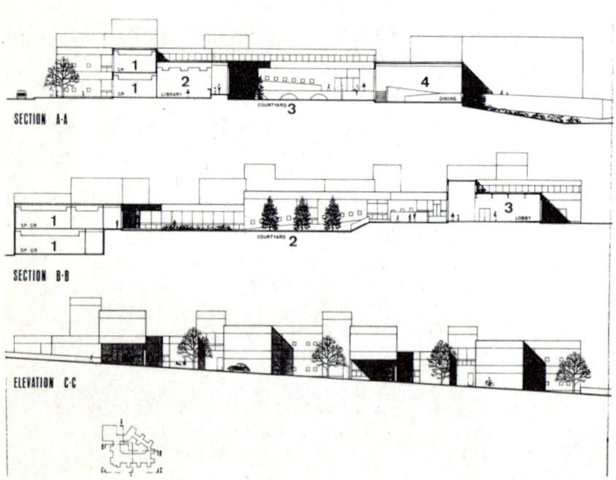

Sección A-A	Section A-A
1 Aulas	1 Classrooms
2 Biblioteca	2 Library
3 Patio	3 Courtyard
4 Comedor	4 Dining hall

Sección B-B	Section B-B
1 Aulas especiales	1 Special classrooms
2 Patio - jardín	2 Garden-courtyard
3 Vestíbulo	3 Hall

Fachada C-C

Façade C-C

Planta primer piso
1 Gimnasio
2-3 Vestuarios fem. - masc.
4 Comedor
5 Cocina
6 Almacén
7 «Aula abierta» nivel inferior
8 Ciencias
9 «Aula abierta» nivel medio
10 Area actividades creativas
11 Bibliotecas
12 «Aula abierta» nivel superior
13 Sala usos múltiples
14 Sala de música
15 Administración
16 Enfermería
17 Planta baja, parvulario

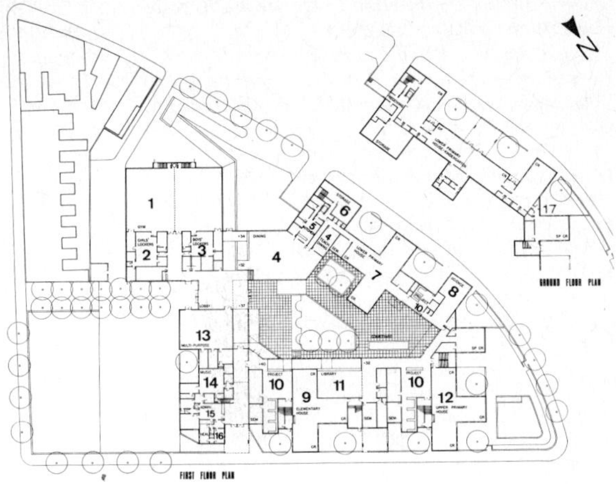

Plan of the first floor
1 Gymnasium
2-3 Girls' and boys' changing rooms
4 Dining hall
5 Kitchen
6 Storeroom
7 "Open classroom" – lower level
8 Science
9 "Open classroom" – intermediate level
10 Arts and crafts area
11 Librarios
12 "Open classroom" – upper level
13 Multi-purpose room
14 Music room
15 Administration
16 Sick room
17 Ground floor – Nursery school

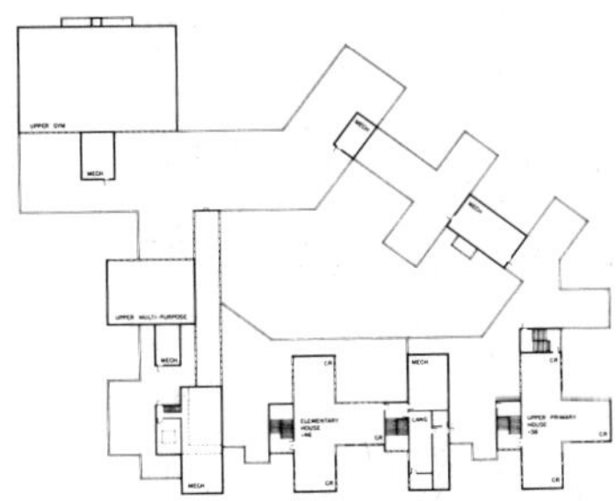

Foto de la maqueta

View of the model

1973 Edificio de oficinas «44 Brattle Street», Cambridge (Massachusetts)

Situado en el animado sector comercial de Harvard Square, este edificio saca buen partido del valioso frente hacia Brattle Street, con dos niveles dedicados a tiendas. Al mismo tiempo, mediante una marquesina transparente, crea un pasaje abierto que da acceso a más tiendas y conduce al fondo del estrecho solar donde se sitúan el vestíbulo y un restaurante. En la 5.ª planta está ubicada la oficina «Sert, Jackson and Associates».

1973 Office building "44 Brattle Street", Cambridge, Massachusetts

Situated in the bustling commercial centre of Harvard Square, this building makes full use of its valuable Brattle Street frontage with two floors given over to shops. At the same time, it creates an open passage by means of a transparent awning, giving access to additional shops and leading through to the back of the narrow site where the vestibule and a restaurant are situated. On the 5th floor are the offices of Sert, Jackson and Associates.

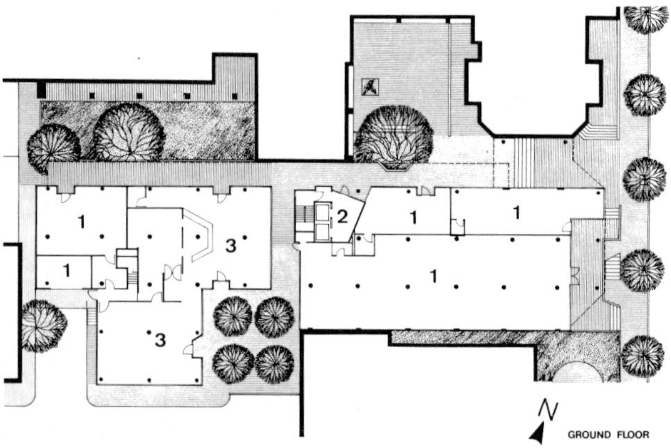

Planta baja
1 Locales comerciales
2 Vestíbulo - ascensores
3 Restaurante

Ground floor
1 Commercial premises
2 Vestibule and lifts
3 Restaurant

Vista del pasaje lateral incorporado al patio entre edificios

View of the passage at the side at its meeting with the courtyard between the buildings

Fachada lateral con el patio del restaurante

Side façade with the courtyard of the restaurant

Fachada a la calle Brattle

Brattle Street façade

Planta quinta
Oficina de Sert, Jackson y Asociados

Fifth floor:
offices of Sert, Jackson and Associates

Oficina de Josep Ll. Sert

Josep Ll. Sert's office

Sala de dibujo

Drawing office

1976 «Puerta Catalana», área de servicio en la autopista del Mediterráneo
Proyecto

Situado en la localidad fronteriza de La Junquera, a corta distancia de la aduana española, esta área de servicio cuenta con un completo programa para uso de los automovilistas: hotel, restaurantes, galería comercial, banco para cambio de moneda, etc. La división del terreno en dos por la autopista dio lugar a una separación entre el hotel —más utilizado por los viajeros procedentes de Francia— y los demás servicios. El puente que une las dos partes del conjunto contribuye a definir —a modo de dintel— la imagen de «portal». Este edificio iniciará su construcción en 1978.

1976 "Porta Catalana" service area on the Mediterranean motorway
Project

Located near the border town of La Junquera, a short distance from the Spanish customs control point, the service area provides a complete service to the motorist: hotel, restaurants, shopping mall, a bank for changing currency, etc. The division of the site into two quite distinct parts by the motorway running through the middle separates the hotel, used in the main by people entering Spain from France, from the other facilities. The bridge which connects the two parts of the complex helps to define – by its lintel form – the image of a "gateway". Construction was begun in 1978.

Fachada norte
Fachada sur
Detalle hotel
Planta general distribución de accesos y estacionamientos

North façade
South façade
Detail of the hotel
General plan showing distribution of accesses and parking spaces

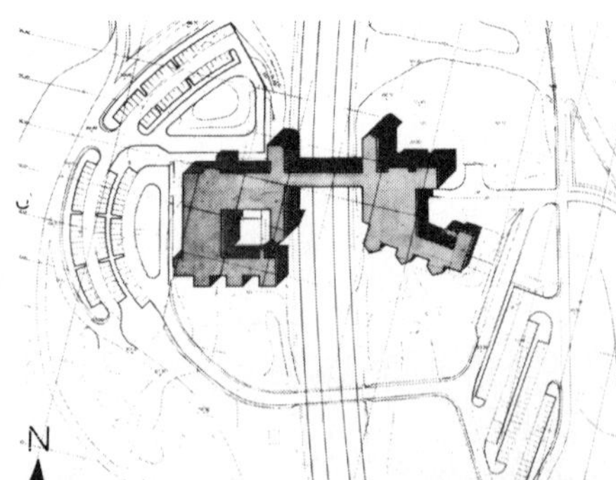

1976 Edificio para la Caja de Ahorros de Cataluña y Centro Cultural, Barcelona Anteproyecto

La Caja de Ahorros de Cataluña es una entidad semioficial vinculada al Gobierno autónomo de Cataluña. Su edificio para oficinas en la zona más moderna del centro de Barcelona dedica sus plantas superiores a centro de educación para adultos, auditorio y sala de exposiciones. La planta baja, además de las zonas públicas de la Caja, dispone de tiendas que mantienen el carácter comercial de la calle. Los patios de ventilación aparecen en fachada, multiplicando el perímetro de iluminación, ventilación y vistas. Aunque inscrito en la volumetría de un bloque de la ciudad, el edificio expresa su división interna en tres alas principales.

1976 Building for the headquarters and cultural centre of the Savings Bank of Catalonia – sketch design

The Caixa d'Estalvis de Catalunya is a semi-public body with links with the government. Its head office in the most modern part of the centre of Barcelona is equipped with an adult education centre, an auditorium and a gallery for exhibitions on its upper floors. On the ground floor, as well as the part of the savings bank directly serving the public, are shops which maintain the street's commercial character. The ventilation wells are situated on the exterior of the façade, adding to the surface area and the provision of ventilation, illumination and views out. Although set within a city block and its volumetry, the building expresses its internal divisions in the form of its three maing wings.

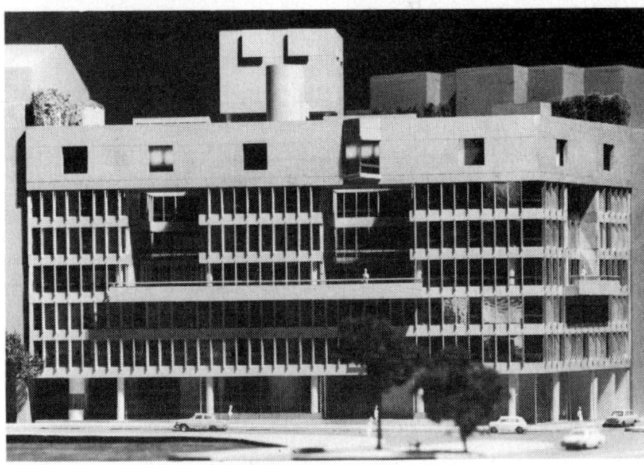

Fotografía maqueta fachada calle Tuset

View of the model showing the Tuset street façade

Croquis alzado calle Tuset

Sketch showing the Tuset street elevation

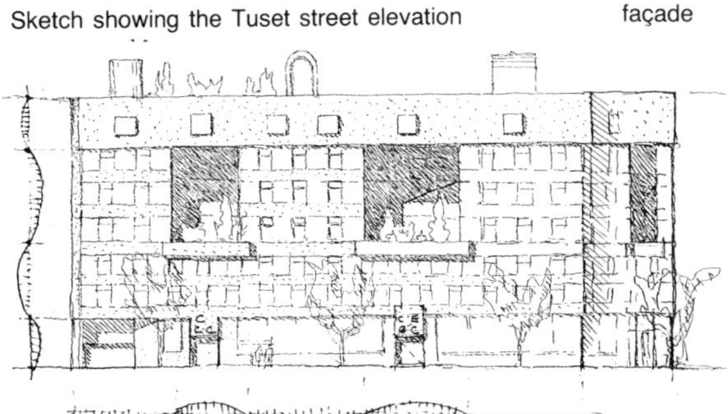

Croquis sección mostrando patio abierto a fachada

Sketch of the section showing the open well in the façade

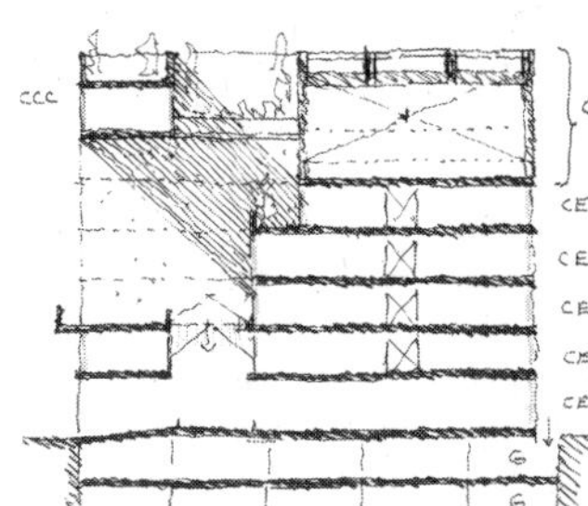

3

Lugares de encuentro para las artes

En sus años de juventud, Sert sintió que la búsqueda de todo un nuevo vocabulario plástico para la arquitectura moderna era parte de la gran revolución estética iniciada por las artes visuales, en especial por el cubismo. El carácter minoritario de la vanguardia artística barcelonesa enfebrecida de ideas y pobre de recursos, le llevó a trabar amistades entrañables con buena parte de los que más tarde fueron aceptados como grandes artistas contemporáneos. Perteneció al A.D.L.A.N. (Amics de l'Art Nou), grupo catalán que incluía aficionados y artistas, pintores, escultores, músicos y cineastas. De aquella época data su relación con Joan Miró. Su estancia en París iba a facilitarle el conocimiento de Leger, Braque, Picasso, Calder y un largo etcétera de figuras de las artes.
Con ocasión del diseño del pabellón español en la Exposición Internacional de París, en 1937, se planteó el caso de la presencia simultánea de la arquitectura moderna con obras artísticas también contemporáneas. El trabajo no era fácil dado que una de las características de las tres artes visuales, en su fase de creciente abstracción, era la autonomía del objeto, lo que Rubert de Ventós ha llamado el «Ensimismamiento»,[1] que rechaza la significación decorativa como alienación al hacer a la obra dependiente del entorno.
Sólo con la colaboración entusiasta y una intensa comunicación de ideas entre los artistas y arquitectos se pudo llevar a cabo una

1. Rubert de Ventós, *El arte ensimismado,* Editorial Ariel, S. A., Esplugues de Llobregat (Barcelona), 1963, pp. 16 a 28.

Places for contact with the arts

In his youth, Sert felt that the search for a new plastic vocabulary in modern architecture was a part of the great revolution in aesthetics set in motion by the visual arts, and in particular by cubism. The minority character of the Barcelona artistic avant-garde, feverish with ideas and starved of resources, led Sert to develop close friendships with a large number of those who later came to be recognised as the great contemporary artists. He belonged to A.D.L.A.N. (Amics de l'Art Nou – friends of the new art), a Catalan group which included artists and art-lovers – painters, sculptors, musicians and film makers. His relationship with Joan Miró dates from this period. His stay in Paris allowed him to get to know Leger, Braque, Picasso, Calder and many other figures in the art world.
With the commission for the design of the Spanish pavilion for the International Exposition in Paris in 1937 came the opportunity to tackle the simultaneous presentation of modern architecture and works of art which were themselves also modern. The work was far from easy given that one of the characteristics of the three visual arts in this phase of increasing abstraction was the autonomy of the object, that "self-absorption"[1], as Rubert de Ventós has called it, which rejects decorative qualities as a form of alienation, making the work dependent on its setting.
It was only as a result of the enthusiastic collaboration and intense communication of ideas between artists and architects that it proved possible to arrive in the end at an architecture capable of adding to the value of the works of art

1. Rubert de Ventós, *El arte ensimismado,* Editorial Ariel, S.A., Barcelona 1963.

obra arquitectónica que sirviera para valorizar las obras expuestas sin dejar de tener una entidad propia. Por decirlo con palabras del propio Sert:

«Si el arquitecto debe ser consciente de la temática y materiales de la obra a exponer —y de sus contenidos, intensidades, texturas— el artista también tiene que sensibilizarse en comprender las características del espacio, sus secuencias y relaciones. En todo ello tiene un papel primordial la luz, y, deberíamos añadir para los edificios destinados a exposición, la circulación y las relaciones entre espacios abiertos y cerrados.»

En los edificios realizados más adelante, la Fundación Maeght y la Fundación Miró, se pudo repetir este enfoque todavía en mejores condiciones, sin la escasez de tiempo y medios que intervinieron en el pabellón de 1937. Se incluye en este capítulo el taller de Joan Miró en Palma de Mallorca —aunque no se trata de un edificio para la *exhibición* de obras— porque en él se dan características que revelan la compenetración entre los elementos arquitectónicos (formas, texturas) y la atmósfera o el universo imaginativo del pintor. Esta atmósfera tiene sus raíces en la fascinación de Miró por los objetos populares y las formas rotundas de la naturaleza.
Además, este edificio está en el origen de la relación entre Aimé Maeght y Sert. En efecto, Maeght era «marchand» de Miró y fue la visión de su taller lo que le impulsó a contratar a Sert para su proyecto —entonces todavía indefinido— de museo activo de arte moderno.
Los edificios para la Fundación Maeght, y la Fundación Miró, comparten algunos rasgos fundamentales: *a*) ambos toman la circulación interior de los visitantes —el itinerario— como elemento generador de la planta; *b*) hacen uso predominante de la luz cenital dejando a las paredes ciegas la función de soporte de las obras expuestas, y *c*) combinan espacios interiores y exteriores, atribuyéndoles una jerarquía y emplazándolos para que se complementen.
A pesar de ser edificios perceptibles como un todo compensado en sus volúmenes y formas, ambos tienen algo de carácter aditivo, al repetirse algunos componentes —salas— y al tener una relación todas las dimensiones —sistema Modulor—. Por ello son susceptibles de ampliarse, de admitir extensiones. Si en la Fundación Maeght se impuso la referencia iconográfica a un poblado, por la fuerza del contexto con la presencia próxima

without losing a character of its own. In Sert's words:

"If the architect is obliged to be aware of the subject and materials of the piece to be exhibited – and of its content, intensities, textures – the artist, too, has to have a heightened sensitivity to and understanding of the space, its sequences and relationships. In all of this, light is of primary importance; as are, we ought to add, circulation and the relationships between open and closed spaces in buildings to be used for exhibitions."
In the buildings constructed later, such as the Maeght Foundation and the Miró Foundation, it was possible to repeat this approach under even better conditions, without the scarcity of time and resources which held for the 1937 pavilion. The studio for Joan Miró in Palma de Mallorca, although not a building for the *exhibition* of paintings, belongs here in this chapter, because it presents characteristics which reveal the interpenetration of architectural elements (forms, textures) and the imaginative universe or atmosphere of the painter. This atmosphere is rooted in Miró's fascination with popular objects and the rounded forms of nature. In addition, this building marks the beginning of the relationship between Sert and Aimé Maeght.
Maeght was in fact Miró's "marchand", and it was seeing the studio that moved him to commission Sert to take on the project – at the time still undefined – for an active museum of modern art.
The buildings for the Maeght Foundation and the Miró Foundation share a number of essential features: a) both take the circulation of the visitor – the itinerary – as the generative element in the plan; b) the use of overhead light predominates, leaving the blind walls to serve as supports for the works on show, and c) they combine interior and exterior spaces, setting up a hierarchical relationship between them and situating them in such a way that they complement each other.
In spite of the fact that each building can be percieved as a unitary whole, balanced in form and volume, they both have something of an additive character in that certain component elements – the rooms – are repeated, and there is a relationship – the Modulor system – between all of the dimensions. As a result they are capable of being enlarged, of having extensions added. If in the Maeght Foundation the obligatory iconographic reference was to the village, in view of the neighbouring presence of Saint-Paul-de-Vence and other typical villages in the area, in the Miró Foundation, situated in a city park with few buildings, and these of a more or less palatial character, the building's image has more unity of mass. This is given added emphasis by the choice of materials, which have a monolithic appearance. The reference here is not so much to the village as

de Saint - Paul - de - Vence y las características villas de la zona, en la Fundación Miró, situada en un parque urbano con pocos edificios y todos ellos de carácter más o menos palacial, la imagen del edificio tiene más unidad de masas. Esta es subrayada por la de los materiales, de apariencia monolítica. La referencia no es tanto al poblado como a tipos más individualizados: quizás el más cercano es el monasterio.
En la Fundación Miró existe además un tratamiento de la circulación interior más continua, sin desniveles bruscos, enlazando las dos plantas mediante una rampa y haciendo la cubierta no sólo accesible sino parte del itinerario de exhibición. La misma unidad que subraya el exterior y la silueta, a pesar de la individualidad de los componentes, aparece en el interior donde a excepción de una sala, las demás no son más que extrusiones de un espacio único y continuo, definido por la superficie opaca, plegada de la pared - soporte de la exhibición y la pared acristalada que cierra el patio. Esta continuidad de la pared de exhibición permite la visión de las obras expuestas sin tener que volver atrás. Es arquitectura para la contemplación de las artes visuales, en condiciones óptimas de luz y mínimo esfuerzo de movimiento. Una deliberada simplicidad en los materiales, los detalles y las formas manifiestan esta voluntad de renunciar al protagonismo de la arquitectura, acompañando, sin imponerse, a las obras expuestas. La síntesis, expresada en una imagen potente hacia el exterior, no renuncia, en cambio, a la misión comunicativa y simbólica que le pertenece.

to more individuated types, perhaps the closest being the monastery.
In addition, in the Maeght Foundation there is also a more continuous treatment of internal circulation, with no abrupt changes of level, connecting the two floors by means of a ramp and making the roof not only accessible but part of the itinerary for exhibition visitors. The same unity which focusses attention on the exterior and the silhouette, in spite of the individuality of the component elements, is to be seen in the interior: with the exception of one room, all are simply extruded from a single continuous space, and defined by the opaque, folded surface of the wall on which the paintings are hung and the glazed wall which encloses the courtyard. This continuity of the wall exhibiting the works of art allows them all to be viewed without the visitor having to double back. This is architecture for the contemplation of the visual arts in optimum lighting and requiring the minimum of physical movement. The carefully thought-out simplicity of the materials, the details and the forms reveals the determination to shift the emphasis away from the architecture, which here accompanies and complements the works on show without imposing itself on them. Nevertheless, this synthesis, expressed externally by the building's potency of image, fully discharges the communicative and symbolic mission entrusted to it.

1968 Escuela Regional de Bellas Artes, Besançon (Francia)
Proyecto

Esta escuela destinada a la enseñanza de dibujo y pintura, escultura, esmalte, cerámica, etcétera, debía llenar un vacío en equipamiento educativo de una extensa zona de Francia. Por su capacidad, número de alumnos y programa era un proyecto relativamente ambicioso. El esquema —gracias a la disponibilidad del terreno— pudo desarrollarse en horizontal con estudios y aulas dispuestas alrededor de amplios patios. Asimismo se dispone de luz cenital, tan apropiada para las artes visuales, en todas las salas.

1968 Regional School of Art, Bensançon (France)
Project

This school for the study of drawing and painting, sculpture, enamelwork, ceramics, and so on, was intended to fill a gap in the educational provision for an extensive area of the country. In terms of capacity, number of students and curriculum, this was a relatively ambitious project. Thanks to the availability of building land it was possible to develop the scheme horizontally, with studios and classrooms laid out around spacious courtyards. In addition, skylights provide all of the rooms with direct natural light, particularly appropriate to the visual arts.

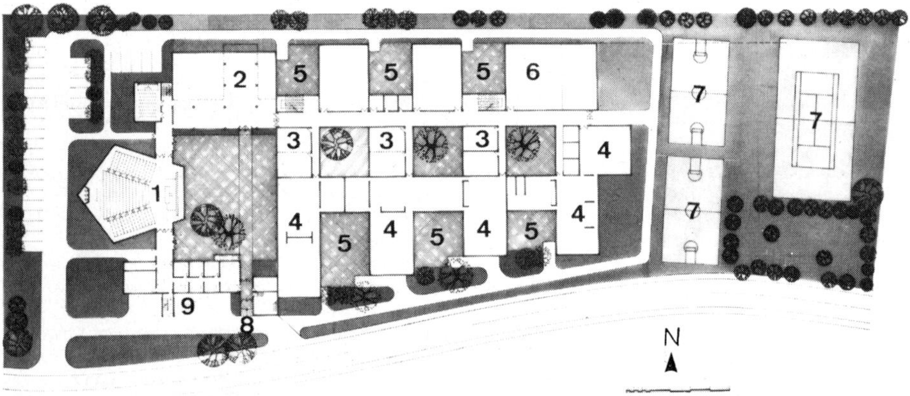

Planta
1 Auditorium
2 Vestíbulo y exposiciones
3 Clases
4 Talleres
5 Patio de talleres
6 Gimnasio
7 Area deportiva
8 Entrada
9 Administración

Plan
1 Auditorium
2 Vestibule and exhibition area
3 Classrooms
4 Studios
5 Studio courtyards
6 Gymnasium
7 Sports facilities
8 Entrance
9 Administration

Vista de la maqueta — View of the model

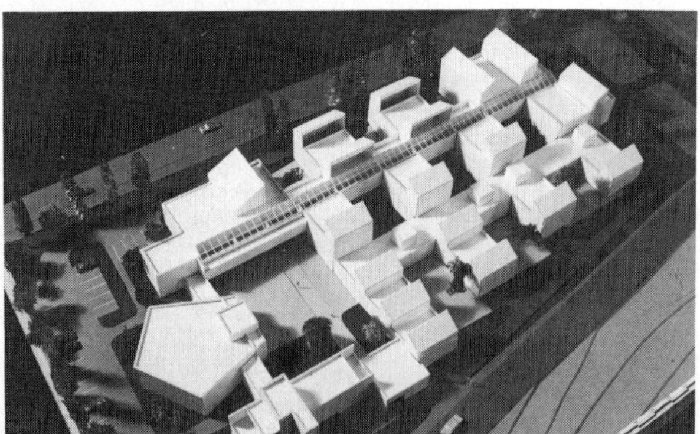

Fotografía de la maqueta enfocando el eje central de patios

Photograph of the model focussing on the central axis of courtyards

La construcción se hizo sin consultar a Sert, Jackson y Asociados, y se introdujeron substanciales modificaciones a su anteproyecto

Construction was carried out without consulting Sert, Jackson and Associates, and substantial modifications to the original project were introduced

1955 Estudio para el pintor Joan Miró, Palma de Mallorca (islas Baleares)

Ei taller de Joan Miró se levanta a las afueras de Palma, en una ladera cruzada por los muros de piedra que sostienen bancales plantados con algarrobos y almendros. El edificio, rodeado de árboles, se asienta en dos de los bancales y es accesible desde tres niveles.

La larga pared curva del bancal superior cierra un patio hacia el norte. El taller tiene doble altura y se ilumina mediante una ventana continua orientada hacia el norte. Grandes aberturas acristaladas abren el espacio hacia la terraza, al sur y a las vistas. Las bóvedas de la cubierta, alternando en altura, suministran luz adicional y ventilación, además de dar al edificio su característica silueta.

1955 Studio for the painter Joan Miró, Palma de Mallorca (Balearic Islands)

Miró's studio rises up on the outskirts of Palma, on a hillside cut across by the stone walls which hold up terraces planted with carob and almond trees. Surrounded by trees, the building is set out over two terraces, and is accessible from three different levels.

The long curving wall of the upper terrace encloses a courtyard on the northern side. The studio is double height, and is lit by means of a continuous north-facing window. Large glazed openings communicate the space with the terrace and the views to the south. The alternating heights of the roof vaults afford additional light and ventilation, and at the same time give the building its characteristic silhouette.

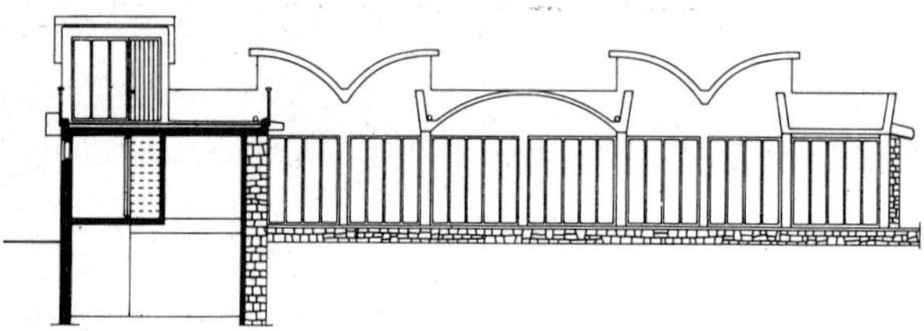

Fachada nordeste

North-east façade

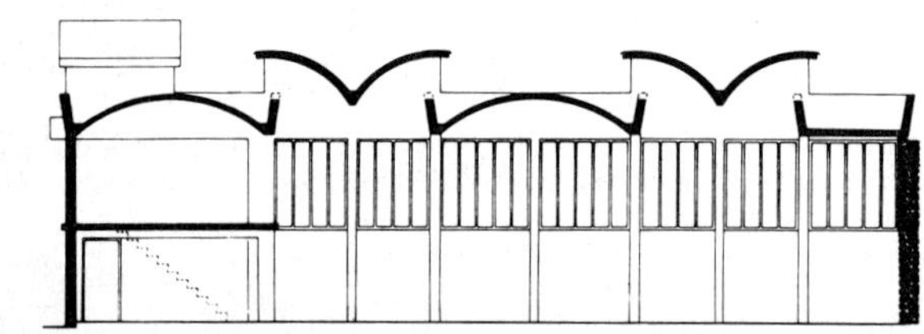

Sección longitudinal

Longitudinal section

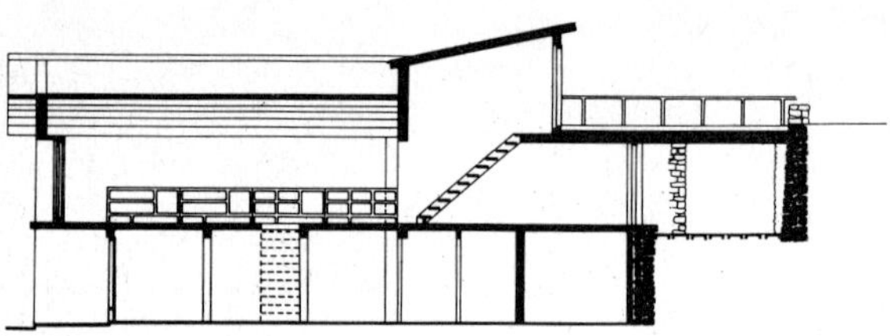

Sección transversal

Transverse section

Fachada sur

South façade

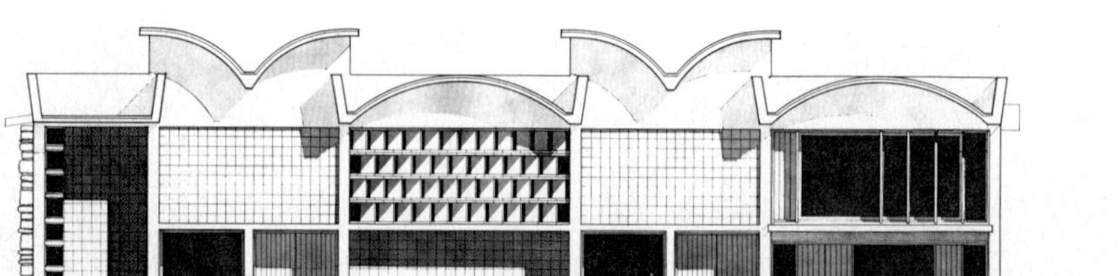

Fachada oeste del taller

West façade of the studio

Interiores

Interiors

1960 Casa para el pintor Georges Braque, Saint - Paul - de - Vence, Alpes Marítimos (Francia)

Proyecto

El proyecto de la Fundación Maeght comprendía algunas casas destinadas a artistas para que pudieran residir cerca del museo y de los centros de estudio.

La casa Braque estaba destinada a ocupar un terreno llano, pero con vistas magníficas sobre el mar, al sur. Al norte, los Alpes.

1960 House for the painter Georges Braque, Saint-Paul-de-Vence, Maritime Alps (France)

Project

The scheme for the Maeght Foundation also included a number of houses intended for painters, to allow them to stay near the museum and study centres.

The house for Braque was to be situated on a flat site which nevertheless had magnificent views over the sea to the south, and north to the Alps.

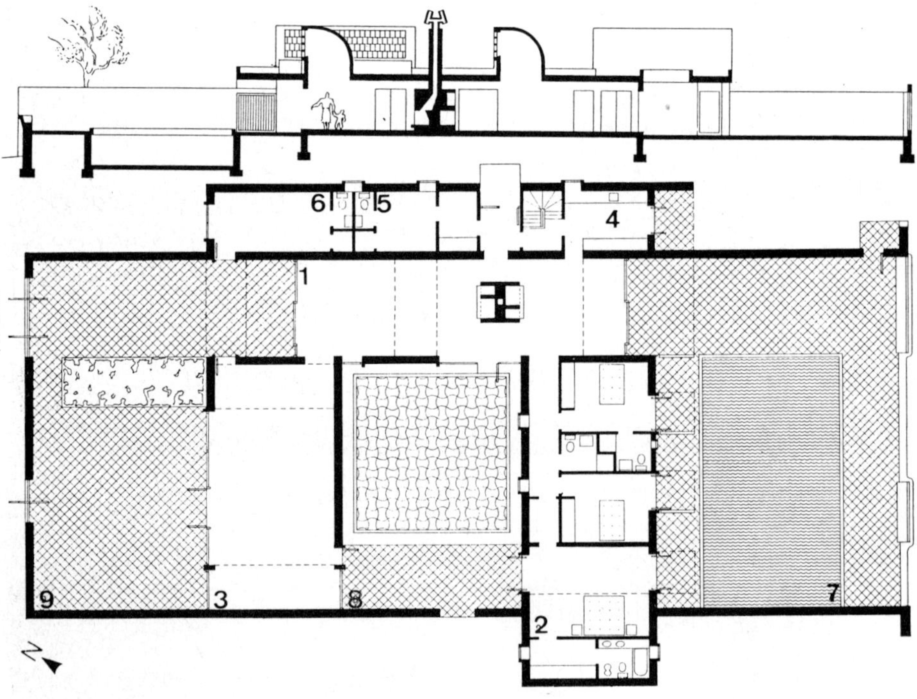

Sección y planta

La planta reelabora el tipo utilizado en la casa Sert de Cambridge con un programa más amplio

1 Estar
2 Ala de dormitorios
3 Estudio
4 Cocina
5 Dormitorio
6 Almacén
7 Patio con piscina
8 Patio central
9 Patio del estudio

Section and plan

The plan is a reworking of the type employed in the Sert house in Cambridge, with a more elaborate programme

1 Living room
2 Dormitory wing
3 Studio
4 Kitchen
5 Main bedroom
6 Store
7 Courtyard with swimming pool
8 Central courtyard
9 Studio courtyard

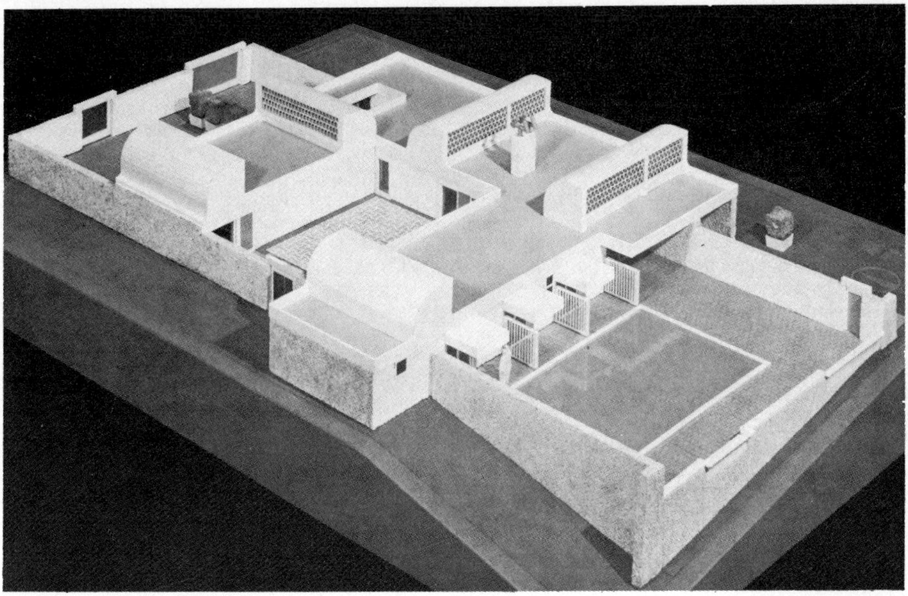

Fotografías de la maqueta

Photographs of the model

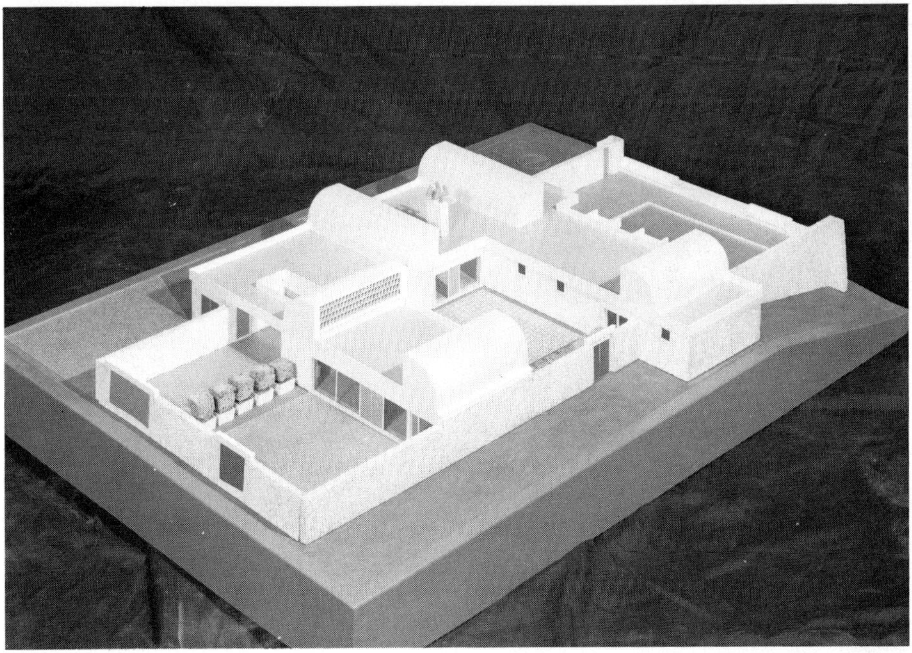

1964 Fundación Marguerite y Aimé Maeght Saint - Paul - de - Vence, Alpes Marítimos (Francia)

Situado en una colina frente al pueblo medieval de Saint - Paul - de - Vence, este museo de artistas contemporáneos requería una considerable extensión. Evitando la monumentalidad de una estructura única, el proyecto recurre una vez más (como en el Carmel de la Paix) a la iconografía del poblado, articulando los espacios y volúmenes para lograr una escala más acorde con el entorno.
El privilegiado clima de la zona, la abundancia de pinos y la espléndida vista hacia el cabo de Antibes y los Alpes sugerían un amplio uso de los espacios exteriores. Sert colaboró estrechamente con los artistas —muchos de ellos viejos amigos de sus años en París: Braque, Miró, Chagall, Giacometti— para el diseño de los espacios y elementos —muros, estanques, terrazas— que constituirían el soporte físico de sus obras, muchas de las cuales se concibieron exprofeso para cada lugar.
Las salas de exhibición son espacios autónomos definidos interior y exteriormente: el paso de una a otra se efectúa por canceles sin puerta. Aunque los techos se mantienen en un mismo plano, la adaptación al terreno origina alturas diferentes según las salas, las cuales se agrupan alrededor de un patio irregular llamado «El Claustro».

1964 Marguerite and Aimé Maeght Foundation, Saint-Paul-de-Vence, Maritime Alps (France)

Set on a hill overlooking the little mediaeval town of Saint-Paul-de-Vence, this museum of the work of contemporary artists was in need of a major extension. Steering away from the monumentality of a single structure, the project is yet another return (as with Carmel de la Paix) to the iconography of the village, articulating the spaces and volumes to achieve a scale more in keeping with the setting.
The attractive climate of the area, the abundant pine trees and the wonderful views of Cape Antibes and the Alps all called for extensive use to be made of outdoor spaces. Sert worked in close collaboration with the artists themselves – many of them old friends from his years in Paris, such as Braque, Miró, Chagall or Giacometti – on the design of the spaces and elements – walls, ponds, terraces – which were to provide the physical support for their works, many of these having been created specifically for the place they were to occupy.
The exhibition areas are autonomous spaces defined both internally and externally: the transition from one to another is by way of openings without doors. While the roofing is all on a level, the alterations in the site occasion differences in height in the different gallery spaces, which are laid out around an irregular courtyard called "the Cloister".

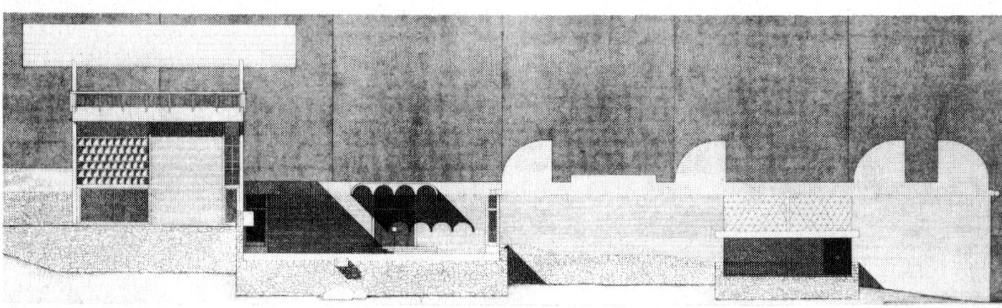

Alzado sur — South elevation

Alzado norte — North elevation

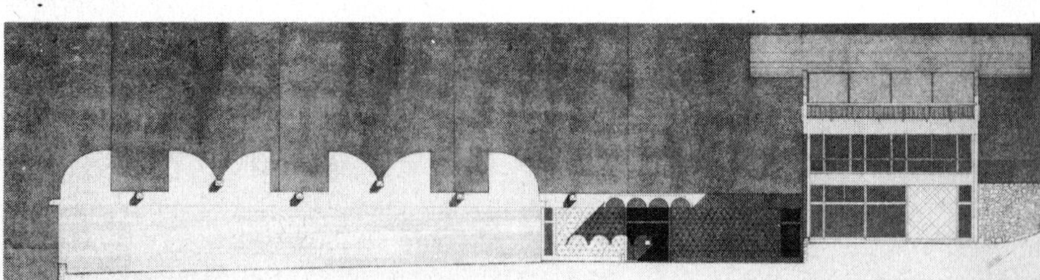

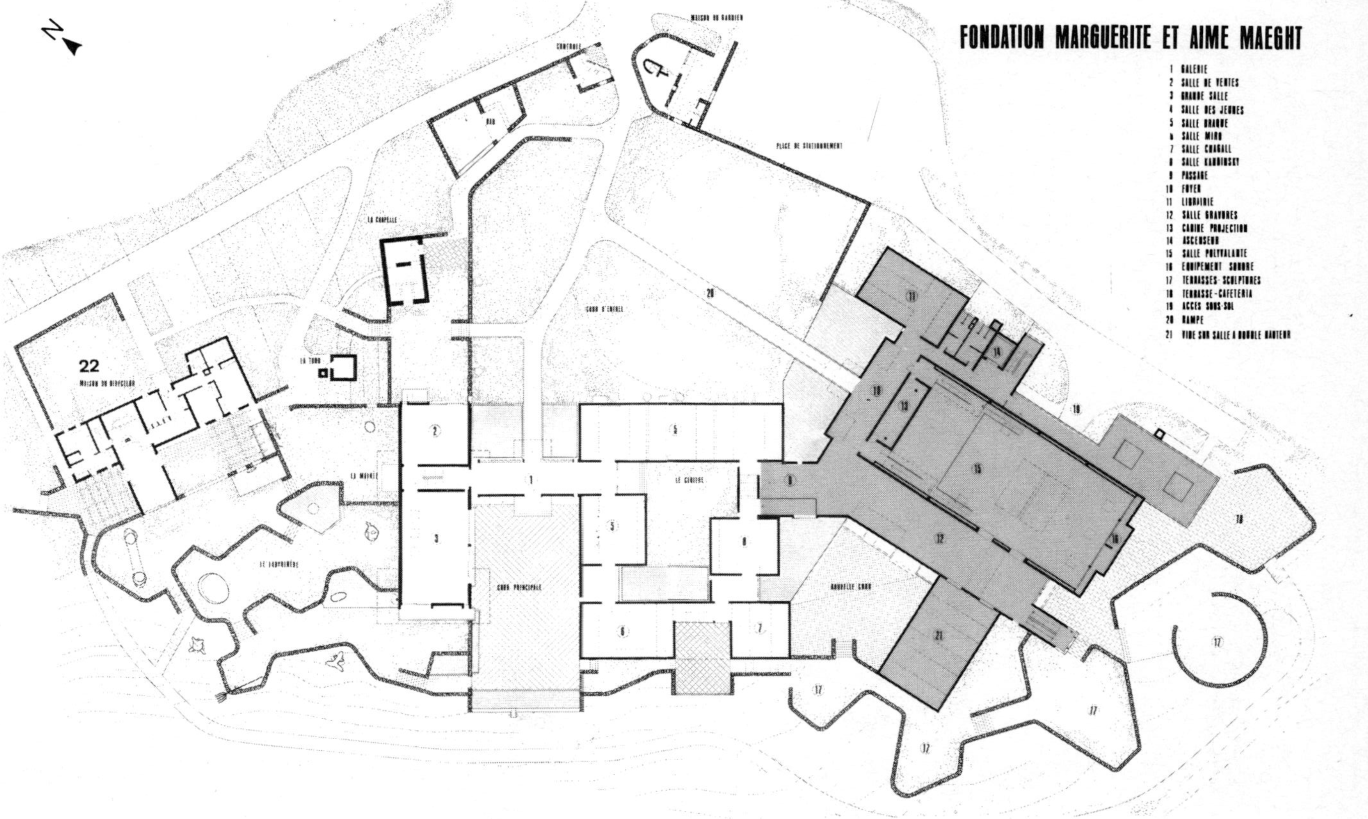

Planta del conjunto incluyendo un proyecto de ampliación de 1973

Plan of the complex including an extension scheme from 1973

«Patio Giacometti» enmarcado por «La Mairie» y el grupo de salas de exposición

"Giacometti courtyard", bounded by "La Mairie" and the series of exhibition spaces

Fotografía de la maqueta: a la derecha, ampliación que incorpora biblioteca y una sala de usos múltiples para 600 espectadores

Photograph of the model: on the right, the extension incorporating a library and multi-purpose hall seating 600

Entrada principal

Main entrance

Fachada de la «sala de los jóvenes»

Façade of the "gallery of the young"

Aspecto de la terraza accesible de «La Mairie» View of the terrace reached from "La Mairie"

Patio de entrada con un «stabile» de Calder Entrance courtyard with a "stabile" by Calder

Interior y sección longitudinal de la «sala de los jóvenes»

View of the interior and longitudinal section of the "gallery of the young"

Gran sala en «La Mairie», con una escultura de Chillida

The large room in "La Mairie", with a sculpture by Chillida

Detalle de un lucernario doble
Vista de la cubierta del grupo de salas llamado «El Claustro»
Esculturas de Miró en el jardín llamado «Laberinto»
Abajo, «Casa del director», con Lizero, Bellini y Gozzi

Detail of a double skylight
View of the roof of the group of galleries known as "the Cloister"
Sculptures by Miró in the "Labyrinth" garden
Below, the Director's house, with Lizero, Bellini and Gozzi

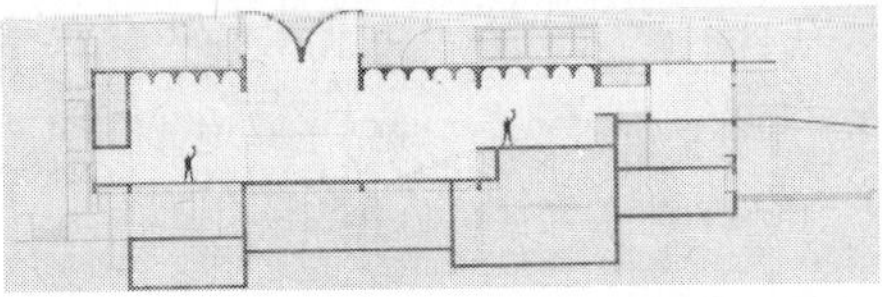

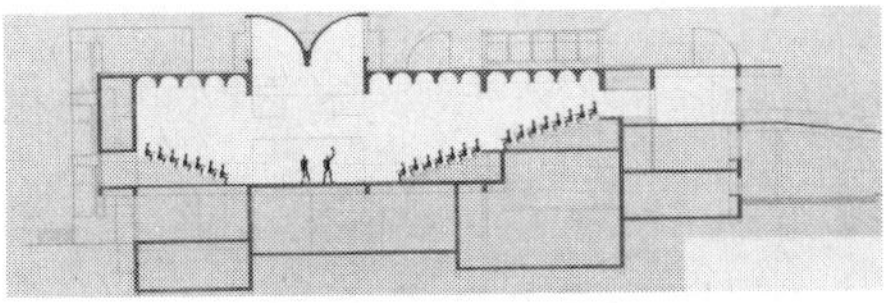

El proyecto de ampliación tenía como elemento esencial una gran sala para representaciones y espectáculos, con una capacidad de 600 espectadores, que también debía servir para exposiciones. Alrededor de esta sala se facilitaba espacio a las partes del programa que la afluencia de público ha hecho insuficientes: cafetería, librería y biblioteca.

The fundamental element of the scheme for the extension was a large hall for performances of different kinds,. with capacity for 600 spectators, which was also to be used for exhibitions. Space was to be available around this for additional facilities such as a cafeteria, bookshop and library required by the increased volume of visitors

Proyecto de ampliación

Secciones y fachada este

Fachada norte, hacia el patio de entrada

Fachada oeste

Extension scheme

Sections and east façade

North façade, looking towards the entrance courtyard

West façade

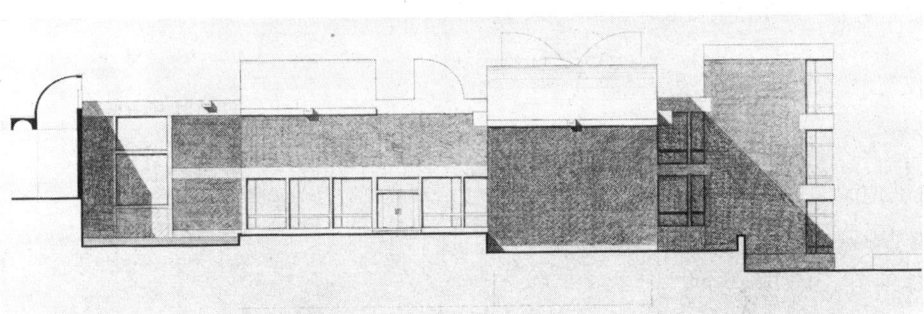

1975 Centre d'Estudis d'Art Contemporàni, Fundació Joan Miró, Barcelona, con Anglada, Gelabert y Ribas

La Fundación Miró es un edificio destinado a la exhibición de una colección de obras donadas por el pintor a la ciudad de Barcelona, y a la vez a la exposición periódica de otras colecciones en régimen de intercambio. Funciona, además, como un animado centro de estudios abierto a investigadores y a artistas jóvenes con una parte substancial del edificio dedicada a galería, biblioteca, archivo y auditorio. Situado en una plataforma de la colina de Montjuïc, el edificio goza de una espléndida vista sobre la ciudad. El proyecto incorporó, al oeste, un jardín existente, de estilo novecentista, en el cual se emplazan esculturas. A pesar del parentesco de algunas soluciones tipológicas —los lucernarios, los techos nervados— con la Fundación Maeght, los espacios de exhibición se organizan de modo muy distinto. En lugar de una secuencia de salas individualizadas —quizá respondiendo a la atribución de cada una a un artista distinto— en la Fundación Miró las salas se abren a una amplia nave separada del patio por una cristalera continua. El espacio adquiere mayor fluidez sin renunciar a dar carácter a las células que lo componen. Las paredes exteriores, entrando y saliendo, forman un soporte ininterrumpido para la exhibición de las obras, de modo que el visitante no tenga que volver sobre sus propios pasos. La utilización de elementos repetidos y del repertorio de dimensiones «modulor» establecen un orden visual subyacente en todas las partes del edificio.

1975 Centre for the Study of Contemporary Art, Miró Foundation, Barcelona – with Anglada, Gelabert and Ribas

The Miró Foundation is a building with the double function of putting on show the collection of works donated by the painter to the city of Barcelona, and of hosting other exhibitions on a regular exchange basis. At the same time, it functions as a lively centre of study open to scholars and young artists, with a substantial part of the building being devoted to a gallery, library, archive and auditorium. Standing on a platform on the slopes of Montjuic, the building enjoys a magnificent view of the city. The project included an existing garden, to the west, in the fin-de-siecle "Noucentiste" style, which has been used as a setting for sculpture. Despite the similarities in some of the typological solutions – the rooflights, or the ribbing of the roofs – with the Maeght Foundation, the exhibition spaces have been organised in a very different manner. Instead of a sequence of individualised rooms – perhaps in accordance with the idea of devoting each one to a different artist –, in the Miró Foundation the rooms open onto a wide hall separated from the courtyard by a full-length glass partition. The space thus assumes a greater fluidity without depriving the cells, of which it is made up, with character. The external walls, which come in and go out, provide an uninterrupted surface on which the works of art can be displayed, so that the visitor never needs to double back. The repetition of elements and the use of the "modulor" repertoire of dimensions establishes an underlying visual order throughout the different parts of the building.

Fachada sudeste, frente al Paseo de Montjuic

South-east façade looking onto the Passeig de Montjuic

Entrada principal

Main entrance

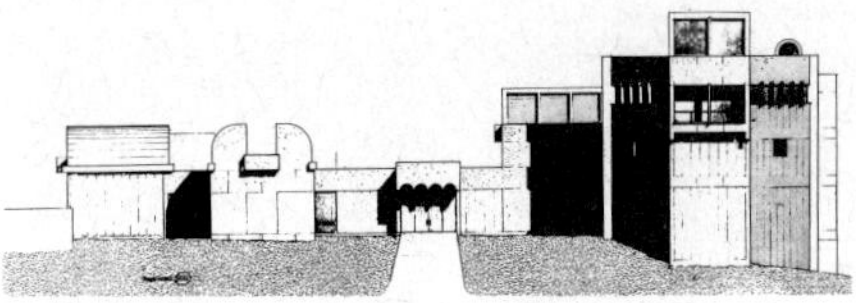

Alzado S-E

South-east elevation

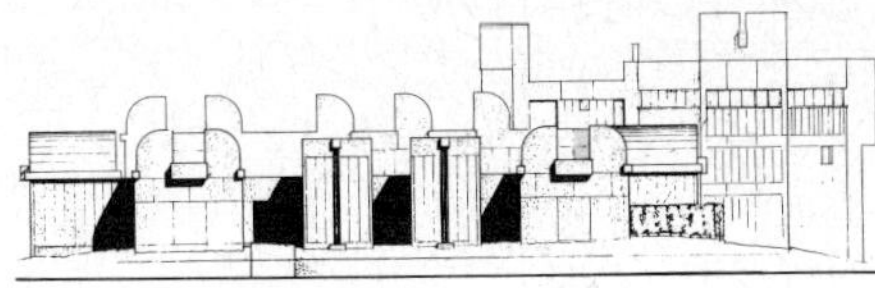

Alzado S-O

South-west elevation

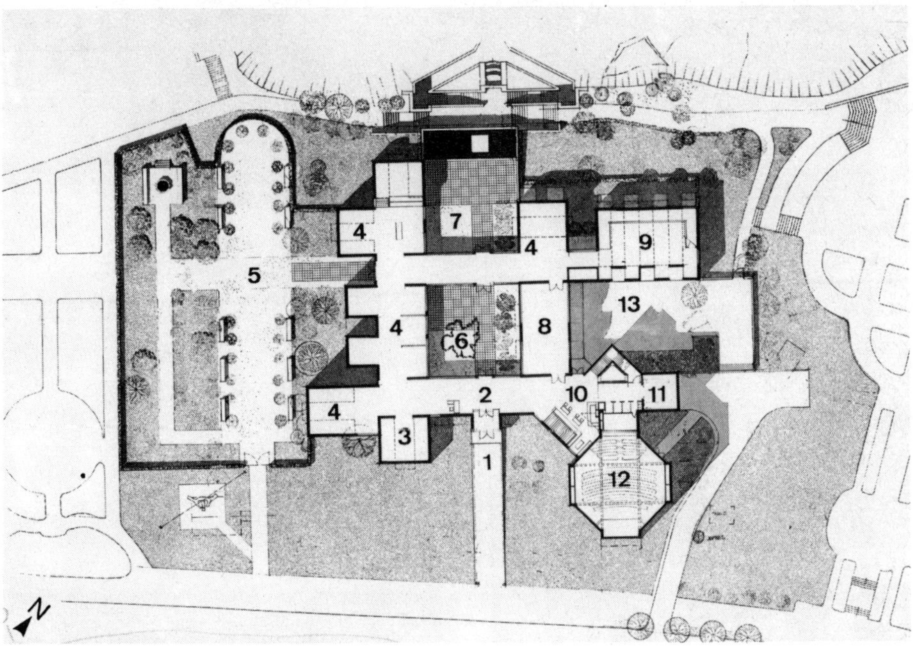

Planta baja
1 Entrada
2 Vestíbulo
3 Sala especial
4 Sala de exposición
5 Jardín de esculturas
6 Patio interior
7 Patio exterior con estanque
8 Galería exhibiciones periódicas
9 Sala de esculturas con rampa
10 Bar
11 Librería
12 Auditorio
13 Patio para celebraciones

Ground floor
1 Entrance
2 Vestibule
3 Special gallery
4 Exhibition space
5 Sculpture garden
6 Inner courtyard
7 Outer courtyard
8 Gallery for temporary exhibitions
9 Sculpture gallery with ramp
10 Bar
11 Bookshop
12 Auditorium
13 Courtyard for celebrations

Vestíbulo

Vestibule

Sala «Joan Prats», dedicada al que fue gran promotor del arte contemporáneo en Cataluña y amigo de Joan Miró

Joan Prats Room, dedicated to a man who was a great promoter of contemporary art in Catalonia and a personal friend of Miró

Detalle del techo

Detail of the ceiling

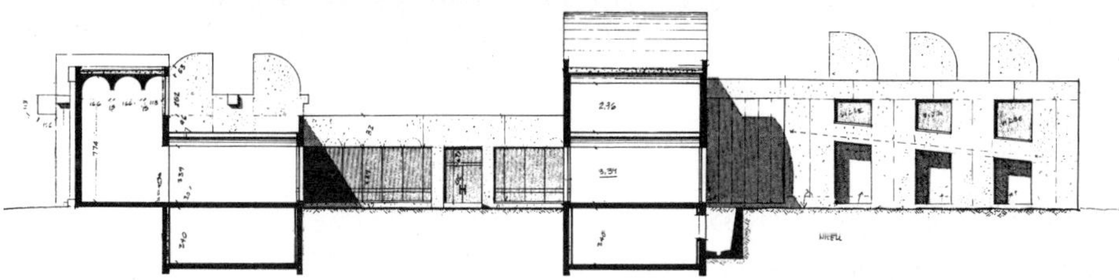

Sección por el patio central, hacia el N-O
Pasaje entre patios
Entrada a la sala de esculturas

Section through the central courtyard looking nort-west
Passage flanked by courtyards
Entrance to the sculpture room

Patio interior con la escultura «Las Puertas», de Miró
Patio exterior

Inner courtyard with the sculpture "Las Puertas" by Miró
Outer courtyard

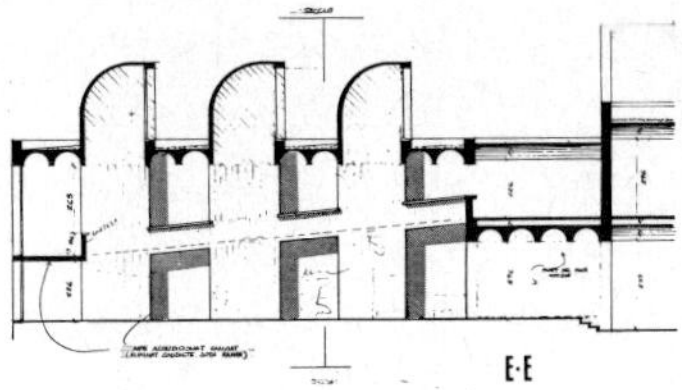

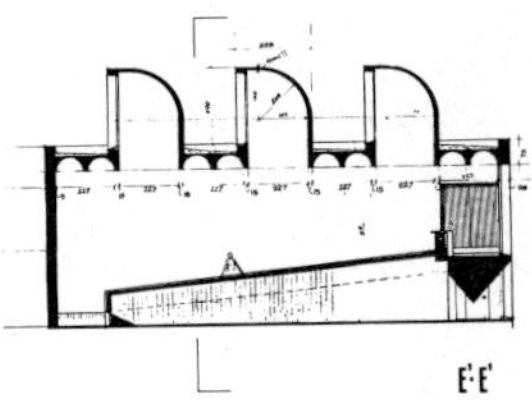

La rampa de acceso al primer piso se desarrolla alrededor de la sala de esculturas, permitiendo la contemplación de éstas desde distintos puntos de vista
Vista interior de la sala de esculturas

The ramp leading up to the first floor travels around the side of the sculpture gallery, allowing the works to be considered from a variety of viewpoints
View of the interior of the sculpture gallery

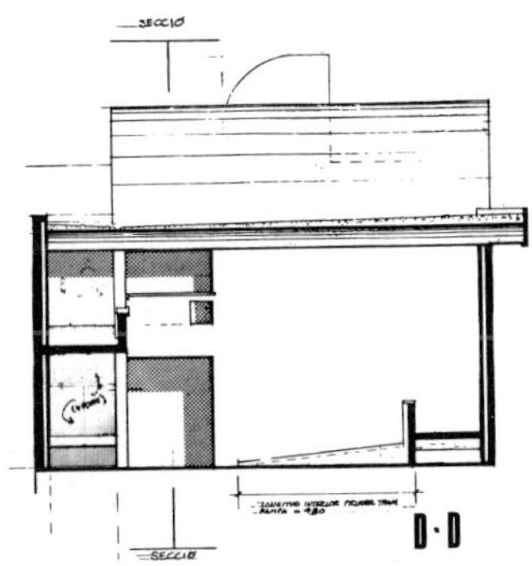

Secciones de la sala de esculturas
Sections through the sculpture gallery

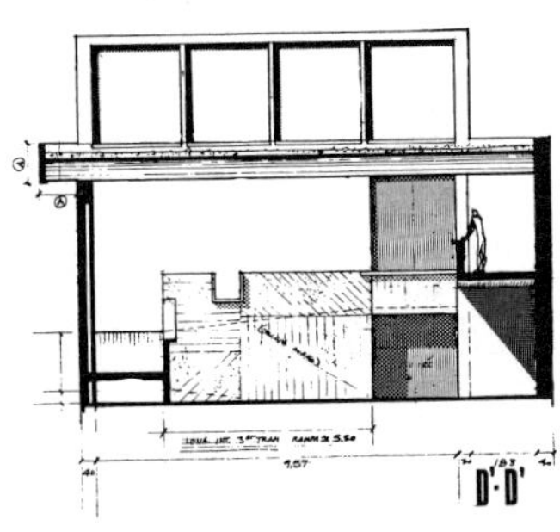

La cubierta forma una terraza accesible para la exhibición de esculturas

The roof is easily accessible, forming a terrace for the exhibition of sculpture

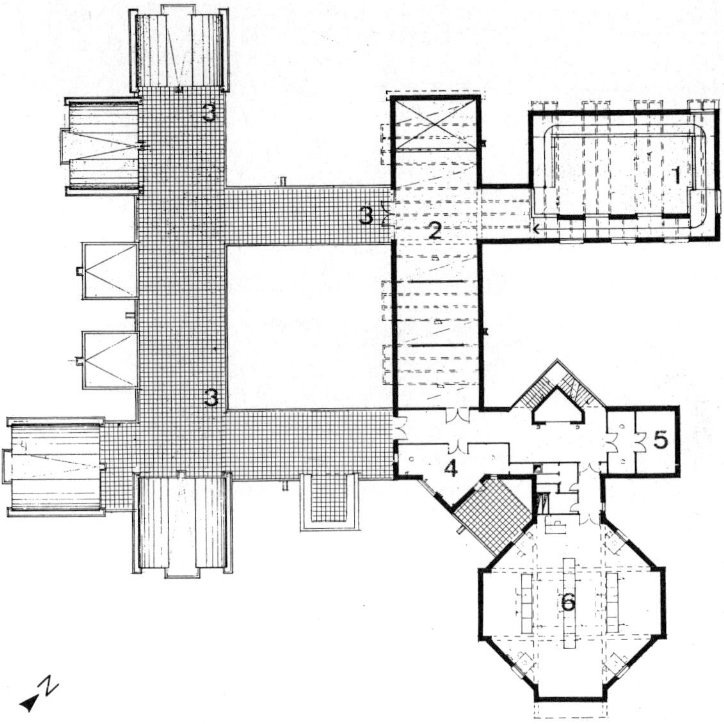

Planta primer piso
1 Sala de esculturas
2 Exhibición obra gravada
3 Terrazas
4 Oficinas
5 Director
6 Archivo

Plan of the first floor
1 Sculpture gallery
2 Exhibition of prints
3 Terraces
4 Offices
5 Director's office
6 Archive

Aspectos de las cubiertas

Views of the roof

Patio de celebraciones con la escalera principal

Courtyard for celebrations and the main stairway

Detalle de la escalera principal construida alrededor del ascensor

Detail of the main stairway built around the lift shaft

Sección por el eje de la torre octogonal
1 Biblioteca
2 Archivo de obra grabada
3 Auditorio

Section through the axis of the octagonal tower
1 Library
2 Print archive
3 Auditorium

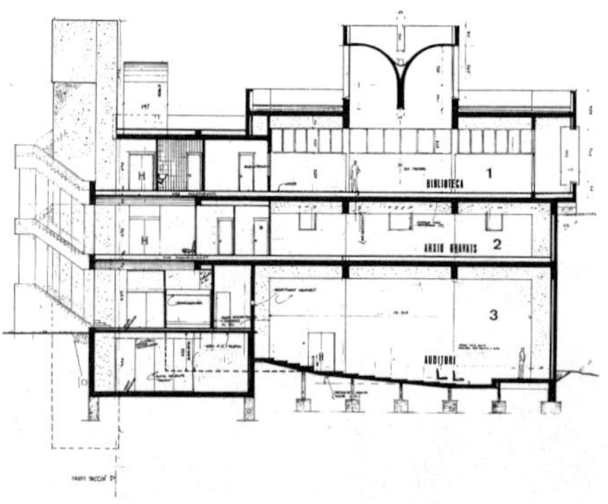

Interior biblioteca

Interior of the library

Interior auditorio

Interior of the auditorium

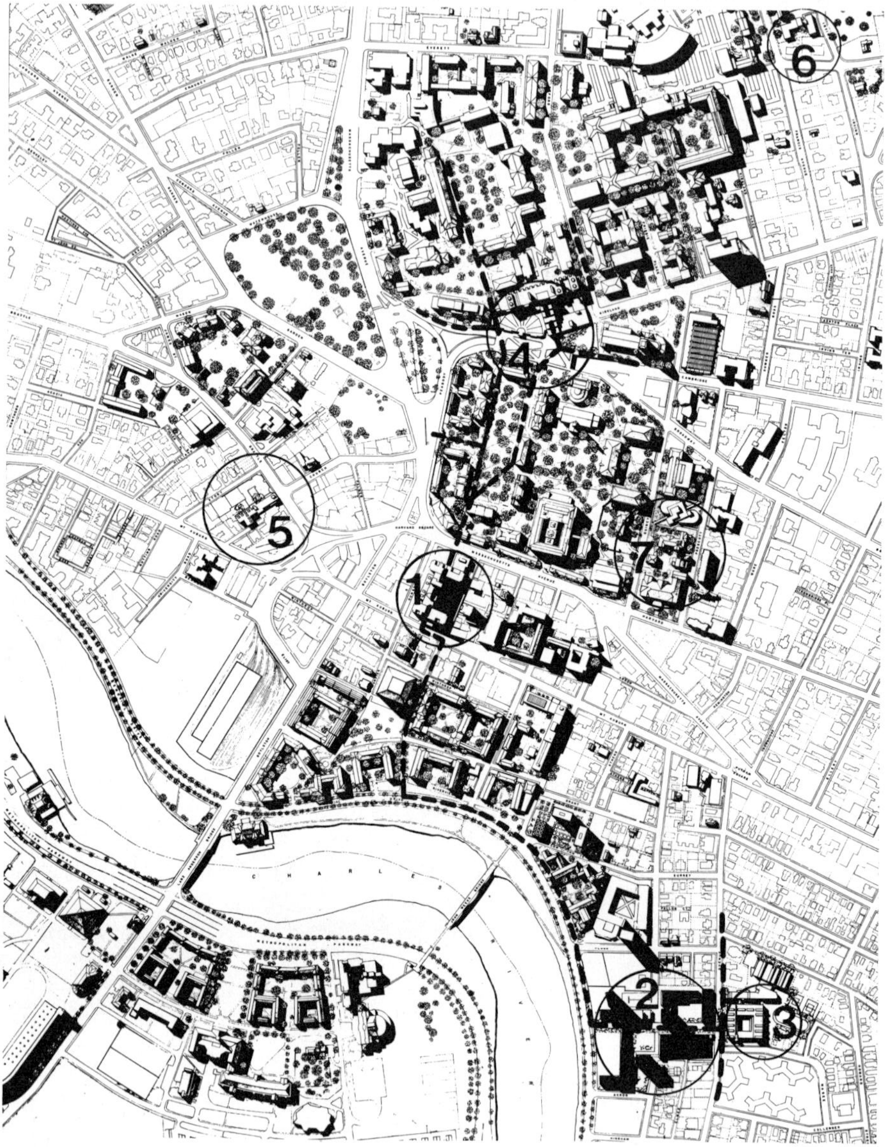

Plano de la zona de Harvard Square en Cambridge (Massachusetts) con itinerario de peatones que atraviesa el Campus de la Universidad

1 Holyoke Center
2 Peabody Terrace
3 Escuela M. L. King
4 Science Center
5 Oficinas 44 Brattle St.
6 Centro Estudio Religiones
7 Centro Artes Visuales

Plan of the Harvard Square area in Cambridge (Massachusetts) showing the pedestrian route crossing the university campus

1 Holyoke Center
2 Peabody Terrace
3 Martin Luther King School
4 Science Center
5 Office building at 44 Brattle St.
6 Religious study centre
7 Visual arts centre

4

Planeamiento de campus universitarios

La città non sia altro che una casa grande, e per lo contrario la casa una città picciola.

A. Palladio, Libro II, capítulo 12

Al inicio de los años cincuenta se asiste dentro de la arquitectura mundial a una consolidación de la gran revolución formal del movimiento moderno, simbolizada por la construcción de la Sede de las Naciones Unidas en Nueva York. Durante esta década, que Colin Rowe describe como «un lapso de la conciencia al final de la edad de la inocencia», en los países culturalmente activos se desarrolla una fecunda crisis de la ortodoxia. Aparecen las «escuelas regionales», encabezadas por los arquitectos de la llamada Segunda Generación, a la que Sert pertenece con Maekawa, Aalto, Niemeyer, Rogers, los Smithson, etc. En Europa, esto se traduce en la búsqueda de los valores de *verosimilitud* típicos de una actitud de acercamiento al usuario en el momento en que la arquitectura moderna deja de ser un fenómeno de vanguardia para pasar a interesarse en el gran escenario de la vida cotidiana. Italia y Gran Bretaña, por ejemplo, desarrollan sus respectivas escuelas, de las que son portavoces las revistas *Casabella - Continuitá* y *Architectural Design*. Es el momento en que en Inglaterra se adoptan posturas de pragmatismo: la búsqueda del «carácter del lugar», los valores de sentimentalidad, tradición del jardín inglés, pintoresquismo del «Town Scape», etc., mientras en Italia se plantean las «preexistencias históricas».
Está claro que en la Europa de la posguerra la reconstrucción se hace en un contexto po-

Layouts for university campuses

La citta non sia altro che una casa grande, e per lo contrario la casa una citta picciola.

A. Palladio, Book II, chapter 12

The start of the '50s saw a consolidation of the great formal revolution which the modern movement had brought to world architecture, symbolised by the construction of the United Nations building in New York. In the course of this decade, which Colin Rowe has described as "a lapse of consciousness at the end of the age of innocence", an extremely fruitful crisis took place within the established orthodoxy in the countries with an active architectural culture. The "regional schools" made their appearance, headed by the architects of the so-called Second Generation, which included Sert, along with Maekawa, Aalto, Niemeyer, Rogers, the Smithsons and others. In Europe this manifested itself in the pursuit of *credibility* and the values typified by an attitude of concern for the user, just at that point when modern architecture was ceasing to be an avant-garde phenomenon and beginning to take a place on the larger stage of everyday life. Schools emerged, as happened for example in Italy and Great Britain, with the magazines *Casabella-Continuitá* and *Architectural Design* as their respective "house journals". It was precisely at this moment that pragmatism was being adopted as a posture in the British Isles, with its attendant emphasis on the "character of the place", on sentimental values, on the tradition of the English garden, on the picturesque in the "Townscape", and so on, while in Italy the concern was essentially with "historical remains", the precedents and the continuity of the historical. Quite evidently the process of reconstruction in post-war Europe took place in a political context in

lítico que rechaza los grandes designios urbanos de los pioneros del racionalismo, basados en una rotura radical con el pasado y en una sociedad sin clases.
Para un arquitecto como Sert, cuyos años formativos transcurrieron en la extraordinaria etapa de la República española (véase 1.er capítulo), el forzado alejamiento de su país le impide participar en el desarrollo de su plataforma «regional». Entre 1949 y 1956 Sert preside los últimos C.I.A.M., asistiendo a la descomposición de un internacionalismo, que a él, separado de su base nacional, habrá de afectarle personalmente. Su inserción en el contexto norteamericano se efectúa a partir de 1953 al ser nombrado decano de la Escuela de Arquitectura de Harvard, donde sustituye a Gropius. En su práctica profesional se registra un cambio, al ir cesando los encargos de grandes proyectos de planeamiento en Sudamérica, para ocuparse de su docencia en Harvard y de la realización de proyectos a menor escala: es el paso del «Town Planning» al «Urban Design».
Este cambio no es tanto una decisión personal como una adaptación a las circunstancia geopolíticas e incluso de mercado de trabajo frente a las que Sert —después de todo, un exiliado— carece de alternativas.
Estados Unidos, en aquel momento, con la paranoia del MacCartismo, no tiene la menor simpatía por los esquemas racionalizadores del urbanismo de la preguerra, portadores de los fantasmas del marxismo. La arquitectura moderna cuenta en Norteamérica con una tradición propia perfectamente aséptica respecto a estos contagios doctrinales. Se acepta la nueva formalización porque es clara, simple, económica, cómoda y próxima a las viejas virtudes yanquis del sentido común. En resumen, una oportuna ocasión de hacer que una cultura se parezca más a la sociedad que la engendra. Por otro lado, es la etapa del gran crecimiento del suburbio residencial, caricatura del mito agrario de la granja y el rancho —tan enraizados en el espíritu americano— y entre otras cosas reflejo del hábitat disperso de los países celta-nórdicos de donde procede el tronco principal de su población.
El planeamiento de las ciudades, subordinado a las leyes de rentabilidad y al libre juego del mercado del suelo, es considerado demasiado complejo para las síntesis «visionarias» de los arquitectos. A través de sus enseñanzas y diseños de campus universitarios, Sert consolida una parcela de la intervención arquitectónica en el destino de las ciudades. El *diseño urbano* actuará sobre unos pocos

which the grand approach to urban design of the pioneers of rationalism, based as it was on a radical break with the past and on a "classless" society, had been rejected.
For an architect such as Sert, whose formative years had been spent in the extraordinary period of the Spanish Republic (see chapter 1), enforced exile from his native land prevented him from taking part in the development of its "regional" platform. From 1949 to 1956 he attended the final C.I.A.M. conferences, where he witnessed the disintegration of internationalism; an experience which must have affected him deeply, separated as he was from his national context. His integration into the North American context dates effectively from 1953, with his nomination as dean of the Harvard School of Architecture, where he succeeded Gropius. A change can be seen in his professional practice, with the move away from the great planning projects in South America in order to concentrate on teaching at Harvard and take on projects on a smaller scale: this step marks the difference between "Town Planning" and "Urban Design".
This change was not so much a personal decision as a response to geopolitical circumstances and market conditions, in the face of which Sert – who was, after all, an exile – had very few alternatives.
There was no sympathy at that time in the United States – in the grip of MacCarthyist paranoia – for the rationalising schemes of pre-war urban design and the spectres of Marxism they harboured.
Modern architecture in North America has a tradition all its own, perfectly sterilised as a defense against these doctrinal infections. The new formalisation was accepted because it was clear, simple, economical, comfortable and close to the old Yankee virtues of common sense. All in all, an opportune moment in which to reshape a culture more closely in the image of the society that engendered it. At the same time, however, this was the boom period in the growth of the residential suburb, that caricature of the agrarian myth of farm and ranch – so deeply rooted in the American spirit – which, among other things, reflected the dispersed settlements traditional in the Celtic and Nordic countries from which the main branch of the population derived.
The laying-out of the cities, governed as these were by the laws of profitability and the free play of the property market, had always been considered too complex a task for the "visionary" syntheses of architects. By means of his teaching, and his designs for university campuses, Sert consolidated the role of architectural intervention in the city's destiny. *Urban design* could only deal with a few blocks in the urban grid as a whole, yet it would continue to be a polemical device, exploring alternatives which could be put into effect on a

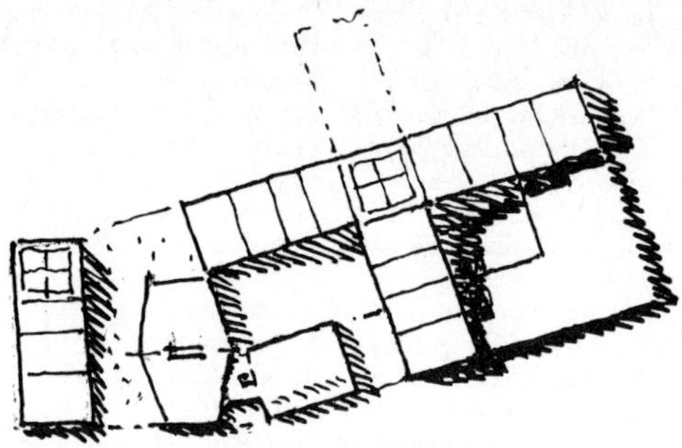

bloques de la trama urbana, pero continuará siendo instrumento polémico, explorando alternativas susceptibles de uso a mayor escala. Los campus universitarios reunían condiciones ideales para este tipo de actuación. En primer lugar, porque se trata de propiedades relativamente grandes de terreno concentradas en manos de corporaciones cuyo fin primario no es la multiplicación de beneficios. En segundo lugar, porque en la tradición norteamericana los estudiantes y profesores *habitan* en el campus, haciendo de ellos auténticas microciudades, con su compleja organización financiera, sus normas y tradiciones, sus signos de identidad, su propia policía...

La Universidad de Harvard (llamada así en memoria de su fundador, John Harvard) sería el más fiel cliente de Sert y sus asociados en los años 50 y 60.

Al organizar la oficina de planeamiento de Harvard, Sert lleva a cabo el primer estudio físico de este campus, entonces carente de plan global que se desparramaba con amenazadora voracidad de terreno dentro del casco urbano de Cambridge. El estudio sugiere un paso subterráneo que permite la unión peatonal entre el Antiguo Yard y el Campus Norte. Crea unos itinerarios de peatones y ubica los nuevos edificios —en previsión de crecimiento— dentro de los terrenos ya adquiridos. En el curso de los años siguientes la oficina Sert, Jackson y Asociados diseñará y construirá tres importantes edificios en los puntos neurálgicos de la estructura física de Harvard: el Holyoke Center, el Science

much larger scale. The university campuses afforded ideal conditions for this kind of approach. In the first place, because these were relatively large properties, in the hands of corporate institutions whose first concern was not the maximisation of profits. Secondly, because in North America it has always been usual for students and teaching staff to live on campus, giving this the character of an authentic microcity, with its own complex financial organisation, its own rules and traditions, its own police force...

Harvard University (so called in memory of its founder, John Harvard) was to be Sert and his partners' most loyal client during the '50s and '60s. In setting up the Harvard planning office, Sert carried out the first physical study of this campus, at that time without any overall plan and spilling out with an alarming land hunger over the centre of the old town of Cambridge. The study proposed a pedestrian underpass to connect the Old Yard and the North Campus, the creation of new pedestrian routes and the location of the new buildings needed to meet the forecast growth on sites already owned by the University. Over the next few years Sert, Jackson and Associates were to design and construct three important buildings at focal points in the physical structure of Harvard: the Holyoke Center, the Science Center and the married students' residences (Peabody Terrace). The first two of these are key buildings, points of reference and connection between main sectors of the campus. These are buildings charged with responsability in urban design terms, in that they have a symbolic role as gateways and at the same time rise above the urban panorama as landmarks and milestones.

Center y las viviendas para estudiantes casados (Peabody Terrace).
Los dos primeros son edificios - charnela, puntos de referencia y unión entre sectores principales del campus. Son edificios cargados de responsabilidad urbanística porque tienen un papel simbólico de portales y al mismo tiempo se levantan por encima del panorama urbano como hitos del itinerario.
Las viviendas para estudiantes casados también desempeñan un papel semejante: situadas al final de una serie de residencias de estudiantes, que se alinean a las orilla del río, representan el contrapunto de cierre, o visto desde la otra dirección, el faro que señala un inicio. Dotar al Campus no sólo de un esqueleto jerárquico de circulación, sino también de elementos en tercera dimensión que ayuden a su lectura, fue la extraordinaria contribución de Sert y su oficina al diseño urbano de Harvard.
Por otro lado, la presencia del trazado urbano continúa dentro de los edificios: de forma más literal en el Holyoke Center, cuyo pasaje interior de dos pisos de altura es una auténtica calle cubierta sobre la cual cabalga el edificio.
En el Science Center la circulación exterior se hace interior y genera la planta del edificio. Dos grandes ejes, que corresponden a los dos volúmenes perpendiculares que forman el edificio, se traducen en planta baja en sendos corredores o «avenidas» cuya confluencia genera el vestíbulo —«plaza»— al cual se abren todas las funciones comunes. La alusión metafórica a los tipos urbanos «calle» y «plaza», se refuerza por el uso de la luz cenital y lateral, la disposición de la cafetería como espacio de transición gradual entre el interior y el patio, y la combinación de perspectivas largas, transparencias y efectos de balcón entre espacios interiores.
Si en la Universidad de Harvard las intervenciones fueron en forma de proyectos singulares, separados en el espacio y el tiempo, en el campus de la Universidad de Boston los tres edificios y el plan general se diseñaron en un período mucho más breve y su proximidad física las hace percibir como una macro - arquitectura. Los edificios nuevos y existentes quedan sujetos a un juego de compensaciones, transiciones y acentos altamente armónicos. Son a la vez comparsas y protagonistas.
Un cambio transcendental introducido en Boston University fue el girar la orientación de los espacios hacia el río, creando una nueva «fachada». Ello fue consecuencia de la desfavorable evolución de la avenida Commonwealth —que forma, paralela al río, el otro

The married students' residences play a similar part: located at the end of a row of students' residences lined along the riverbank, they constitute the counterpoint and closure of the series; or, seen from the opposite direction, the beacon which marks the beginning. The provision of not only a hierarchical skeleton scheme for circulation, but also of elements exploiting the third dimension to make the campus easier to read, was the extraordinary contribution of Sert and his office to the urban design of Harvard.
At the same time, the presence of the urban grid is continued within the buildings themselves: in a more literal fashion in the Holyoke Center, where the two-storey interior passageway is a genuine roofed-over city street, with the building mounted on top of it.
In the case of the Science Center, the exterior circulation has become interior, creating the plan of the building. Two great axes, corresponding to the two perpendicular volumes which make up the building, are translated on the ground floor into separate corridors or "avenues" whose coming together creates the vestibule – the "square" – with all of the communal functions opening onto it. The metaphorical allusion to the urban types of "street" and "square" is reinforced by the use of overhead and lateral lighting, the positioning of the cafeteria as a space of gradual transition between the interior and the courtyard, and by the combination of lengthy perspectives, transparencies and the balcony effect between different internal spaces. While the work for Harvard University was in the form of individual projects, separated in space and time, the three buildings and the general plan for the University of Boston were designed in a much shorter period, and their physical proximity allows them to be seen as macro-architecture. New and existing buildings are bound together in the play of compensations, transitions and exceptionally harmonious accents, at once soloists and chorus.
One transcendental change introduced in Boston University was the shifting of the orientation of the two spaces towards the river, thus creating a new "façade". This was occasioned by the unfavourable evolution of Commonwealth Avenue – which constitutes the other long side of the campus, parallel to the river – which turns into a freeway, very different in character from the earlier stretch of the same avenue, one of the most beautiful in America. The construction of a façade which can be seen from a number of different points was obviously an element of considerable promotional value in a country where the universities are private and, to some extent, still depend on their architecture as a symbol of their character and witness to their presence.
In Guelph University, Sert, Jackson and Associates' involvement was again limited to the design of a

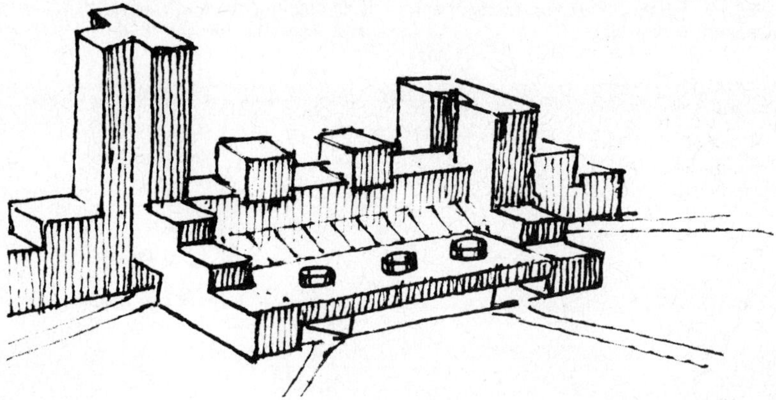

costado largo del campus— transformada en una autopista, de carácter muy distinto al tramo inicial de la misma avenida, que es uno de los bulevares más bellos de América. La creación de una fachada perceptible desde muchos más puntos no deja de ser un elemento propagandístico importante en un país donde las universidades son privadas y, de algún modo, todavía dependen de la arquitectura como símbolo de su categoría y testimonio de su presencia.

En la Universidad de Guelph, la actuación de Sert, Jackson y Asociados también se limitó al diseño de algunos edificios. Pero, igualmente, éstos se subordinan a un concepto —en este caso el eje peatonal— y conforman su arquitectura en gestos que subrayan la presencia del evento urbano: la esquina de la plaza, el ángulo de la Biblioteca que se alinea con un edificio existente o el patio - claustro abierto al eje peatonal en la Facultad de Artes y Letras. Siempre aprovechando el *contexto,* y reforzándolo. Como resumen podríamos decir que en los proyectos para campus universitarios Sert ejerce una tarea divulgadora del diseño urbano que obedece a una vocación experimental y didáctica muy apropiada para aquellas instituciones, pero además, a través de la metáfora urbana que son sus propios edificios, Sert hace urbanismo hasta dentro de la arquitectura, en un recurso a tipos con valor mnemónico, recordatorios de eventos urbanos desconocidos para muchos jóvenes americanos criados en la no - ciudad de los suburbios residenciales.

few buildings. At the same time, however, these were subordinated to a concept – that of the pedestrian axis, in this case – and their architecture has been fashioned in terms of figures which emphasise the presence of the urban environment: the corner of the square, the angle of the Library which lines up with one of the existing buildings or the courtyard-cloister opening onto the pedestrian axis in the Faculty of Arts and Letters. They constantly profit from the *context,* and reinforce it. In summing up, we might say that in the projects for university campuses Sert was concerned with spreading the word, disseminating the ideas of urban design, in keeping with an experimental and didactic vocation which was well suited to those institutions; yet at the same time, by means of the urban metaphor which his own buildings embody, Sert is engaged in urban design even within the architecture itself, in resorting to types with mnemonic value, remembrances of urban realities unknown to so many young Americans raised in residential suburbs.

Universidad de Boston, Campus Central, vista desde el río Charles

University of Boston, Central Campus, seen from the Charles River

1963-1966 Universidad de Boston, Campus Central

La oficina Sert, Jackson y Asociados trazó el plan general que permitió a esta universidad no sólo la necesaria ampliación de sus instalaciones, sino el incorporar al Campus Central facultades que antes se hallaban dispersas en otros lugares de la ciudad. Esta expansión tuvo que hacerse en «vertical» densificando la ocupación de la estrecha franja de terreno que la universidad poseía entre la autopista que bordea el río y la avenida Commonwealth.

Los tres edificios nuevos se yuxtaponen a los existentes creando una serie de terrazas y plazas de proporciones muy estudiadas y tratamiento paisajístico intensivo. El Campus se orientó hacia el río, volviendo las espaldas a la avenida Commonwealth, que en esta zona resulta inhóspita.

Cronológicamente, el primer edificio realizado fue el Centro de Estudiantes; el segundo, la torre de Derecho y Pedagogía, y el tercero la Biblioteca Mugar.

1963-1966 University of Boston, Central Campus

The office of Sert, Jackson and Associates produced the general plan which enabled the university not only to expand but to incorporate into Central Campus some of the departments which had previously been scattered over different parts of the city. This expansion was of necessity "vertical", increasing the density of occupation of the narrow strip of land which the university owned between the freeway bordering the river and Commonwealth avenue.

The three new buildings are juxtaposed with the existing buildings, creating a series of terraces and squares whose proportions have been carefully worked out, with the site as a whole intensively landscaped.

The campus is oriented towards the river, turning its back on the unwelcoming environment of Commonwealth Avenue.

In order of chronology, the first building to be constructed was the Students' Center; the second was the Law and Pedagogy tower, and the third the Mugar Library.

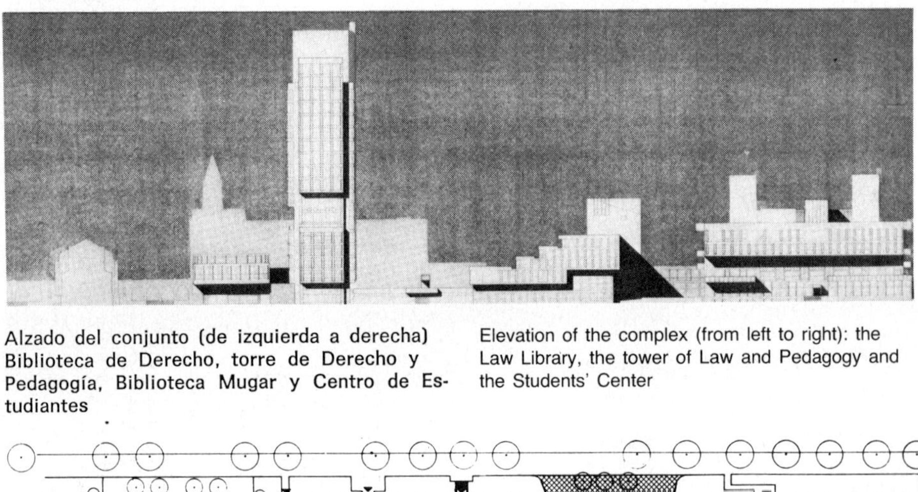

Alzado del conjunto (de izquierda a derecha) Biblioteca de Derecho, torre de Derecho y Pedagogía, Biblioteca Mugar y Centro de Estudiantes

Elevation of the complex (from left to right): the Law Library, the tower of Law and Pedagogy and the Students' Center

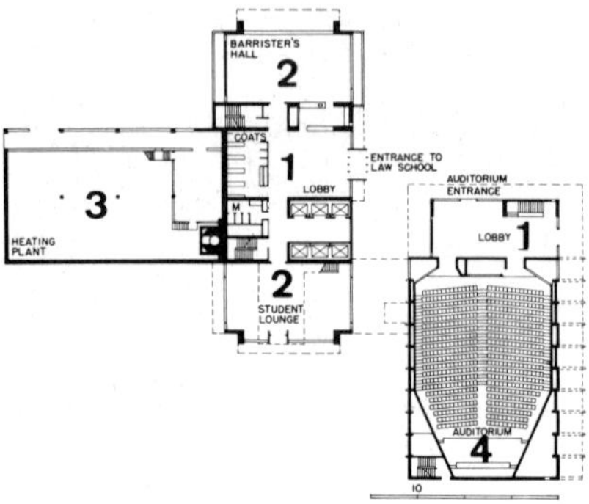

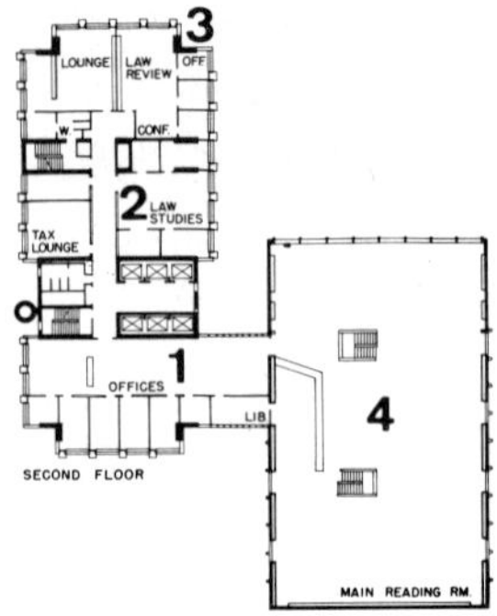

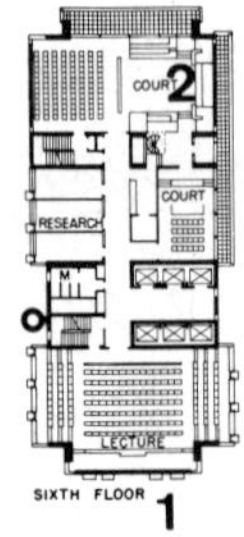

Torre de Derecho y Pedagogía
Planta baja
1 Vestíbulo
2 Salones
3 Instalaciones - calefacción
4 Auditorium

Planta segunda
1 Oficinas
2 Estudios legales
3 Revista legal - publicaciones
4 Sala de lectura de la biblioteca

Planta sexta
1 Aula magna
2 Salas de sesiones «tribunales»

Tower of Law and Pedagogy
Ground floor
1 Vestibule
2 Lounges
3 Heating plant
4 Auditorium

Second floor
1 Offices
2 Law studies
3 Law magazines and publications
4 Library reading room

Sixth floor
1 Main lecture hall
2 Rooms for court practice

Sección vertical

Corte vertical

Vertical section

Regulatory plans of the façades

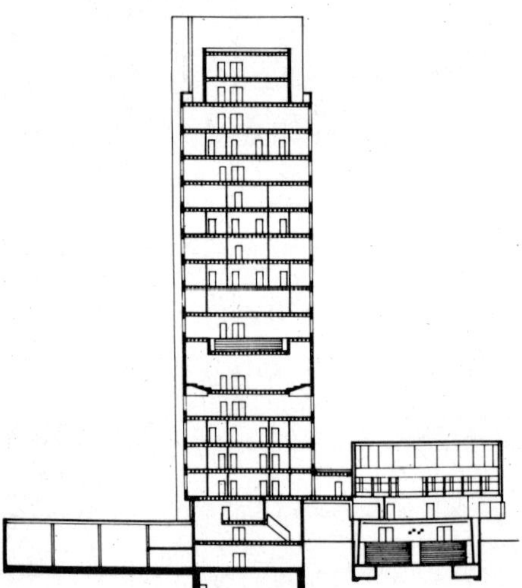

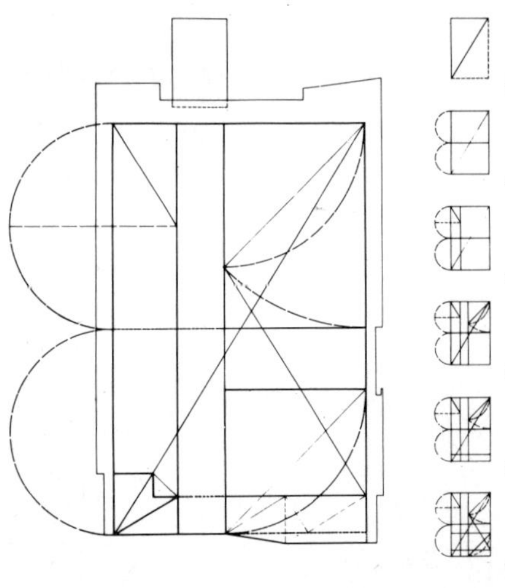

Puente de unión entre la torre de Derecho y Pedagogía y la biblioteca - auditorio (a la derecha). Las superficies ciegas corresponden a aulas escalonadas que ocupan doble altura

Interior de la sala de lectura de la biblioteca de Derecho

Bridge linking the Law and Pedagogy tower and the library-auditorium (on the right). The blind surfaces correspond to tiered double-height lecture halls

Interior of the reading room of the Law library

Universidad de Boston, centro de estudiantes

Este edificio alberga todos los servicios de comedor, librería, locales de reunión, etc., para estudiantes y profesores.

University of Boston, Students' Center

This building houses all of the services such as dining room, bookshop, meeting places, etc., for students and teaching staff.

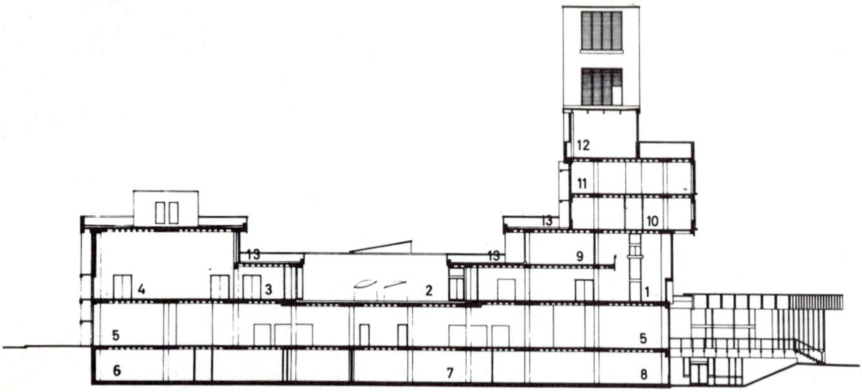

Sección

1 Sala de estar
2 Patio
3 Sala de exposiciones
4 Salón
5 Cafetería
6 Juegos
7 Trabajos manuales
8 Librería
9 Sala reuniones
10 Oficina
11 Club de profesores

Section

1 Lounge
2 Courtyard
3 Exhibition area
4 Function room
5 Cafeteria
6 Games room
7 Crafts room
8 Bookshop
9 Meeting room
10 Office
11 Staff club

Planta 2.° piso

Plan of the 2nd floor

Aspecto del patio

View of the courtyard

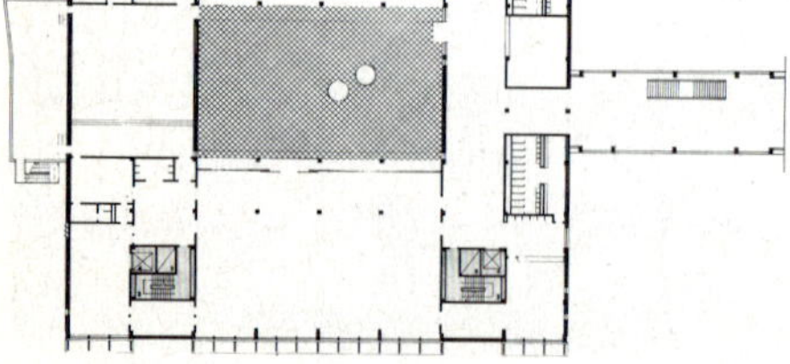

Fachada a la avenida **Commonwealth**

Façade onto Commonwealth Avenue

Detalle de un interior

Interior detail

Detalle de la fachada

Detail of tho façade

Universidad de Boston, Biblioteca Mugar
La Biblioteca Mugar se completó en 1966 y tiene una capacidad para millón y medio de volúmenes y 2300 lectores.

University of Boston, Mugar Library
Mugar Library was completed in 1966 and has capacity for one and a half million volumes and 2300 readers.

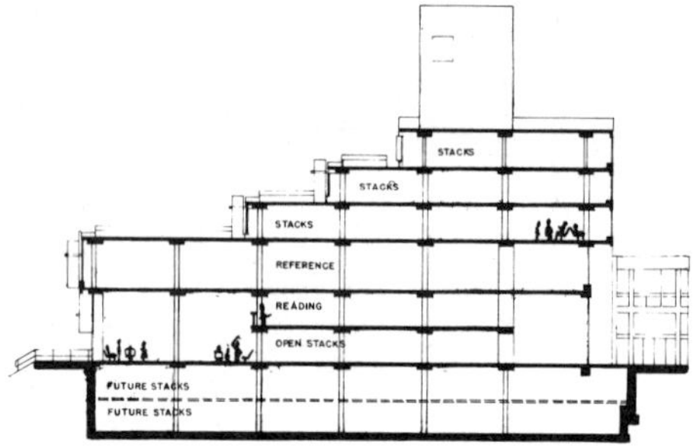

Sección transversal

Transverse section

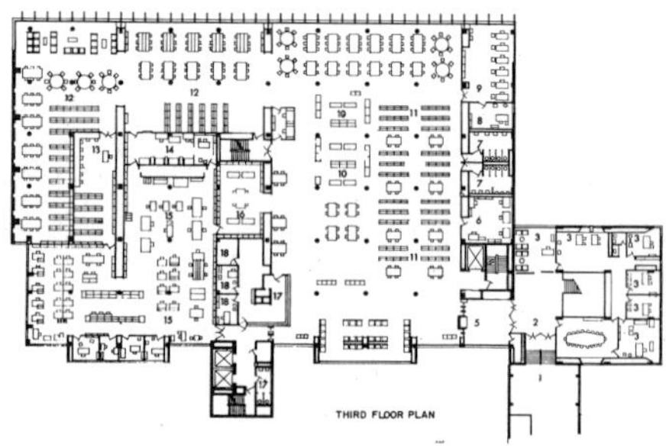

Planta tercera

3rd floor plan

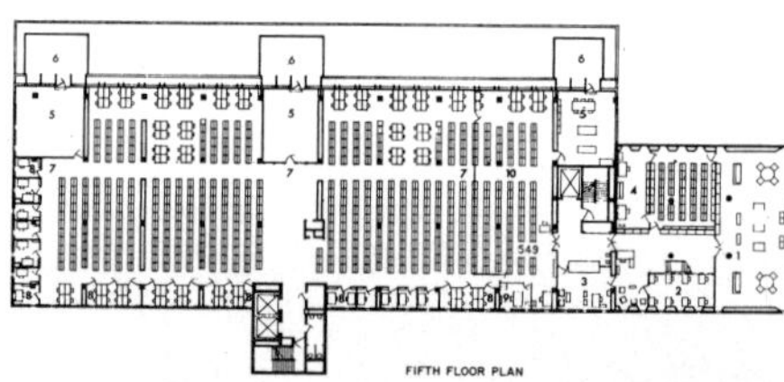

Planta quinta

5th floor plan

Vista desde el río mostrando las terrazas ajardinadas, accesibles desde las salas de lectura

View from the river showing the landscaped terraces, which are accessible from the reading rooms

Fachada principal

Main façade

Entrada biblioteca

Library entrance

Interiores

Interiors

1965-1968 Universidad de Guelph, Ontario (Canadá)

Universidad creada en 1964 a partir de varias escuelas de Agronomía y Geología a las que se añadieron Ciencias, Artes y Humanidades. Sert, Jackson y Asociados fueron consultores del plan general y diseñaron varios de sus principales edificios, de los que aquí se muestran la Biblioteca Central y la Facultad de Artes y Letras.

La biblioteca tiene una capacidad para 650 000 volúmenes y 4000 lectores. Se sitúa entre dos importantes espacios abiertos, justo donde el eje peatonal del campus se ensancha para formar una plaza. Se diseñó de manera que pudiera tener sucesivas ampliaciones.

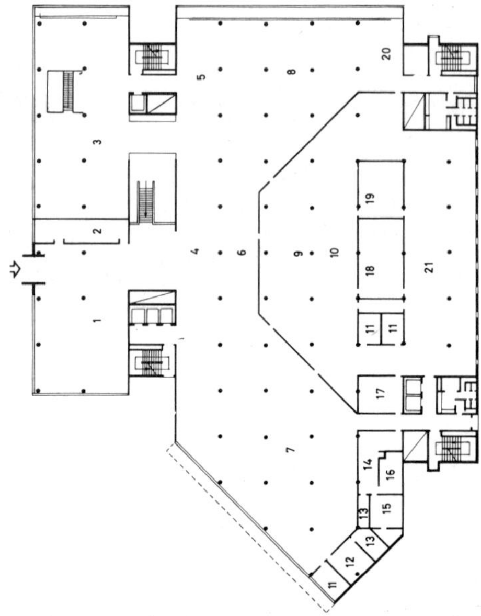

Planta baja

Ground floor

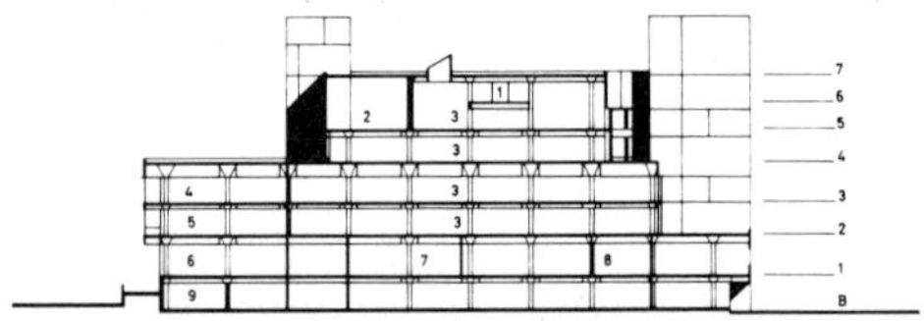

Sección

Section

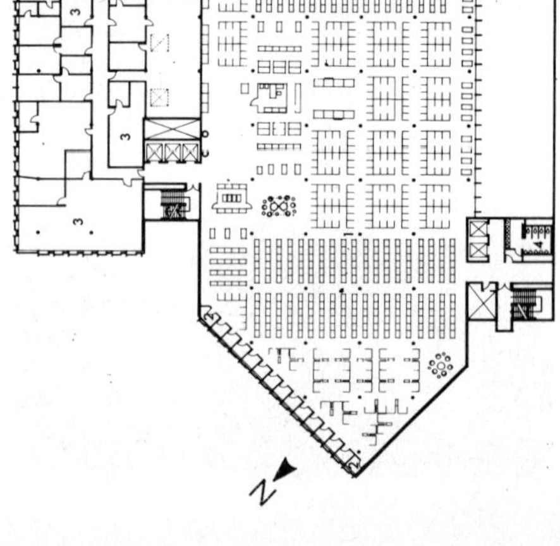

Plantas segunda y tercera

2nd and 3rd floor plans

1965-1968 Guelph University, Ontario (Canada)

The university was founded in 1964 on the basis of several existing schools of Agronomy and Geology, with the addition of Sciences, Arts and Humanities. Sert, Jackson and Associates acted as consultants on the general plan, and designed a number of the main buildings, of which the Central Library and the Faculty of Arts and Letters building are presented here.

The library has capacity for 650,000 volumes and 4,000 readers, and is situated between two important open spaces, just at the point where the pedestrian axis which crosses the campus widens to form a square. The library was designed so as to facilitate future extension.

Vista de la biblioteca desde el eje peatonal del Campus
Entrada a la biblioteca

View of the library from the pedestrian axis crossing the campus
Entrance to the library

Vista desde la biblioteca sobre la Facultad de Artes y Letras

View of the Faculty of Arts and Letters from the library

Aspecto del interior

View of the interior

Las salas de lectura disponen de cubículos de estudio

The reading rooms have carrels for private study

El edificio de la Facultad de Artes y Ciencias se desarrolla alrededor de una plaza o patio, uno de cuyos lados está formado por el eje peatonal del campus, diseñado como una avenida con hileras de árboles. En su planta baja, un corredor acristalado sigue el contorno del patio recordando los tradicionales claustros.

The Faculty of Arts and Letters building is developed around a square or courtyard, one side of which is the pedestrian axis of the campus, designed as a tree-lined avenue. A glazed corridor on the ground floor of the building runs along the perimeter of the courtyard, in the manner of a traditional cloister.

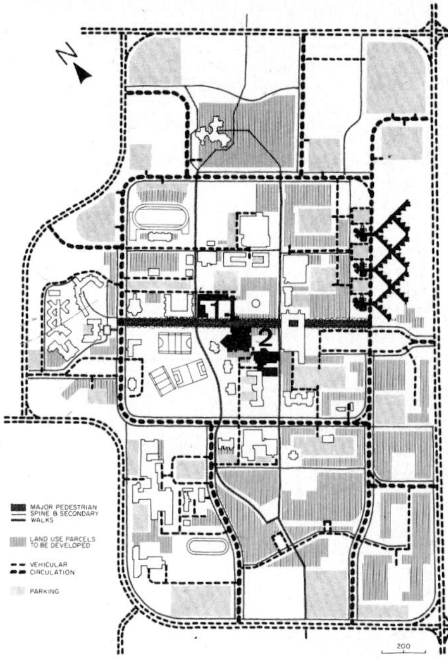

Planta esquemática del Campus: la calle peatonal cruza transversalmente el trazado
1 Facultad de Artes y Letras   2 Biblioteca

Schematic plan of the campus: the pedestrian route crosses the plan from one side to the other
1 Faculty of Arts and Letters
2 Library Faculty of Arts and Letters

Facultad de Artes y Letras
Fachada del bloque más alto, hacia el sur

Faculty of Arts and Letters
Façade of the tallest block, looking south

Alzado oeste

West elevation

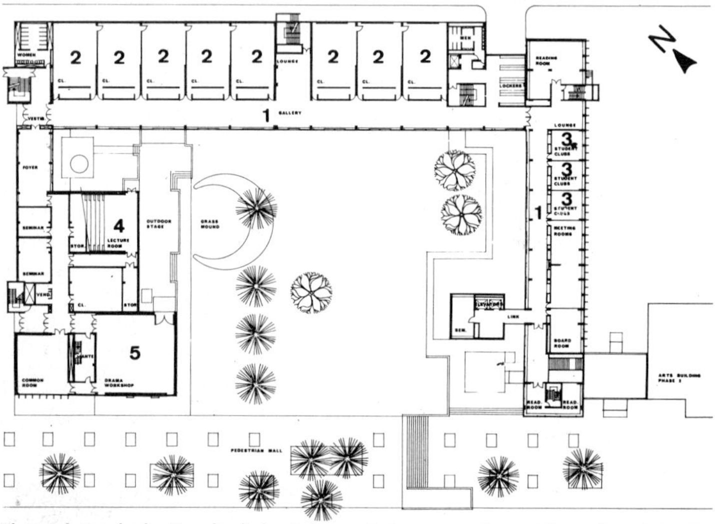

Planta baja de la Facultad de Artes y Letras
1 Vestíbulo - galería
2 Aulas
3 Locales asociaciones estudiantes
4 Aula magna
5 Estudios - teatro

Ground floor plan of the Faculty of Arts and Letters
1 Vestibule-gallery
2 Classrooms
3 Students' clubs
4 Lecture theatre
5 Theatre workshop

Vista desde el patio

View from the courtyard

Aspecto del corredor - claustro

View of the corridor-cloister

Interior de un aula

Interior of a classroom

Interior de una sala de dibujo

Interior of a drawing studio

1975 M.I.T. Residencia de estudiantes, Cambridge (Massachusetts)

Situada a lo largo de la autovía «Memorial Drive» que la separa de la espectacular orilla del río Charles, esta residencia se diseñó como un conjunto de seis «casas» unidas por un corredor acristalado. Este corredor conecta con el edificio contiguo, cuyo comedor es utilizado por los residentes.

El escalonamiento de los volúmenes permite que las terrazas sirvan como pantallas bloqueando las molestias del tráfico, pero ofreciendo vistas hacia el río y la ciudad de Boston. El énfasis en expresar cada «casa» como una entidad responde al programa, alejándose de la típica imagen de dormitorios estudiantiles desmesurados y masificadores. Al mismo tiempo establece una escala más acorde con la tipología de viviendas del barrio situado al otro lado del río.

1975 Students' residence, M.I.T., Cambridge, Massachusetts

Laid out along the length of the Memorial Drive freeway which separates it from the spectacular banks of the Charles River, this residence was designed as a complex of six "houses" connected by a glazed corridor.

This corridor also links up with the adjoining building, whose dining room is used by the students living in the residence.

The stepped formation of the volumes allows the terraces to function as screens, blocking out the traffic yet affording views of the river and the city of Boston. The emphasis on expressing each "house" as an individual entity expresses the spirit of the scheme as a whole, far removed from the typical image of the massive, ungainly student residence. At the same time, the scale employed here is much more in keeping with the housing typology of the neighbourhood on the other side of the river.

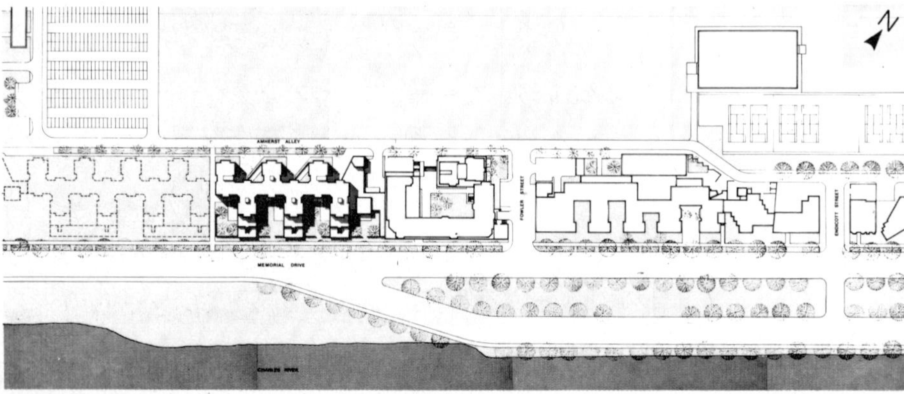

Plano de situación; en trazos: futura extensión

Site plan; future extension is shown in outline

Vista desde el río

View from the river

Planta baja
1 Un salón de estar
2 Cocina, comedor y salas de recreo
3 Director
4 Lavandería automática
5 Instalaciones

Ground floor plan
1 Lounge
2 Kitchen, dining room and recreation rooms
3 House warden
4 Launderette
5 Services

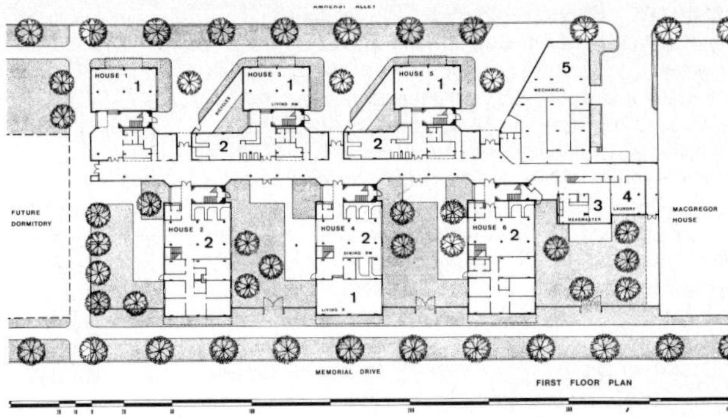

Planta típica
1 Habitaciones individuales
2 Apartamento tutor

Typical floor plan
1 Individual rooms
2 Tutor's rooms

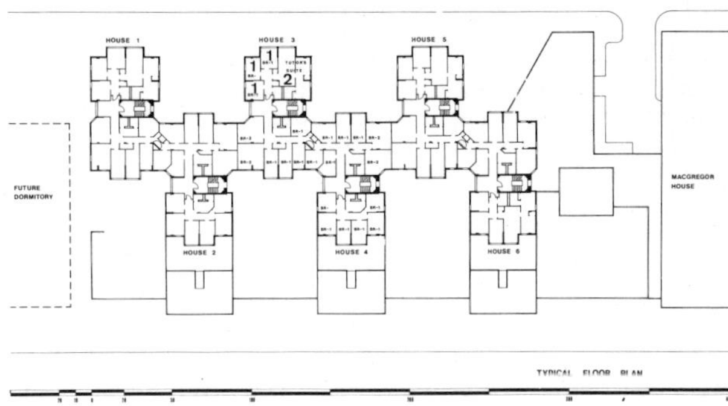

Vista del corredor central

View of the central corridor

1958-1965 Holyoke Center, Universidad de Harvard, Cambridge (Massachusetts)

Este edificio, destinado a los servicios centrales de la Universidad de Harvard, presentaba por su programa y su situación un difícil problema arquitectónico y urbanístico. Su programa reúne usos tan variados como servicios hospitalarios —incluyendo una clínica completa— y oficinas para información, finanzas, publicaciones, planeamiento, etc. Ello exigía un edificio de considerable volumen. Por otro lado, en el contexto de la Universidad, el edificio se halla estratégicamente emplazado entre el recinto del Campus principal y la zona de residencias estudiantiles. Le corresponde, pues, un papel de puente o corredor, canalizando una gran parte del movimiento de peatones entre ambas zonas.
La solución adoptada se basa en un cuerpo elevado en forma de H, flanqueado por volúmenes de dos plantas que de este modo preservan la escala de los edificios colindantes. La espina central aloja un pasaje público para peatones en planta baja, animado por tiendas que alternan con los vestíbulos de ascensores.

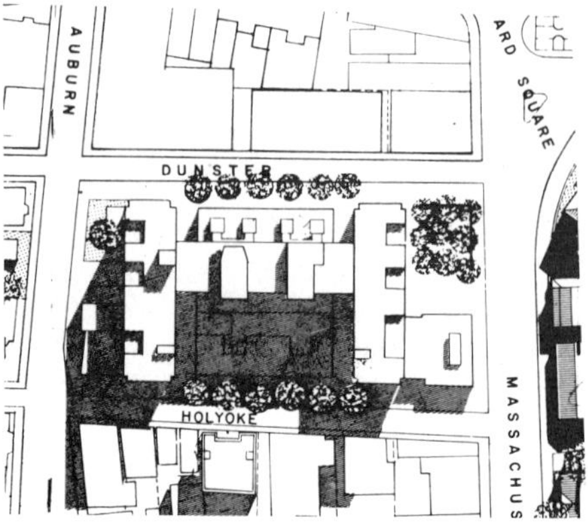

Plano de situación

Site plan

Aspecto fachada sur

View of the south façade

1958-1965 Holyoke Center, University of Harvard, Cambridge, Massachusetts

This building, intended to house all of the central services for the University of Harvard, presented architectural and urban design problems on the grounds of its programme and site. The programme brought together uses as various as medical services – including a fully-equipped clinic – and offices for information, for finances, publications, planning and so on, all of which called for a building with considerable volume. On the other hand, in its context in the university, the building was strategically situated between the main campus precinct and the site of the student residences. This conferred on it, then, the role of bridge or corridor, channelling the greater part of the pedestrian movement between the two areas.
The solution adopted is based on a tall, H-shaped building flanked by a pair of two-storey volumes which effectively maintain the scale of the neighbouring buildings. The central element contains a public pedestrian concourse on the ground floor, enlivened by shops which alternate with lift foyers.

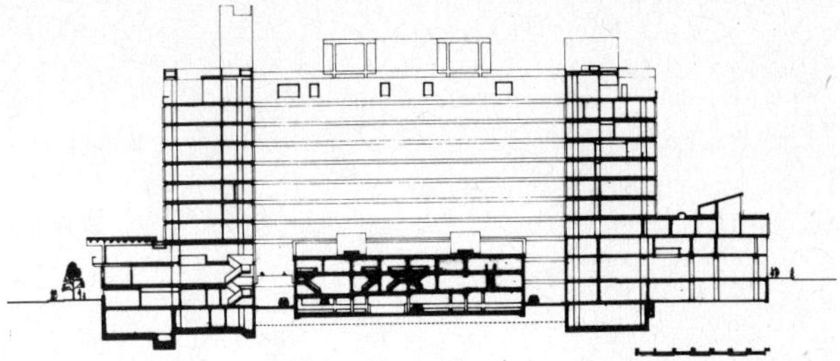

Sección longitudinal

Longitudinal section

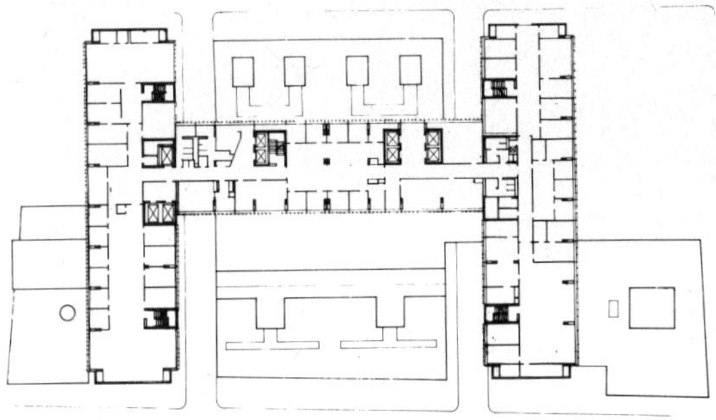

Planta piso típica

Typical floor plan

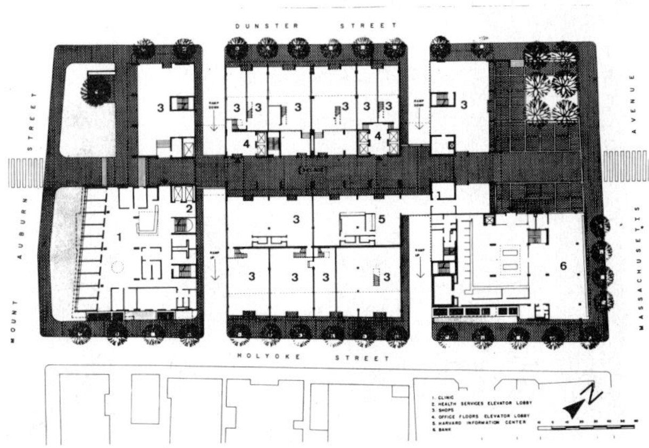

Planta baja

1. **Dispensario (clínica)**
2. **Vestíbulo del centro médico**
3. **Tiendas**
4. **Vestíbulos acceso**
5. **Centro de información**
6. **Banco**

Ground floor plan

1. Dispensary (clinic)
2. Vestibule of the medical centre
3. Shops
4. Access foyers
5. Information centre
6. Bank

Aspecto de la fachada sur

View of the south façade

Ventanas con brise - soleil en la fachada sur

Windows with sunshades on the south façade

Luz cenital en la sala del centro médico

Overhead lightwell in the medical centre

Vista desde el río

View from the river

Aspecto de una calle lateral

View from a side street

Fachada norte. A la izquierda, volumen bajo del Banco

North façade. On the left, the lower volume of the bank

Detalle fachada sur — Detail of the south façade

Calle interior — Interior street

Sala de espera del centro médico

Waiting room of the medical centre

Espacio a doble altura sobre el mostrador de recepción del dispensario

Double height space over the reception desk in the dispensary

Biblioteca - salón en zona del decanato

Library-lounge in the dean's chambers

Interior sala de reunión mostrando el efecto del cerramiento translúcido

Interior of a conference room showing the effect of the translucent panelling

1973 Science Center, Universidad de Harvard, Cambridge (Massachusetts)

Destinado a Facultad de Ciencias, éste es el mayor edificio de Harvard. Se sitúa en una encrucijada de rutas peatonales que conectan los campus Norte y Sur. Este sistema de circulación se incorpora al interior del edificio en forma de corredor - pasaje con cubierta de vidrio y pavimento de ladrillo. La mayor parte de las funciones públicas del edificio se abren a este eje: biblioteca, cafetería y auditorios.

Junto al corredor se levanta el cuerpo de seis plantas destinado a laboratorios. Formando una T con él, sobresale el cuerpo central con aulas y seminarios. La forma escalonada de éste expresa la disminución de las superficies asignadas a cada departamento con el de Astronomía y su observatorio ocupando el último nivel.

Los espacios enmarcados por la T de los cuerpos altos están ocupados, uno por los Auditorios y el otro por la Biblioteca dispuesta alrededor de un patio.

La cubierta de los auditorios está suspendida mediante cables tensores de un sistema radial de pórticos de acero resistente a la intemperie.

La estructura general se pensó para permitir un montaje rápido, a base de pilares y vigas totalmente pretensadas.

El edificio incluye las instalaciones de aire acondicionado de una gran parte del Campus. Aparte del sótano, éstas ocupan la totalidad de la 6.ª planta del ala de laboratorios, donde puede apreciarse la fachada cerrada y la silueta de las torres de enfriamiento.

Croquis preliminares, a mano alzada, por Josep Ll. Sert. Puede observarse la intención de rebajar las alturas en el perímetro para aproximarlas a los edificios adyacentes

1973 Science Center, University of Harvard, Cambridge, Massachusetts

This, the largest of the Harvard buildings, was designed for the Faculty of Sciences. It stands at the meeting of the pedestrian routes connecting the North and South campuses, and this circulation type is incorporated into the building in the form of the corridor-passageway, roofed in glass and paved in brick. The majority of the building's public functions open onto this axis: library, cafeteria and lecture theatres.

The six-storey volume containing the laboratories is situated alongside the corridor-passageway, and the central body housing lecture and tutorial rooms just out from it, in a T-formation. This stepped form represents the successive reduction in the surface area allotted to each department, with Astronomy and the observatory occupying the topmost level.

One of the spaces framed by the T of the tall buildings has been used for lecture theatres, the other for the library, laid out around a courtyard.

The roof of the lecture theatres is suspended from the tensile cables of a radial system of weather-resistant steel porticoes.

The overall structure was thought out from the point of view of rapid construction, consisting entirely of prestressed pillars and beams.

The building also houses the air conditioning plant for a large part of the campus. In addition to the basement, these occupy all of the 6th floor of the laboratory wing, where the closed façade and the silhouette of the cooling towers can be readily appreciated.

Freehand preliminary sketch by Josep Ll. Sert, clearly indicating the intention of reducing the height of the peripheral structures to adapt to the neighbouring buildings

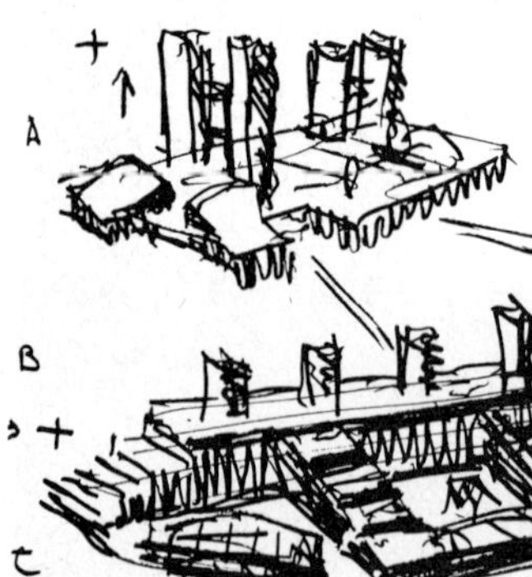

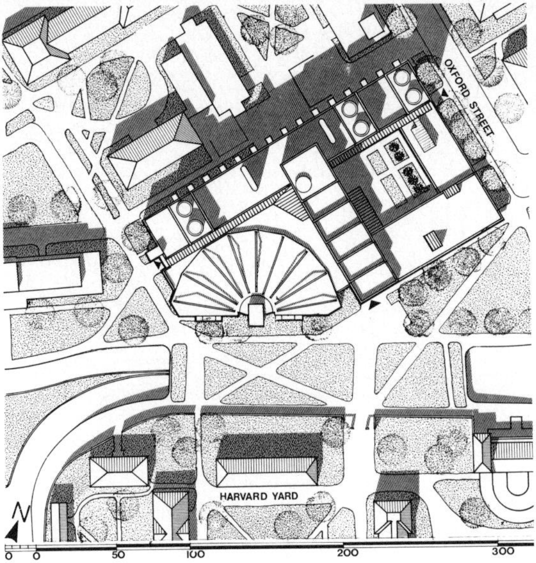

Emplazamiento: la explanada al sur del edificio se formó gracias a la cubrición del paso subterráneo del tráfico

Site plan: the esplanade to the south of the building was made possible by the roofing over of the traffic underpass

Montaje de la estructura pretensada

Erection of the prestressed structure

Fachada sur. El escalonamiento permite una transición de alturas: el edificio se yergue gradualmente a partir de la explanada que conecta el antiguo Yard con el Campus norte

South façade. The stepped formation makes for a gradual transition in height: the building rises up in stages from the esplanade connecting the old Yard and the north campus

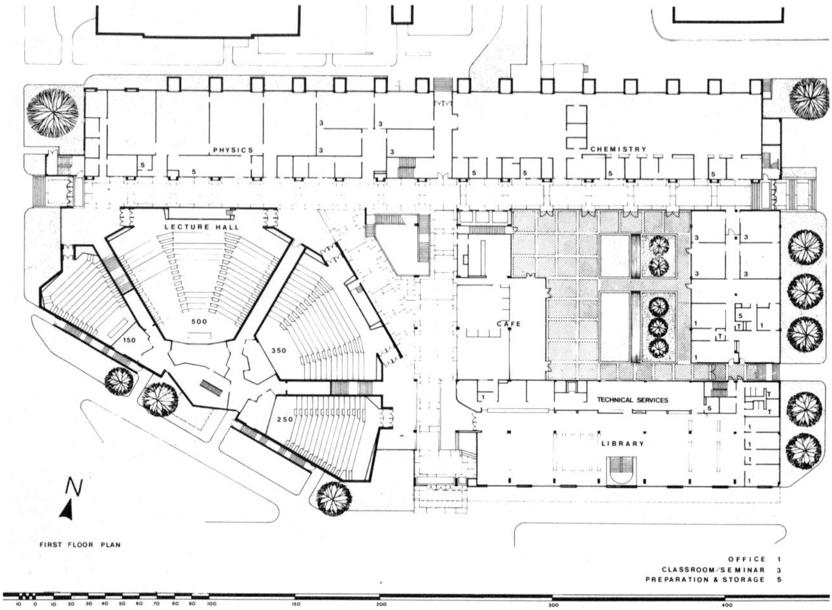

Planta baja

Ground floor plan

Planta segunda

Second floor plan

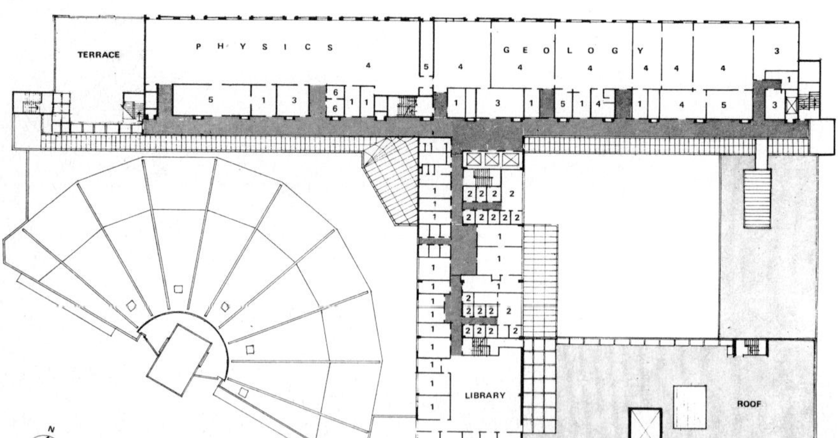

THIRD FLOOR PLAN

HARVARD UNIVERSITY UNDERGRADUATE SCIENCE CENTER

OFFICE	1
STUDY	2
SEMINAR	3
LABORATORY	4
PREPARATION & STORAGE	5
DARK ROOM	6

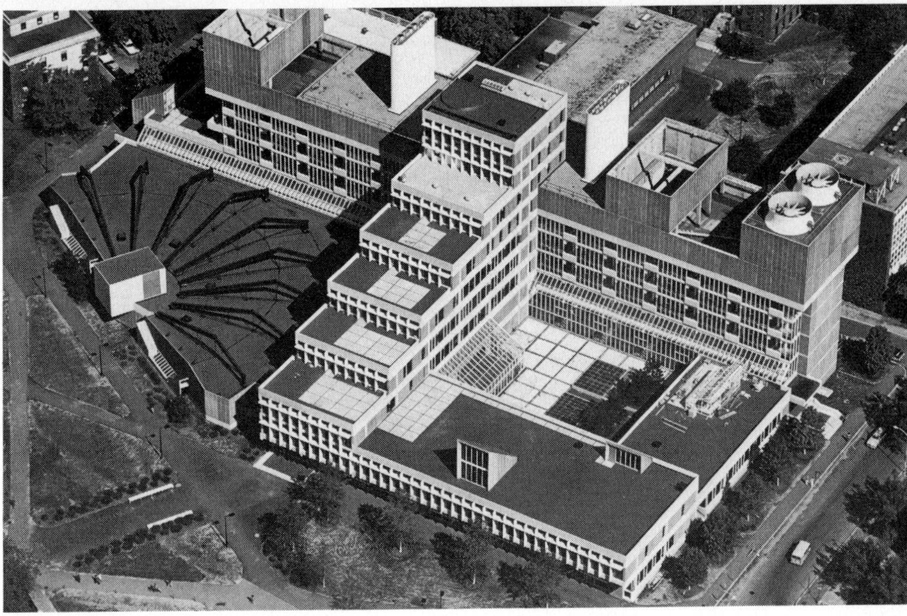

Fotografía aérea (en construcción)

Aerial view (during construction)

Secciones

1. Torre de refrigeración
2. Instalaciones
3. Biología
4. Geología
5. Química
6. Química
7. Muelle descarga
8. Almacén material laboratorio
9. Sótano: instalaciones
10. Biblioteca

Sections

1. Cooling tower
2. Services
3. Biology
4. Geology
5. Chemistry
6. Chemistry
7. Loading bay
8. Store for laboratory material
9. Basement: mechanical services
10. Library

1. Instalaciones
2. Biología
3. Bioquímica
4. Física
5. Física
6. Taller
7. Auditorio
8. Instalaciones auditorio
9. Sala proyección por reflexión
10. Preparación experimentos

1. Services
2. Biology
3. Biochemistry
4. Physics
5. Physics
6. Workshop
7. Lecture theatre
8. Technical services (lecture theatre)
9. Overhead projection booth
10. Preparation of experiments

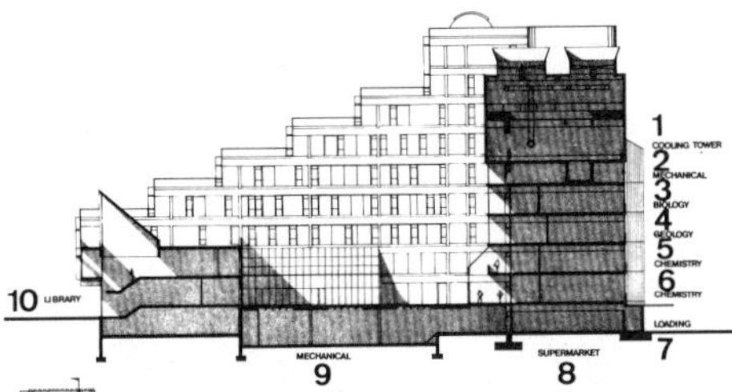

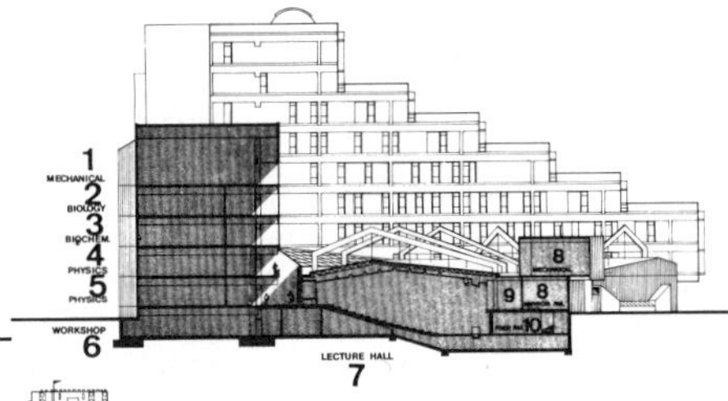

Vista desde el ala central sobre el patio de la biblioteca ►

View from the central block across the courtyard to the library

Fachada lateral: la entrada conduce al corredor principal que atraviesa el edificio

Side façade: the entrance gives onto the main corridor running through the building

Fachada norte del ala de laboratorios. Los «contrafuertes» de la estructura sirven de conductos para tuberías

North façade of the laboratory block. The "buttresses" of the structure are service ducts for plumbing and wiring

7 - FREIXA

Porche acristalado junto a la cafetería
Interior de un auditorio
Aspecto de uno de los laboratorios

The glazed gallery of the cafeteria
Interior of a lecture theatre
View of one of the laboratories

Corredor principal

Main corridor

Vestíbulo central, en el cruce de circulaciones junto a los auditorios y cafetería

Central vestibule, at the meeting of the corridors next to the lecture theatres and cafeteria

1964 Viviendas para estudiantes casados, Universidad de Harvard

Este conjunto de 500 apartamentos destaca con gran fuerza en la silueta de Cambridge, junto al río Charles. Destinado a familias jóvenes, es una transición ideal entre la serie de dormitorios estudiantiles de Harvard a cuyo final se sitúa y el resto de la ciudad. Las tres torres de 22 plantas se sitúan hacia el centro y de ellas parten los bloques de 7, 5 y 3 plantas que gradualmente restablecen, en la periferia, la escala típica del resto del barrio.

La densidad es de 203 viviendas por hectárea.

1964 Married students' residences, University of Harvard

This complex of 500 apartments by the Charles River stands out strikingly against the skyline of Cambridge. Intended for young families, it represents an ideal transition between the series of residences for Harvard students, at the end of which it stands, and the rest of the city. The three 22-storey towers are located near the centre of the complex, with the 7-, 5-, and 3-storey blocks radiating out from them, gradually reestablishing the typical scale of the rest of the neighbourhood which surrounds the complex.

The density is 203 apartments to the hectare.

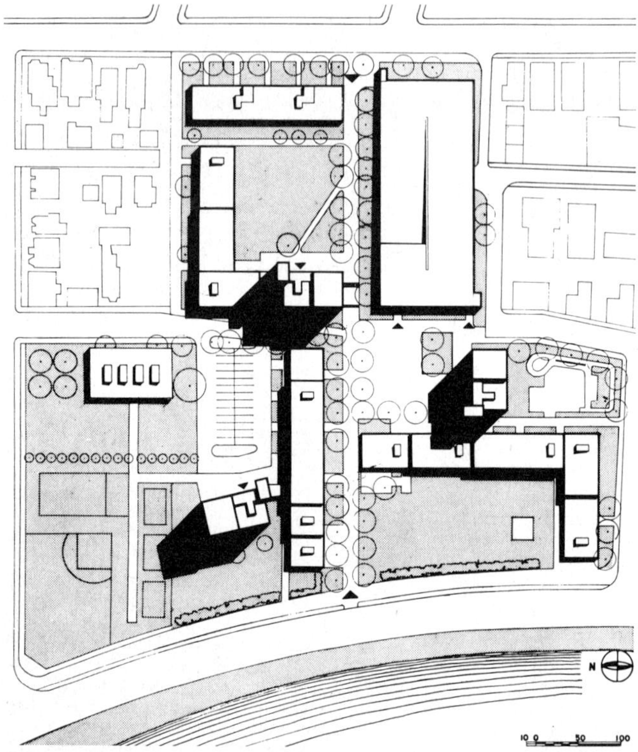

Planta del conjunto
Una calle central para peatones atraviesa el conjunto, enlazando el resto del barrio con la orilla del río

Planta típica en nivel corredor (3.ª y 5.ª) mostrando enlace mediante puente entre una torre y el bloque adyacente

Plan of the complex
A central pedestrian route crosses the complex, connecting the rest of the neighbourhood with the river

Typical floor plan of the corridor levels (3rd and 5th) showing the bridge joining the tower to the adjacent block

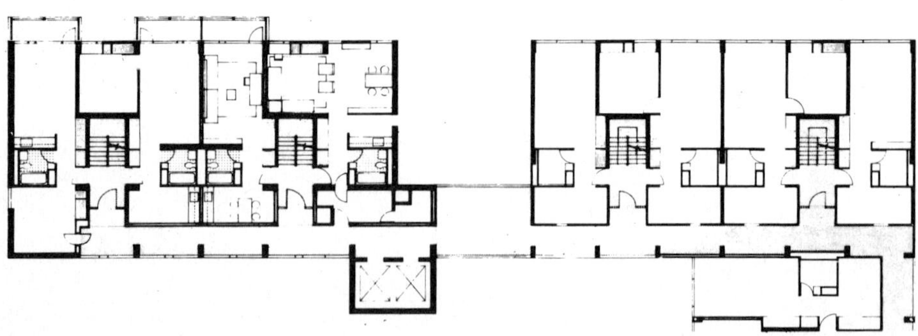

Vista aérea. En primer término, el garaje para 325 automóviles

Aerial view. In the foreground, the car park for 325 vehicles

Planta típica en niveles encima o debajo del corredor

Typical floor plan of the levels above and below the corridor levels

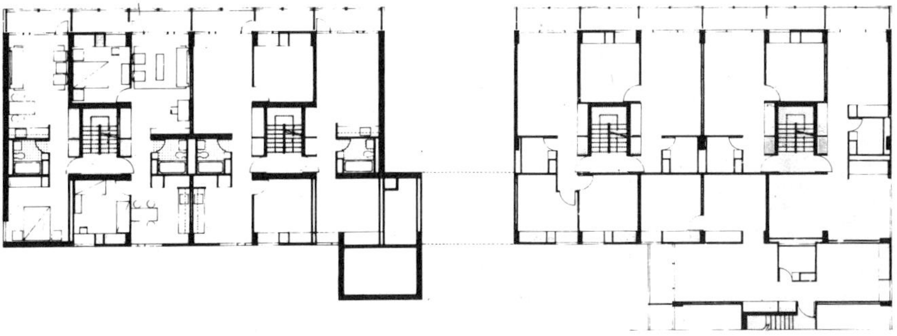

Expresión en fachada de las circulaciones horizontales y verticales

Façades showing the lines of horizontal and vertical circulation

Secciones esquemáticas: corredores de acceso conectados con los ascensores

Schematic sections: the access corridors connecting with the lifts

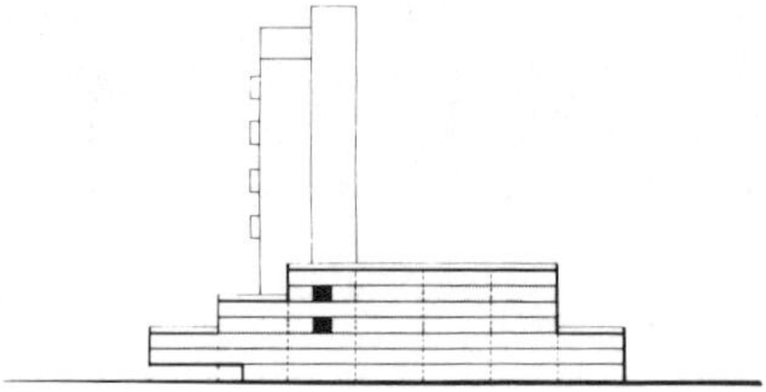

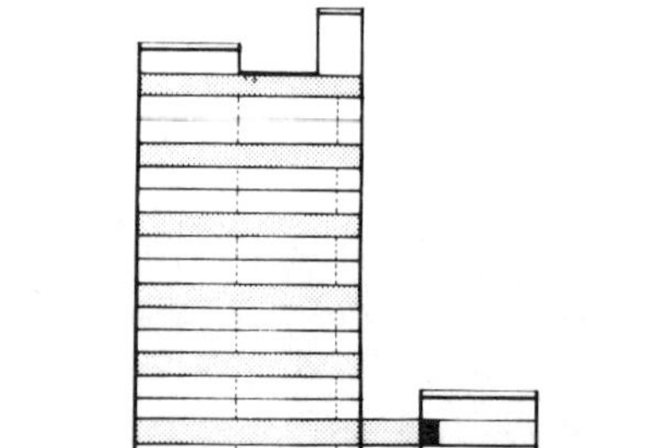

Plaza central pavimentada

Paved central square

Vistas, en direcciones opuestas, de la calle peatonal de 205 m de longitud que sirve de eje al conjunto

Views in both directions along the 205 m of pedestrian route which is the main axis of the complex

Detalle de la fachada S-O
de una de las torres: la protección solar mediante delgas orientables, crea una segunda superficie ligera, llena de vibración

Details of the SW façade of one of the towers: the movable sunshades create a light and vibrant second skin

Todas las terrazas son accesibles y ajardinadas

All of the terraces are accessible and laid out with gardens

Aspectos de los interiores de las viviendas

Views of the interiors of the apartments

Axonometría del módulo básico de tres crujías y tres niveles

Axonometric drawing of the basic module of three spaces and three levels

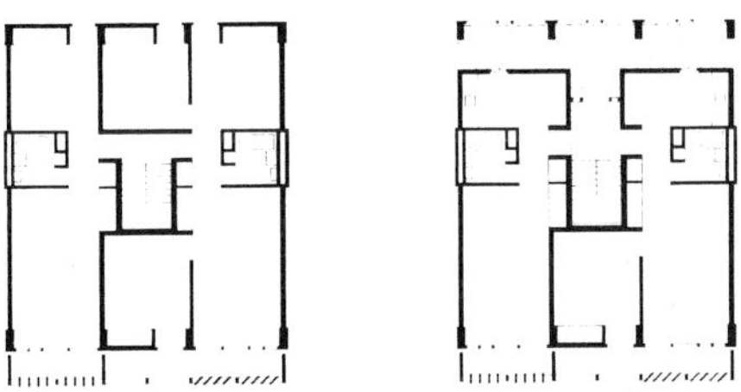

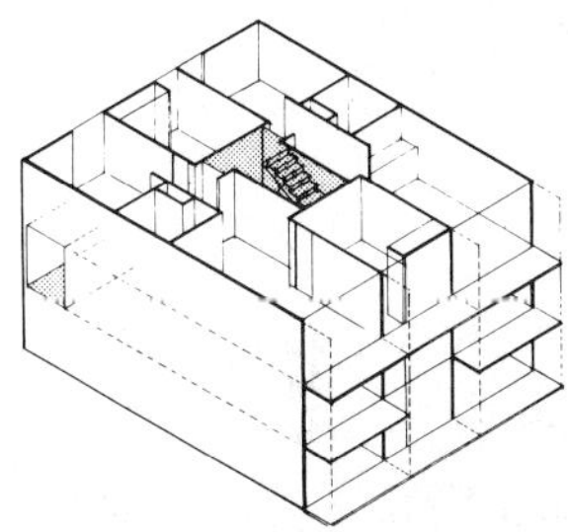

5

Apuntes para un hábitat equilibrado. Realizaciones de diseño urbano

A lo largo de los años 50 se asiste en los países más avanzados a una progresiva constitución del planeamiento urbano como disciplina autónoma, fuertemente ligada a la evolución de las técnicas de análisis económico. Paralelamente, se efectúa una reducción y, finalmente, un desplazamiento del papel de los arquitectos en este campo. La práctica profesional de Josep Ll. Sert se ve afectada por esta evolución que, además, coincide con el final de su participación en Town Planning Associates y su traslado a Cambridge, Massachusetts, para dedicarse a la docencia y a la arquitectura.
Consciente de la necesidad de dar una síntesis a los planteos programáticos del urbanismo y de la relación dialéctica existente entre estos últimos y sus opciones arquitectónicas, Sert crea en la Universidad de Harvard el departamento de Diseño Urbano. Este departamento tiene un carácter interdisciplinar y representa un esfuerzo de exploración de la corresponsabilidad del diseño, no sólo como traducción del programa en formas, sino como patentizador de sus limitaciones, como fuente de sugerencias simbólicas y hasta críticas. Para ello, Sert cuenta cada vez más con la Historia y la recuperación de las morfologías urbanas, en clara visión hasta cierto punto autocrítica, de sus etapas iniciales en el seno del C.I.A.M.
En este sentido, sus trabajos sobre campus universitarios tienen un carácter experimental en el límite entre planeamiento general y diseño urbano, pero debido al carácter aislado de los encargos arquitectónicos, sólo

Notes for a balanced habitat. Urban design work

During the course of the '50s the developed countries witnessed a progressive establishment of town planning as a discipline in its own right, closely linked to the evolution of the techniques of economic analysis. This was accompanied by the parallel diminution – and eventual disappearance – of the role of the architect in this field. Josep Lluís Sert's professional practice was, inevitably, affected by this development which, moreover, coincided with the coming to an end of his participation in Town Planning Associates and his move to Cambridge, Massachusetts to devote himself to teaching and architecture.
Conscious of the need to put forward a synthesis of the programmatic postulates of urban design, and the dialectical relationship existing between these and the architectural options they admit, Sert set up the department of Urban Design at Harvard University. This was interdisciplinary in character, and represented an attempt to explore the extent of design's joint responsibilies, not only as the translation of programme into form but as the revelation of limitations and source of symbolic, and even critical, suggestions. To achieve this, Sert relied increasingly on History, and the recovery of traditional urban morphologies, evidently and to some extent self-critically aware of his early days as a committed pioneer in C.I.A.M.
Taken in this context, his work on university campuses has an experimental character, on the border between general planning and urban design, although as a consequence of the isolated nature of the architectural commissions it is only in Boston University that he was able to go ahead with the creation of a "fragment of a city".
In the end, however, the housing projects

en Boston University puede ver realizado un «fragmento de ciudad».

Finalmente, los proyectos de vivienda que se exponen en este capítulo le permiten un ejercicio de pleno derecho en la disciplina del Diseño Urbano.

El primero de ellos, realizado en 1965, es el conjunto de «viviendas para estudiantes casados» de la Universidad de Harvard, llamado también «Francis P. Peabody Terrace». Con esta obra, Sert y su equipo realizan, desde la plataforma de un encargo universitario, una propuesta polémica de hábitat denso, pero equilibrado. El resultado es un verdadero barrio urbano, más parte de la ciudad de Cambridge que del campus de Harvard.

Los hallazgos tipológicos de Peabody Terrace se aplican después, debidamente modificados, a los proyectos para Ithaca, Roosevelt Island y Yonkers y, por consiguiente, su estudio puede considerarse válido para todos ellos.

Las obras y proyectos más recientes fueron posibles gracias a los encargos de la Urban Development Corporation (U.D.C.), del estado de Nueva York. Esta entidad semioficial patrocinó, durante su existencia (1971-1975) proyectos - piloto destinados a la recualificación de sectores relativamente céntricos en varias ciudades de aquel estado, estableciendo nuevos estándares de vivienda y equipamientos y creando normativa y precedentes para orientar futuras inversiones privadas.

Por su tamaño (entre 600 y 3000 viviendas) y características experimentales, las obras de la U.D.C. pueden compararse —salvando las diferencias de inspiración política— a los *siedlungen* austrogermanos del período de entre guerras. Para Sert, la oportunidad de diseñar conjuntos de viviendas económicas con sus correspondientes servicios y equipamientos representa un reencuentro con la temática fundamental de los C.I.A.M. y una ocasión de aplicar una experiencia acumulada a lo largo de un camino que se inicia con la «casa - bloc» de Barcelona, en 1935.

No es de extrañar, pues, que existan rasgos comunes no solo entre Peabody Terrace y las obras del estado de Nueva York, sino incluso con la «casa - bloc». Entre los rasgos comunes se puede señalar:

a) La atención al concepto de estándar óptimo para la unidad - vivienda, no sólo en cantidad de superficie, sino en la calidad de sus espacios, sus zonas interiores y su posible amueblamiento.

b) Ventilación transversal, mediante viviendas que abren a fachadas opuestas.

presented in this chapter provided him with the opportunity of working in the field of Urban Design proper.

The first of these projects, carried out in 1965, was the complex of "married students' residences", also known as "Francis P. Peabody Terrace", for Harvard University. With this scheme, using the platform provided by a university commission, Sert and his team presented a controversial proposal for a dense, yet balanced, habitat. The result is a genuine urban neighbourhood, more a part of the city of Cambridge than a part of the Harvard campus.

The typological discoveries made in Peabody Terrace were later applied, after the necessary modifications, in the projects for Ithaca, Roosevelt Island and Yonkers, and a study of the first of these can therefore be considered valid for the others as well.

The later buildings and designs were prompted by commissions from the Urban Development Corporation (U.D.C.) of New York State. During its short life (1971-1975) this semi-official body commissioned pilot projects for the revitalisation of neighbourhoods in fairly central locations in a number of cities throughout the state, setting new standards for housing and facilities and establishing new norms and precedents as guidelines for future private investment.

In terms of their size (between 600 and 3000 apartments) and experimental characteristics, the U.D.C. projects can be compared – allowing for the differences in political inspiration – to the *siedlungen* in Austria and Germany in the period between the wars. For Sert, this opportunity to design economical housing with the attendant services and facilities was a rediscovery of the fundamental concern of the C.I.A.M. and a chance to put into effect the experience accumulated throughout the course of a career which began with the "casa-bloc" in Barcelona in 1935.

It is hardly surprising, then, that the schemes for New York State have a number of features in common not only with Peabody Terrace but even with the "casa-bloc". Among these common characteristics we might single out:

a) the attention to the concept of an optimun standard for the housing unit, not only in terms of surface area, but in the quality of its spaces, its interior zones and its possible furnishing;

b) through ventilation, by means of opening façades at either side of the apartment;

c) the use of corridors and other access areas as spaces for the transition from lesser to greater privacy;

d) the communal use of the terraces and ground floors;

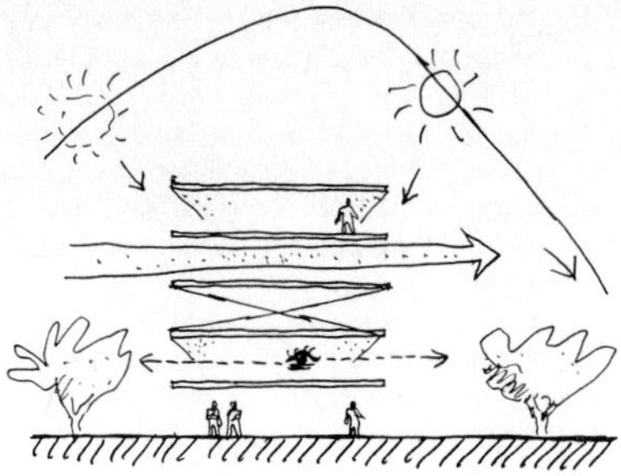

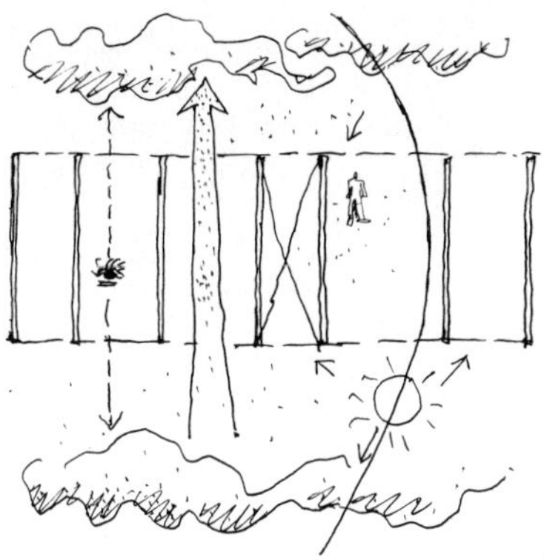

c) Utilización de corredores y demás zonas de acceso como espacios para la transición de menor a mayor intimidad.
d) Uso comunitario de terrazas y plantas bajas.
e) Desarrollo de la forma del edificio como agregación de módulos (el «cluster» o núcleo de 6 viviendas alrededor de un punto de acceso, en Peabody Terrace) estructurada mediante la expresión de las circulaciones verticales y horizontales.
f) Consideración del edificio como parte integrante de un entorno urbano, estudiando sus relaciones de volumen con respecto a otros edificios, a los espacios abiertos y calles contiguas.

A partir de septiembre de 1974, Sert preside el Comité encargado de presentar un borrador de *Código internacional del hábitat humano* a la conferencia de las Naciones Unidas sobre asentamientos humanos que tiene lugar en Vancouver, Canadá, en mayo de 1975. Fruto de este período de trabajos e intercambio de ideas es la formulación de los principios prácticos que han presidido su propia labor en pro de un hábitat equilibrado. El los desglosa, advirtiendo su interdependencia y

e) the development of the form of the building as an accumulation of modules (the "cluster", or nucleus of 6 apartaments around a common access point, in Peabody Terrace) which are structured by means of the expression of vertical and horizontal circulation; and
f) a consideration of the building as an integral part of the urban environment, and the study of its volumetric relationships with the other buildings, open spaces and streets round about.

As of September 1974, Sert presided over the Committee constituted to present a draft of an *International Code on the Human Habitat* to the United Nations conference on human settlement to be held in Vancouver, Canada, in May 1975. This period of his work, and the interchange of ideas, bore fruit in the formulation of the practical principles which had guided his own efforts in the pursuit of a balanced habitat. He identified them, drawing attention to their interdependence, and set out to compile an inventory of them, in the following terms:

a) the balance between the private – the home – and the communal – services and facilities;
b) the balance between zones for pedestrian and vehicles;

sin ánimo de hacer un recuento exhaustivo, como sigue:

a) Equilibrio entre lo privado —vivienda— y lo comunitario —servicios y equipamientos.
b) Equilibrio entre los ámbitos de peatones y de automóviles.
c) Equilibrio entre construcciones y zona verde, entre el número de personas y el de árboles.
d) Equilibrio entre recreación pasiva y activa, o sea entre lugares para el recogimiento y lugares de reunión y juego.
e) Equilibrio entre los elementos naturales y los construidos.
f) Equilibrio entre tecnología avanzada y métodos tradicionales, que en muchos casos implica una adecuada combinación de edificios altos y bajos.

Un aporte de gran interés en todos estos proyectos es la adaptación de una tipología derivada del bloque exento, lineal, al concepto de manzana o cuadra cerrada, permitiendo una recuperación de la morfología urbana tradicional y la inserción de los nuevos conjuntos en la trama existente, como se aprecia, sobre todo, en el proyecto para Yonkers.
En efecto, puesto que la doble orientación de las viviendas con ventilación transversal permite un asoleamiento suficiente sin necesidad de mantener las fachadas rígidamente paralelas a la misma dirección, los edificios pueden «doblar esquinas» manteniendo su masa. Basta para ello resolver adecuadamente los problemas de los ángulos con una modificación de las plantas y la manipulación de los núcleos de acceso vertical.[1] El edificio pierde su carácter de objeto y adquiere una función de envoltura respecto al espacio interior, a la vez que ofrece la lectura de su volumen como manzana o cuadra hacia el exterior.
El perímetro continuo, con carácter de «fachada» es fundamental para la conformación clara del espacio «calle». El espacio interior, enmarcado y de forma definida geométricamente como si se tratara de un gran recinto sin techo, recupera su carácter de «plaza». Calle y plaza son los dos elementos por antonomasia de la morfología urbana y Sert los adopta con transformaciones mínimas, pero enriquecedoras, en un ejercicio de sensibilidad histórica que entronca con sus ex-

1. Una versión simplificada de esta idea se utilizó ya en la «casa - bloc» de Barcelona, véase p. 42.

c) the balance between construction and landscaped areas, between the number of people and the number of trees;
d) the balance between passive and active recreation – between places for privacy and seclusion and places for socialising and games;
e) the balance between natural and built elements; and
f) the balance between advanced technology and traditional methods, in many instances implying the appropriate combination of high- and lowrise buildings.

One of the most interesting features in all of these projects is the adaptation of a typology derived from the free-standing linear block to the concept of the closed city block, thus making possible the recovery of the traditional urban morphology and the insertion of the new complexes into the existing layout, as is most clearly to be seen in the Yonkers project. In effect, given that the apartments with through ventilation face in two different directions, they receive sufficient direct sunlight and shade without there being a need to rigidly preserve the orientation of the façades in the same direction; the buildings can "turn corners" while retaining their mass. This can be done simply with an appropriate resolution of the problems encountered at the corners, by means of a modification of the floor plan and the manipulation of the vertical nucleus (1). The building loses its character as object and takes on the functional quality of a casing for the space within at the same time as it invites the reading of its volume from without as a city block. The continuous perimeter, with its character as "façade", is of fundamental importance for the clear definition of the "street" space. The interior space, bounded within walls, with its geometrically definite form, like a great roofless enclosure, has recovered its role as "square". The street and the square are the two key figurative elements of urban morphology, and Sert adopts them with a minimum of modification. The transformations he does impose enrich their expressive potential, in an exercise of historical sensitivity which is in line with the experience he accrued in Latin America, beginning with Chimbote in 1948.
It could be said that this consciousness of the city as the matrix of its architecture makes Sert a forerunner of the current neorationalist tendencies; on the other hand, however, his loyalty to the postulates of functionalism situate him stylistically within realism, equidistant from the avant-garde innovation of Le Corbusier and the contextual

1. A simplified version of this idea was employed in the "casa-bloc" in Barcelona (see p. 42).

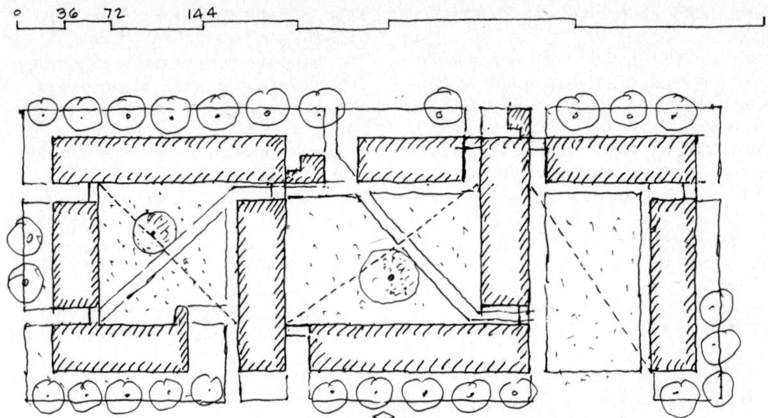

periencias latinoamericanas a partir de Chimbote, 1948.
Podría decirse que esta conciencia de la ciudad como matriz de la arquitectura hace de Sert un precursor de las actuales tendencias neorracionalistas aunque, por otro lado, su fidelidad a los postulados funcionalistas, le permita situarse estilísticamente en un realismo equidistante entre el vanguardismo de Le Corbusier y la «continuità» contextualista postulada por E. N. Rogers en *Casabella* durante la década de los años sesenta.

"continuità" proposed by E. N. Rogers in *Casabella* during the '60s.

1972 «East Hills», Ithaca (Nueva York)
Proyecto
Este primer encargo de la Urban Development Corporation tenía un programa mixto: viviendas subvencionadas, un garaje y edificio de comercios y tiendas. El solar estaba limitado, por un lado, por un espectacular barranco que forma parte de un parque regional.
Se utilizó el sistema de acceso por corredor cada tres plantas, pero adaptándolo a la legislación del estado de Nueva York que requería acceso independiente al corredor para cada vivienda. Al ser privadas, las escaleras de acceso se segregan de las de emergencia que se sitúan al exterior, a las distancias reglamentarias.

1972 "East Hills", Ithaca, New York
Project
This first commission from the Urban Development Corporation had a mixed programme: subsidised housing, a car park, a commercial building and shops. The site was restricted in size on one side by a spectacular ravine which is part of a regional park.
The system of access adopted was that of a corridor every three floors, although this was adapted to meet New York State planning regulations which required additional independent access to each apartment. Being private, the access stairs are segregated from the fire escapes situated at the regulation intervals on the exterior.

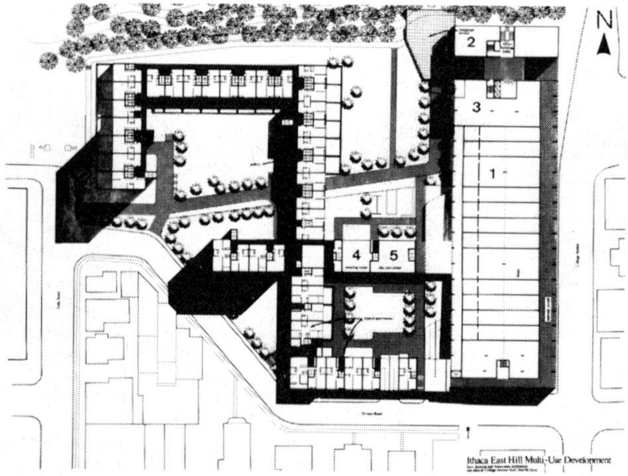

Planta baja

1 Tiendas con porche
2 Restaurante con terraza
3 Vestíbulo edificio oficinas
4 Sala de reuniones
5 Guardería infantil

Ground floor plan

1 Shopping arcade
2 Restaurant with terrace
3 Vestibule between offices
4 Community hall
5 Kindergarten

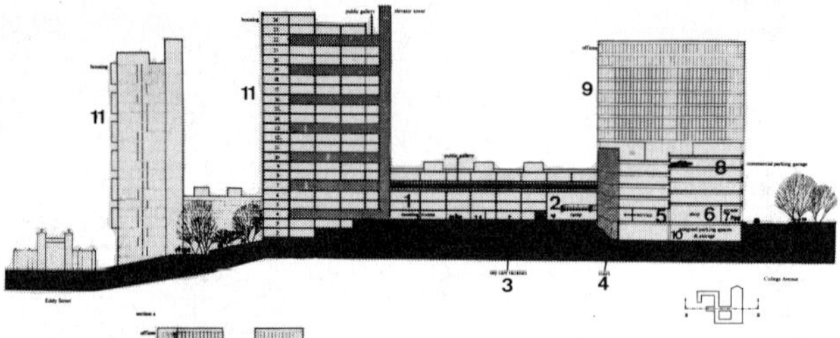

Secciones

Sections

Sección a-a

Section a-a

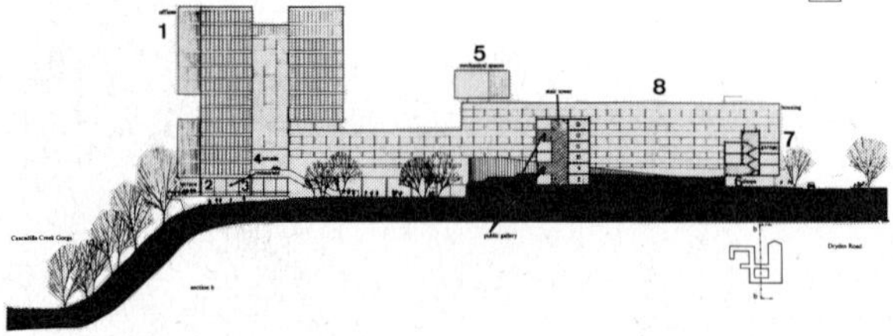

Sección b-b

Section b-b

Plantas tipo

Typical floor plan

Fotografía de la maqueta

View of the model

1974 Roosevelt Island, Nueva York
La Urban Development Corporation patrocinó la construcción de un sector residencial completo en esta isla estrecha situada en el East River, paralela a Manhattan. A Sert, Jackson y Asociados les correspondieron 1000 viviendas de alquiler subvencionado en las parcelas 9, 10 y 11, y 600 de renta libre en las parcelas 2 y 3. Sólo en las primeras pudo utilizarse el sistema de accesos por corredor cada tres plantas. Para conseguir la alta densidad requerida (doble que en las viviendas de Harvard) se fueron escalonando los volúmenes desde 20 plantas por el lado de Main Street hasta 4 en el lado que da frente al río. Los bloques se disponen alrededor de espacios verdes amplios y la orientación permite vistas al río en casi todos los apartamentos. Las plantas bajas están ocupadas por tiendas, escuelas y servicios médicos y comunitarios, que son accesibles a partir del porche a lo largo de Main Street, la espina central del conjunto.
El tráfico en la isla está reducido a vehículos ligeros y eléctricos, los automóviles disponen de un gran garaje común junto al puente de acceso. La comunicación directa con Manhattan se efectúa por un telecabina. Los escalones que caracterizan la silueta de los bloques transversales corresponden al módulo básico de tres alturas, con lo cual se explicita más aún la relación entre las partes y el todo, que constituye la composición de las fachadas. Las escaleras exteriores de emergencia, ubicadas a modo de contrafuertes junto a las paredes verticales de los escalones establecen un contrapunto rítmico al perfil y a las largas franjas horizontales de los corredores.
El juego de volúmenes y sobre todo el carácter dado a Main Street son una alusión metafórica a la vecina superurbe de Manhattan.

Vista desde el barrio de Queens, al otro lado del East River

1974 Roosevelt Island, New York

The Urban Development Corporation sponsored the construction of an entire residential sector of this narrow island in the East River, parallel to Manhattan. Sert, Jackson and Associates were given the brief for 1000 subsidised-rent apartments on lots 9, 10 and 11 and 600 rent-free apartments on lots 2 and 3. The system of access by corridors on every third floor could only be adopted for the first of these. In order to achieve the high density called for (twice that of the Harvard residences) the volumes were stepped, from 20 storeys on the Main Street side down to 4 on the side fronting onto the river. The blocks are laid out around extensive landscaped areas, and oriented to afford views of the river from almost all of the apartments. The ground floors are taken up by shops, schools and medical and community services, which are reached by way of the arcade running along Main Street, the central axis of the complex.
Traffic on the island is restricted to light vehicles and electrically driven vehicles, and there is a large communal car park alongside the access bridge. There is also a direct link with Manhattan by means of a cable car. The stepped formation which characterises the silhouette of the transverse blocks corresponds to the basic module with its three heights; this serves to make the relation between the parts and the whole – which constitutes the composition of the façades – even more explicit. The external emergency staircases, positioned like buttresses on the sheer walls of the stepped volumes, set up a rhythmic counterpoint to the outline of the buildings and the horizontal bands of the corridors. The interplay of volumes, and in particular the character given to Main Street, are a figurative allusion to the neighbouring supercity of Manhattan.

View from the Queens district, on the other side of the East River

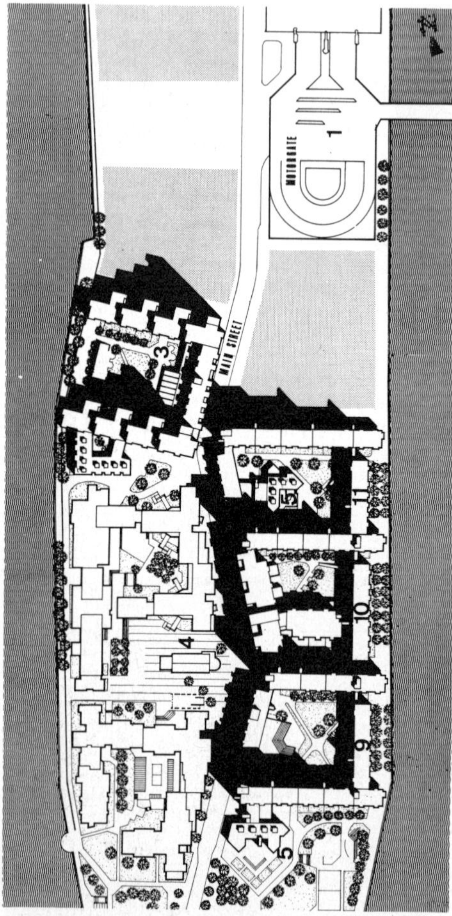

Plano de situación
1 Garaje
2 Parcelas 9, 10 y 11
3 Parcelas 2 y 3
4 Iglesia existente
5 Escuelas

Site plan
1 Car park
2 Lots 9, 10 and 11
3 Lots 2 and 3
4 Existing church
5 Schools

Vista desde el East River ►

View from the East River

Vista de Main Street («calle Mayor»). (Foto anterior a la terminación de las obras. Más tarde se redujo la presencia de automóviles) ►

View of Main Street (taken before construction was completed. The number of cars was subsequently reduced)

Vista aérea de Roosevelt Island con Manhattan al fondo y el puente de Queensborough

Aerial view of Roosevelt Island showing the Queensborough Bridge and Manhattan in the background

Vista desde una travesía de Main Street. A la izquierda, viviendas para jubilados

View from a side street of Main Street. On the left, housing for the elderly

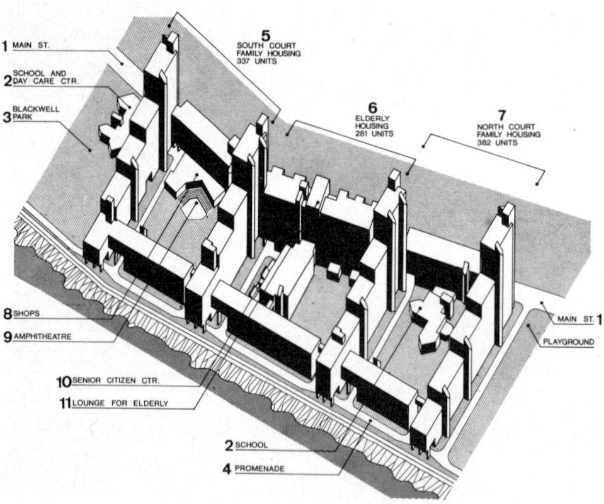

Axonometría parcelas 9, 10 y 11

1 Main Street
2 Escuelas y parvularios
3 Parques
4 Paseo
5 Plaza «sur» 337 viviendas
6 281 viviendas para jubilados
7 Plaza «norte» 382 viviendas
8 Tiendas
9 Anfiteatro
10 Club para jubilados
11 Salón recreativo

Axonometric drawing of lots 9, 10 and 11

1 Main Street
2 School and day care centre
3 Parks
4 Promenade
5 South Court – 337 apartments
6 281 apartments for the elderly
7 North Court – 382 apartments
8 Shops
9 Amphitheatre
10 Senior citizens' centre
11 Recreation centre

Vista desde el parque, al sur del complejo. En primer término, una de las escuelas

View from the park to the south of the complex. One of the schools is in the foreground

Croquis que muestra el perfil típico de un bloque transversal

Sketch showing a typical transverse block in profile

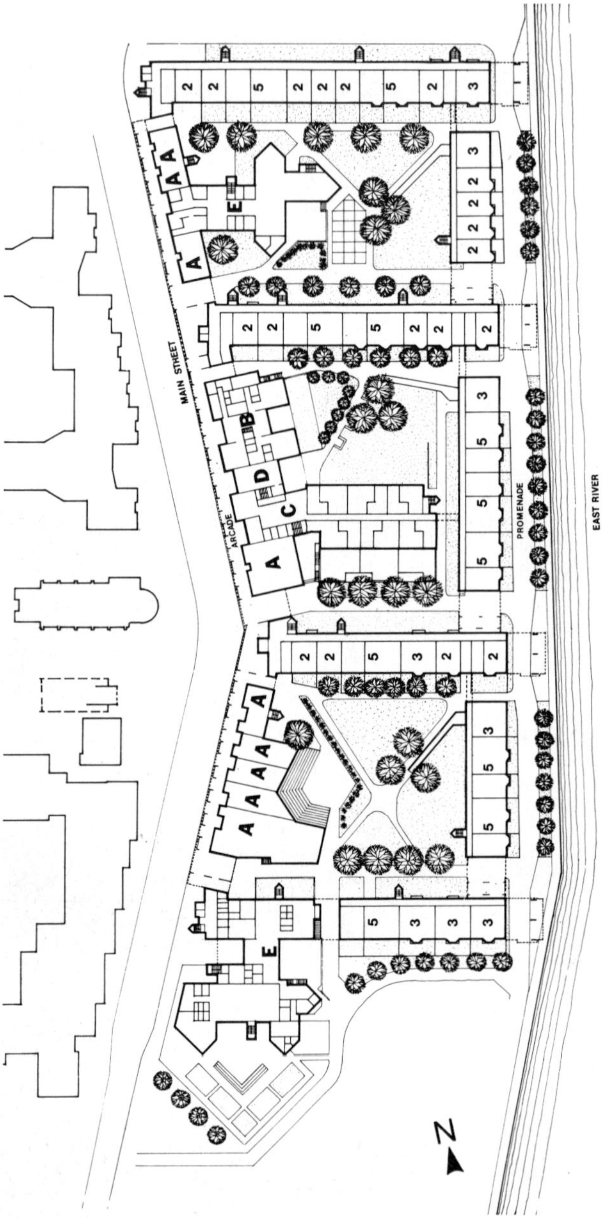

Usos en planta baja

Los números indican las crujías de cada módulo
2 Módulo de dos crujías
3 Módulo de tres crujías
5 Módulo de cinco crujías

A Tiendas, comercios
B Guardería infantil
C Viviendas para jubilados
D Dispensario médico
E Escuela

Distribution of uses on the ground floor

The numbers refer to the units in each module
2 Two unit module
3 Three unit module
5 Five unit module

A Shops and businesses
B Day care centre
C Housing for the elderly
D Clinic
E School

1 — TWO BAY M. 2 — THREE BAY MODULE 3 — FIVE BAY MODULE 5

Plantas tipo, módulos de dos, tres y cinco crujías

1 Apartamento de ángulo
2 Módulo de dos crujías
3 Módulo de tres crujías
5 Módulo de cinco crujías

Typical floor plans of two, three and five unit modules

1 Corner apartment
2 Two unit module
3 Three unit module
5 Five unit module

Interior de la maqueta a tamaño natural realizada con placas ligeras

Interior of the show apartment constructed of lightweight board

Interior de un apartamento amueblado

Interior of a furnished apartment

Típica fachada norte; superficie plana, expresando los corredores de acceso

Typical north façade, with the access corridors standing out against the plane surface

Típica fachada sur, con los resaltes de las salas de estar

Typical south façade, with the projecting living rooms

Estudio de proporciones: cuadrados simples, dobles y rectángulo áureo

Study of proportions: simple and double squares and golden rectangle

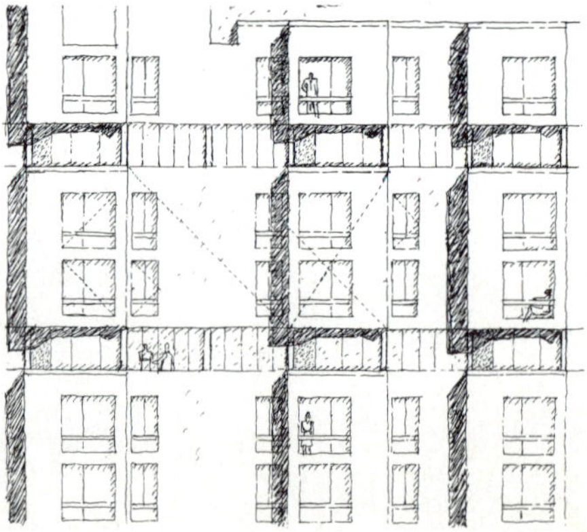

Vista de la plaza «sur»

View of the South Court

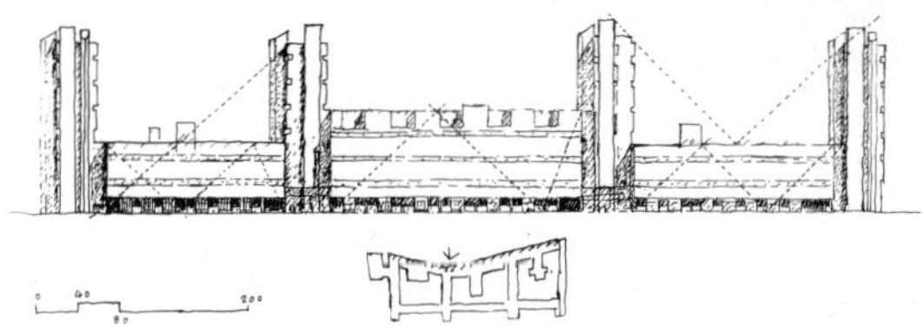

Estudio de las proporciones
en el alzado frente a Main Street

Study of the proportions
in the elevation of the Main Street façade

Los puntos de acceso se señalan con vanos acristalados

The access points are indicated by glazed areas

Aspecto del porche a lo largo de Main Street

View of the arcade along Main Street

Roosevelt Island, parcela 3

Para las viviendas de renta libre se forzó a los arquitectos a adoptar una tipología más convencional, con corredor de acceso interior en cada planta. Un hábil juego de volúmenes que combina el escalonado con interrupciones parciales, en parte permite devolver luz al corredor.

Roosevelt Island, lot 3

The architects were obliged to adopt a more conventional typology for the rent-free housing, with an internal access corridor on each floor. An effective and skilfull manipulation of volumes, combining the stepped formation with occasional interruptions, made it possible to restore natural light in the corridor.

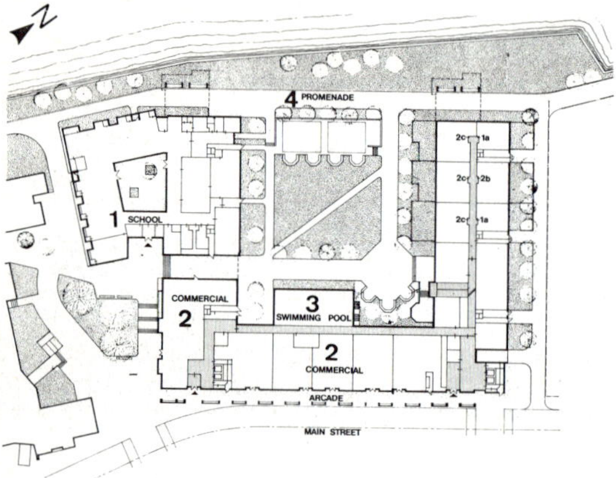

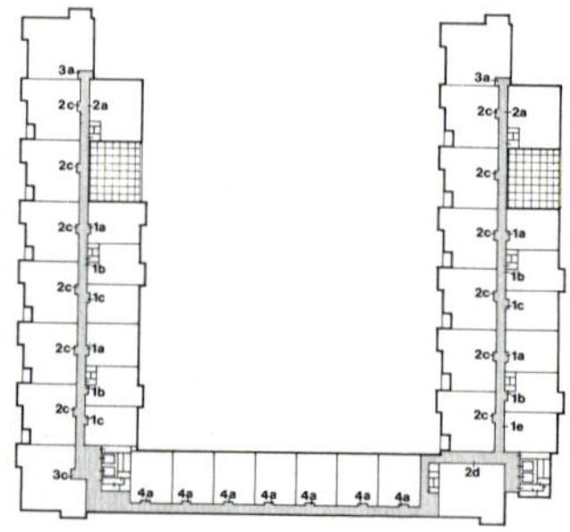

Planta baja
1 Escuela
2 Tiendas
3 Piscina cubierta
4 Paseo

Ground floor plan
1 School
2 Shops
3 Indoor swimming pool
4 Promenade

Planta sexta

Sixth floor plan

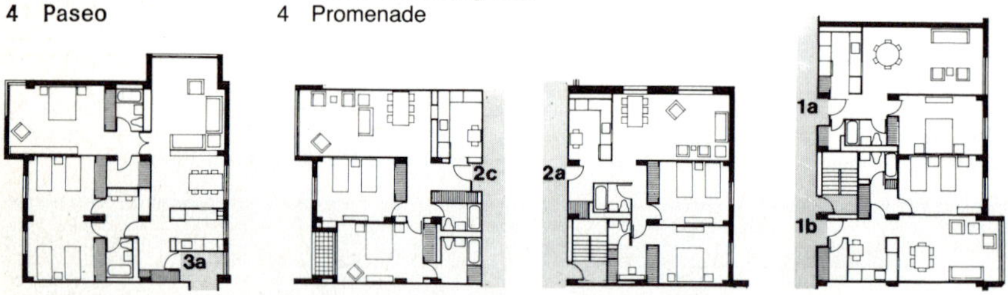

Plantas tipo

Typical floor plans

Fachada norte

North façade

Parcela 3, fachada este

Lot 3, east façade

Vista desde el oeste

View from the west

1973-1974 Riverview, Yonkers (Nueva York)
El municipio de Yonkers es limítrofe del de Nueva York —justo al norte del Bronx— y sufre del papel de «sirviente» característico de tantas ciudades periféricas.
Este conjunto, de 800 viviendas, se halla emplazado en el seno de una trama urbana fuertemente deteriorada. Se trata de un proyecto piloto de renovación, destinado a establecer una tipología nueva, un ejemplo repetible.
En este caso no se dan las circunstancias socialmente ventajosas de contar con una población homogénea (joven y educada) como en las viviendas de Harvard, o la situación insular de Roosevelt Island. Las viviendas, todas de alquiler limitado, utilizan una versión del sistema de acceso por corredor cada tres plantas. La densidad es de 240 viviendas / Ha, algo mayor que la de las viviendas de Harvard. Se construyó en dos fases. El estudio del proyecto fue precedido de un análisis de la circulación y focos urbanos circundantes (centro gubernativo, arteria comercial, orilla del río, etc.). Fruto de este análisis fue la propuesta reclasificación de calles, con espinas de circulación y calles de peatones doblando la escala de la exigua cuadra típica. Junto a las espinas de circulación se situarían los garajes de aparcamiento. Una calle comercial para peatones enlazaría el centro gubernativo con la arteria comercial existente, constituyéndose en eje del corazón urbano.
Las tiendas y los servicios de guardería se ubican en planta baja a lo largo de la calle principal. Los edificios residenciales, agrupados alrededor de plazas, son de poca altura en el lado sur, levantándose hasta 19 plantas hacia el norte para permitir el asoleamiento y ofrecer vistas sobre el río Hudson al mayor número de viviendas.

1973-1974 Riverview, Yonkers, New York
The municipality of Yonkers borders on the city of New York just to the north of the Bronx, and suffers from the "subservient" role characteristic of so many peripheral towns.
This 800 apartment complex is situated in the heart of a severely dilapidated urban neighbourhood; the scheme is effectively a pilot renovation project with the objective of establishing a new typology – an example which can be copied.
In this instance there were neither the socially opportune circumstances which applied to the homogenous population of the Harvard residences (young; educated), nor the insular situation of Roosevelt Island. The apartments, all of them fixed-rent, make use of a version of the access system with a corridor every three floors. There is a density of 240 apartments to the hectare, somewhat greater than in the Harvard residences. Construction was carried out in two phases. The study of the project itself was preceded by an analysis of circulation and focal points in the vicinity (local government centre, commercial spine, riverbank, etc.). This analysis bore fruit in the reclassification of the street, with arterial routes for vehicles and pedestrian passageways doubling the meagre scale of the typical city block. The car parks are situated alongside the traffic routes. A pedestrian shopping precinct connects the local government centre with the existing commercial spine, thus taking on the role of main axis of the urban nucleus.
The shops and day care centre are located on the ground floor of the buildings running the lenght of the main street. The residential buildings, grouped around the courtyards, are relatively low on the south side, rising to 19 storeys to the north in order to provide direct sunlight and a view of the Hudson to the maximum number of apartments.

Axonometría del módulo de tres niveles

Axonometric sketch of the three-level module

Fachadas a la avenida Riverdale

Façades onto Riverdale Avenue

Diagrama que muestra la trama propuesta alternando garajes junto a vías de circulación y viviendas con zonas verdes junto a calles peatonales (en trazos)

Diagram showing the proposed layout, with car parks alongside traffic routes alternating with landscaped areas next to pedestrian passageways (dotted lines)

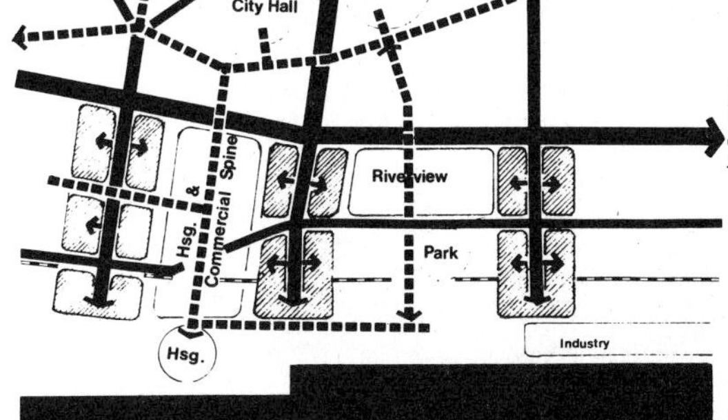

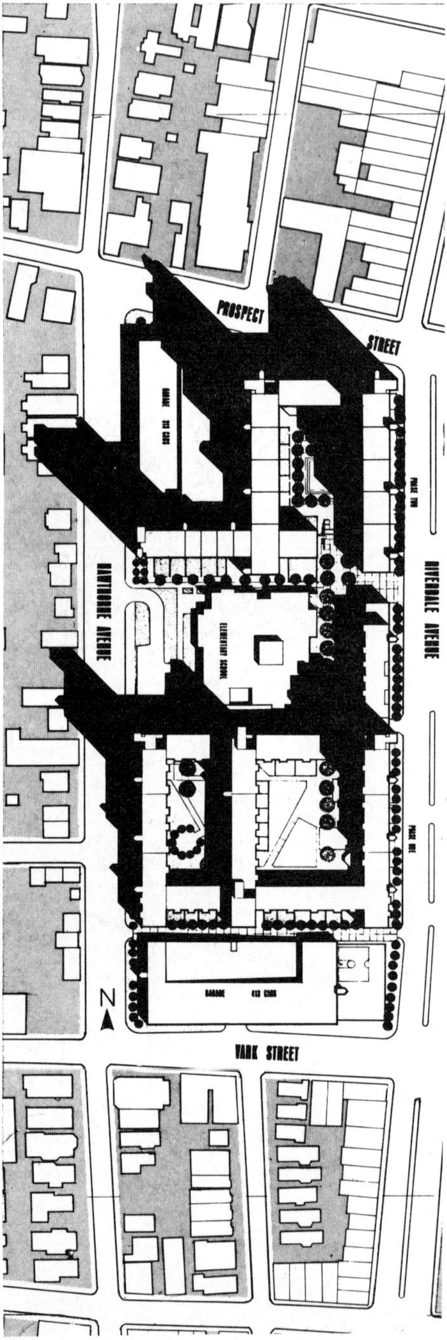

Vista hacia el sur

Plano de situación, orientado N-S. Los garajes se sitúan en la periferia. Al centro, escuela existente. La 1.ª fase es la parte situada al sur

View to the south

Site plan, oriented north to south. The car parks are located around the periphery. In the centre, the existing school. The 1st phase is the part to the south

Plantas típicas, 2.ª fase
Un nuevo trazado de las escaleras (privadas) de acceso permite ganar superficie para el estar. Los volúmenes salientes son ahora los dormitorios

Typical floor plans, 2nd phase
A new organisation of the (private) staircases made more space available for the living area. The projecting volumes are now the bedrooms

Vista desde una de las plazas ajardinadas en dirección sur

View from one of the landscaped courtyards looking south

Croquis fachada

Sketch of a façade

Parque infantil en una plaza. En las fachadas puede apreciarse el mayor contraste entre los volúmenes salientes de los dormitorios, con aberturas pequeñas y el plano acristado de las zonas de estar

Children's playground in a courtyard. The increased contrast between the projecting volumes of the bedrooms, with their small windows, and the glazed planes of the living rooms can be seen in the façades

1975 Sector piloto para Isfahan, Irán
Proyecto

La ciudad de Isfahan está experimentando un rápido crecimiento con tendencia a la extensión radial basada en tipos de vivienda de poca altura, de fácil construcción, pero costosas a la larga para transportes y servicios. Este proyecto presenta una alternativa de densidad media (entre 50 y 100 viviendas por hectárea) combinando el concepto de «tapiz urbano» experimentado en Sudamérica para climas subtropicales áridos (Chimbote) con edificios de cuatro plantas —acceso directo por escalera— y edificios más altos —servidos por ascensor— del tipo «Yonkers II».
La combinación de estos tipos permite un juego de volúmenes susceptible de adquirir monumentalidad —al enmarcar una avenida o parque, por ejemplo— y definir visualmente los barrios, las componentes de la ciudad.
La unidad estudiada corresponde a un «pedestrian precinct» o Recinto Peatonal para unos 15 000 habitantes adaptado a la trama de calles del Plan General existente y atribuyendo a las vías periféricas las características de las V-2, V-3, V-4 y V-5 de la teoría de Le Corbusier («Les 7 V»).

1975 Pilot sector for Isfahan, Iran
Project

The city of Isfahan was experiencing rapid growth and a tendency to radial expansion based on low-rise housing types which were easy to construct but costly in the long run in terms of transport and services. This project proposed a medium-density alternative (from 50 to 100 apartments per hectare), combining the concept of the "urban tapestry" for arid subtropical climates put to the test in South America (Chimbote) using four-storey buildings with direct access by means of stairs, and taller buildings with lifts of the type used in "Yonkers II". The combination of these types allowed an interplay of volumes which was capable of monumentality – in framing an avenue or a park, for example – and of giving visual definition to the different neighbourhoods which make up the city. The unit studied corresponds to a pedestrian precinct for some 15,000 inhabitants, adapted to the street grid of the existing General Plan, and conferring on the peripheral streets the characteristics of the V-2, V-3, V-4 and V-5 of Le Corbusier's theory of "Les 7 V".

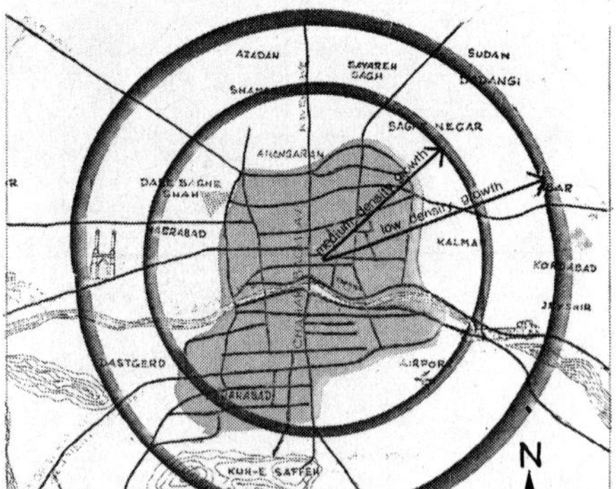

Plano diagramático de la ciudad de Isfahan comparando los distintos radios, para una población equivalente, según el crecimiento en densidades medias o bajas

Diagram of the city of Isfahan comparing the different diameters needed for a given population with medium – and low – density expansion

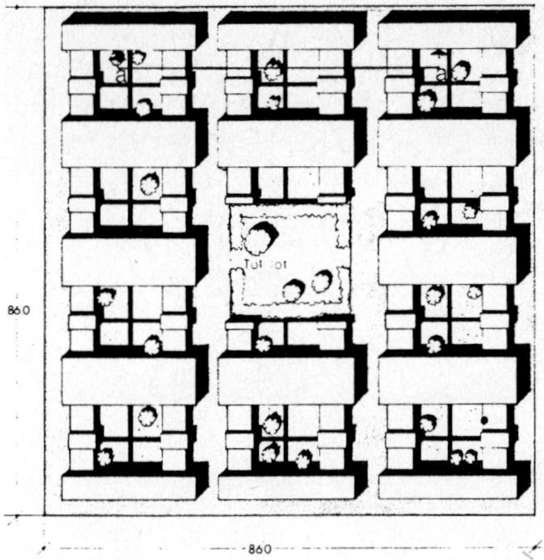

«Tapiz urbano» de baja altura y alta densidad, adaptado a las tradiciones iraníes

The "urban tapestry" of low – and high - density building adapted to Iranian traditions

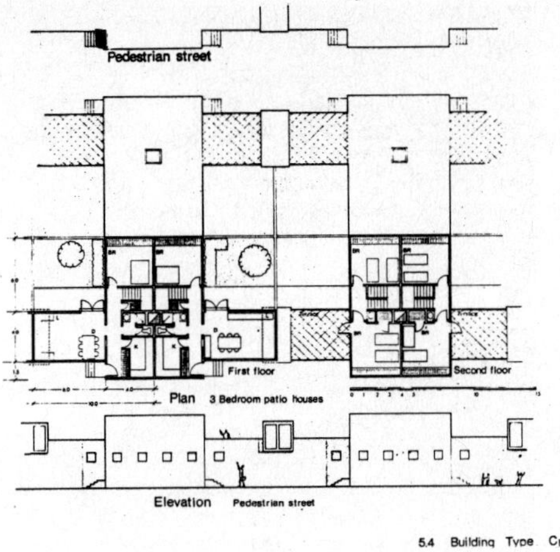

Vivienda con patio integrante del «Tapiz urbano»

A house with a courtyard forming part of the "urban tapestry"

Croquis de estudio mostrando relación entre bloques altos y bajos

Preliminary sketch showing the relationship between high and low blocks

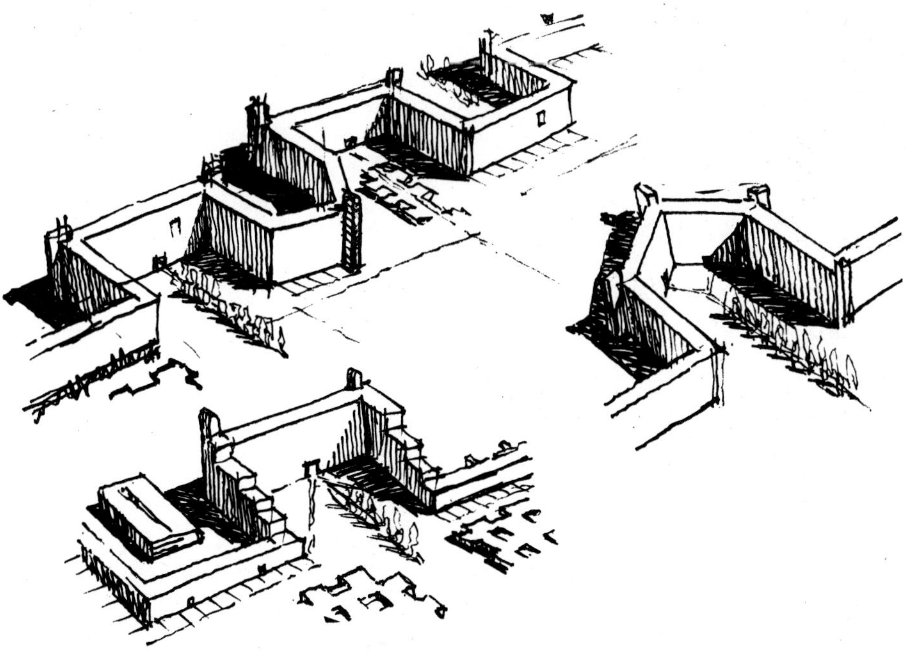

Fotografía de la maqueta
El juego de volúmenes está lleno de referencias a las diversas imágenes de monumentalidad presentes en la tradición persa

View of the model
The interplay of volumes is full of references to the diverse images of the monumental present in the Persian tradition

Planta del recinto para peatones
La orientación de las viviendas reviste suma importancia en el clima local. Los distintos tipos de viviendas están señalados con letras: A, los edificios de hasta 14 plantas con ascensor. B, edificios de acceso directo por escalera hasta 4 plantas. C, casas en hilera de 2 y 3 plantas con patios. El trazado incorpora la trama viaria del plan general con una V-3 o vía rápida al oeste, V-4 o vías comerciales perpendiculares y una V-5 de distribución que cruza entre ambas. El aparcamiento es periférico y se propone por fases: primero en superficie, al aumentar los automóviles se añaden plantas sobre el mismo terreno.
Los espacios libres, que suelen plantear grandes problemas de mantenimiento, se han tratado como avenidas peatonales o forman parte de escuelas, servicios, o el entorno inmediato de las viviendas, con el fin de garantizar un grado de responsabilización y pertenencia respecto a ellos.

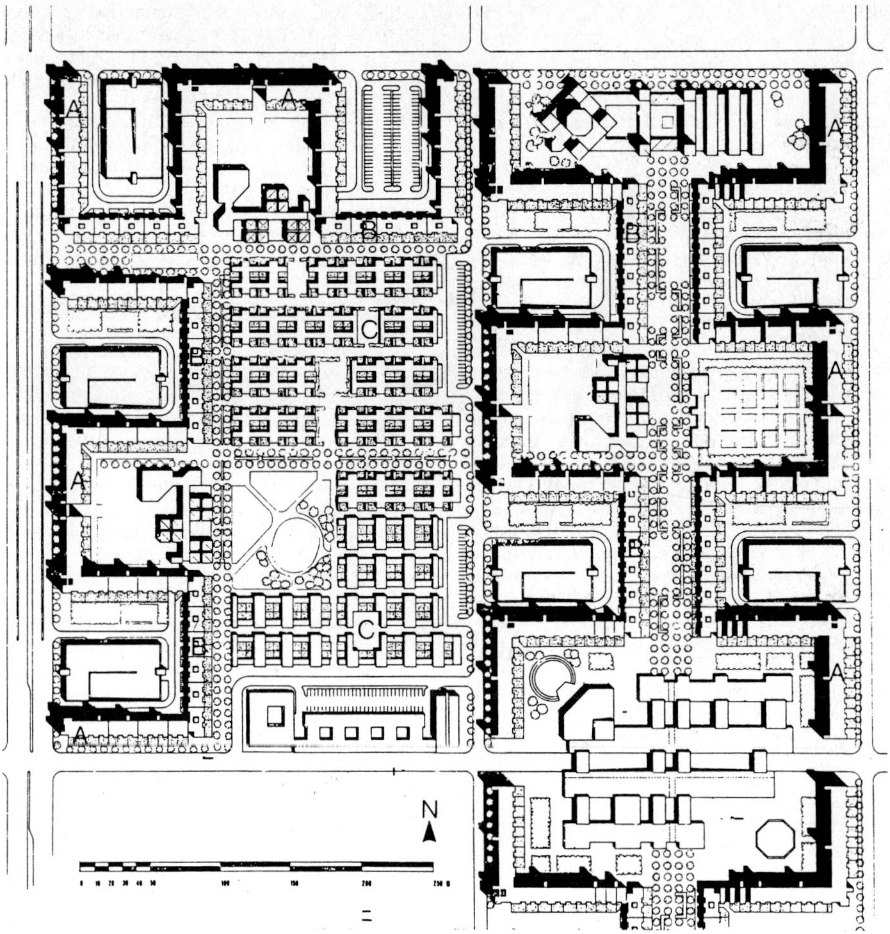

Plano sector

Plan of the sector

Plan of the pedestrian precinct
The orientation of the houses takes on the greatest importance in the local climate. The different house types are indicated by letters: A- buildings of up to 14 storeys with lifts; B- buildings of up to 4 storeys with direct access stairways; C- rows of two and three storey houses with courtyards. The layout incorporates the road network of the existing General Plan, with a V-3 or expressway to the west, V-4s or perpendicular commercial roads and a V-5 distribution route connecting them. The car parking is peripheral, and would be developed in phases: firstly, on the surface, with the addition of more levels as demand increased.
The open spaces, which often pose serious maintenance problems, have been treated as pedestrian avenues or incorporated into the grounds of services such as schools or the immediate landscaped areas around housing blocks in order to establish a degree of responsibility for them as specifically pertaining to certain properties.

Biografía

1902 Nace en Barcelona, el 1 de julio, en el seno de una familia de industriales textiles.

1923 Ingresa en la Escuela Técnica Superior de Arquitectura de Barcelona. Combina sus estudios con la práctica de la pintura.

1927 Viaja a París, donde adquiere *Vers une architecture, Urbanisme* y otras publicaciones de Le Corbusier. A su regreso participa con otros estudiantes en la organización de un movimiento de protesta contra la educación academicista que ignoraba los problemas de vivienda y servicios colectivos. Este grupo de estudiantes invita a Le Corbusier a dar un ciclo de conferencias en Barcelona.

1929 Obtiene el Diploma de arquitecto y se traslada a París, donde trabaja en el taller de Le Corbusier y Pierre Jeanneret, participando en el proyecto de Sede para la Sociedad de Naciones.
Asiste al C.I.A.M. II en Frankfurt. Participa con Josep Torres - Clavé en la exposición colectiva de arte moderno de las Galerías Dalmau, en Barcelona, con el proyecto «Pueblo de veraneo en la Costa Brava».

1930 Participa en la organización del Grup d'Arquitectes i Tècnics Catalans per al Progrés de l'Arquitectura Contemporània (G.A.T.C.P.A.C.).

1931 Asiste al C.I.A.M. III en Bruselas.
Casa Galobart.
Proyecto de casas para artistas.
Casa de la calle Rosellón.
Casa con vivienda dúplex en la calle Muntaner.
Se inaugura el local del G.A.T.C.P.A.C. el 14 de abril (día de la proclamación de la República). Trabaja en equipo con Josep Torres - Clavé, Sixte Illescas y Joan - Baptista Subirana. Bajo la firma colectiva del G.A.T.C.P.A.C. trabajan en proyectos para el Gobierno autónomo de Cataluña. Se inicia la publicación de la revista *A.C. —Documents d'Activitat Contemporània.*

1932 Proyectos de escuelas en Palausolitar y Avenida Bogatell.
El G.A.T.E.P.A.C. se constituye en Zaragoza (a nivel de Estado Nacional), integrado por los grupos Centro, Norte y Este. Inmediatamente pasa a ser la sección española del Comité International pour la Résolution des Problèmes d'Architecture Contemporaine (C.I.R.P.A.C.), rama ejecutiva de los C.I.A.M. (Congresos Internacionales de Arquitectura Moderna).

1933 Proyecto de casas desmontables.
Inicio del Plan Macià de Barcelona, con Le Corbusier y Pierre Jeanneret.
C.I.A.M. IV en Atenas.

1934 Presentación pública del Plan Macià y Proyecto de la Ciutat de Repòs i de Vacances en Gavà y Castelldefels, Barcelona.

1935 Casas de fin de semana en Garraf, Barcelona.
Dispensario Central Antituberculoso de Barcelona.

1936 «Casa - bloc» en Sant Andreu, Barcelona.
Estudios de alternativas en bloque abierto para las manzanas del ensanche barcelonés.

1937 Por encargo del Gobierno de la República diseña y construye con Luis Lacasa (†) el pabellón español en la Exposición Internacional de París.
Contribuyen con sus obras, entre otros, Picasso, Miró, Calder, Alberto y Julio González. Asiste en París al C.I.A.M. V.

1938 Contrae matrimonio con Ramona (Moncha) Longás y prolonga su estancia en París, trabajando por cuenta del C.I.A.M. en un futuro libro que recoja las tesis de los congresos IV y V.
Muere en el frente su asociado Josep Torres - Clavé. Se inicia el éxodo masivo de refugiados por la frontera franco - española.

1939 Terminada la Guerra Civil sufre depuración política, como muchos otros profesionales, y se le declara «inhabilitado para el ejercicio de su profesión».
En junio llega a Estados Unidos, fijando su residencia en Nueva York, donde entra en contacto con una importante colonia de intelectuales europeos refugiados y exiliados.

1941 Publica el libro *Can our Cities Survive?*, en la Harvard University Press, que recoge las tesis del C.I.A.M. IV.
Walter Gropius le invita a dar un ciclo de conferencias en la Universidad de Harvard.

1943 Conferencias en las universidades de Columbia (Nueva York), Princeton, Yale y Harvard.

1944 Da clases, como profesor de planeamiento urbano, en la Universidad de Yale (New Haven).

1945 Forma, con Paul Lester Wiener y Paul

Schulz, la oficina Town Planning Associates.
Proyecto Cidade dos Motores en Brasil.

1947 Es nombrado presidente de los C.I.A.M. en el VI Congreso en Bridgewater (Gran Bretaña).

1948 Proyecto de la ciudad Nueva de Chimbote, Perú.
Plan piloto de Lima.

1949 Asiste al C.I.A.M. VII en Bergamo, donde presenta el Proyecto de Chimbote.
Plan director de Medellín, Colombia.
Construye su casa en Long Island (Nueva York) remodelando un antiguo cobertizo para carruajes.

1951 Plan director de Bogotá, con Le Corbusier y la oficina local de planeamiento.
Adopta la nacionalidad estadounidense.
Planes para nuevas ciudades en Venezuela (Puerto Ordaz), en el delta del Orinoco y barriada de Pomona, en Maracaibo.
Estudios para casas prefabricadas y mejoras de las viviendas en un hábitat tropical.
Asiste al C.I.A.M. VIII en Hoddesdon.

1952 Publica el libro *The Heart of the City*, con Jacqueline Tyrwhitt y Ernesto N. Rogers, editado por Lund Humphries de Londres.

1953 Asiste al C.I.A.M. IX en Aix - en - Provence.
Conferencia: «The Scope of Architecture», en la Escuela Graduada de Diseño de Harvard.
Es nombrado Decano del claustro de profesores de la Escuela Graduada de Diseño de Harvard y Jefe de Estudios del Departamento de Arquitectura de la misma escuela.
A partir de septiembre inicia su dedicación a la docencia, trasladándose parte del año a Cambridge (Massachusetts).

1954 Abre una oficina en Cambridge para el ejercicio privado de la arquitectura.
Trabaja con T.P.A. (Town Planning Associates) en el proyecto para un centro recreativo en Varadero (Cuba).
Conferencia: «The Visual Arts in History», en el Museo de Bellas Artes de Boston.
Propone la creación de un departamento de *diseño urbano* dentro de la Escuela Graduada de Diseño de Harvard, con un programa interdisciplinar que se beneficie de disciplinas de los departamentos existentes: Arquitectura, Paisajismo y Planeamiento regional y urbano.
Conferencia: «The Architect and the City», en el Detroit Institute of Arts.

1955 El Departamento de Estado le encarga el diseño de la Embajada de Estados Unidos en Baghdad (Irak).
Estudio para el pintor Joan Miró, en Palma de Mallorca.

1956 Asiste al último C.I.A.M. en Dubrovnik.
Reside parte del año en La Habana, donde trabaja en el plan piloto.

1957 El Presidente de la Universidad de Harvard le encarga la asesoría de una oficina de planeamiento de todo el Campus.
Durante el mismo año preside la Comisión de Planeamiento de la ciudad de Cambridge y establece un programa que frene el crecimiento territorial de la Universidad a expensas de aquella ciudad.
Conferencia: «The Architect and the City», en la Universidad de Harvard.

1958 Terminado el Plan piloto de La Habana finaliza su participación en Town Planning Associates.
Amplía su práctica privada de la arquitectura formando una corporación con Huson Jackson y Ronald Gourley, que lleva el nombre de Sert, Jackson and Gourley, con Joseph Zalewski como asociado.
Construye la Casa Sert, en Cambridge, a la que traslada definitivamente su residencia.
Su oficina desarrolla el proyecto ejecutivo del Centro de las Artes Visuales de Harvard, diseñado por Le Corbusier.
La Universidad de Harvard encarga a S. J. & G. el proyecto para el centro administrativo y sanitario de todo el Campus: el Holyoke Center.

1959 Inicia el Proyecto de la Fundación Maeght tras un cuidadoso estudio con el propio Aimé Maeght del programa para un museo vivo del arte contemporáneo.
Proyecto para las oficinas de la New England Gas and Electric Association (N.E.G.E.A.), donde se experimenta con un tipo nuevo de muro - cortina en parte traslúcido.

1960 Terminación de la Embajada de los Estados Unidos en Baghdad.
Se inicia la construcción del Centro de Estudios de las Religiones Mundiales, Universidad de Harvard.
Proyecto de casa para el pintor Georges Braque, en Saint - Paul - de - Vence

S. J. & G. recibe el encargo de diseño de un plan general para la expansión del campus central de la Universidad de Boston.
Publica con James Johnson Sweeney el libro *Antoni Gaudí*, editado por Gerd Hatje, de Stuttgart.

1961 Conferencia: «Le Corbusier and the Image of Man», en el Museo Fogg, de Harvard.

1962 Inicio del proyecto de viviendas para estudiantes casados de Harvard.
Conferencia: «On Windows and Walls», en la Escuela Graduada de Diseño de Harvard.

1963 Conferencia: «Changing Views in the Urban Environment», en el Real Instituto Británico de Arquitectos (R.I.B.A.), en Londres.
Ronald Gourley abandona la oficina que pasa a denominarse Sert, Jackson and Associates, con Paul Krueger y William Lindemueller como nuevos asociados.

1964 Terminación de las obras de las viviendas para estudiantes casados.
Inauguración de la Fundación Maeght.

1965 Terminación de las obras del Holyoke Center.
Terminación de las obras de la Universidad de Boston.
La obra de S. J. & A. se hace visible en la silueta ciudadana de Boston y Cambridge a ambos lados del río Charles.
Conferencia: «Recordando a Le Corbusier: lo que hemos perdido», en el Centro de Artes Visuales de Harvard.
S. J. & A. participa en el concurso para la Embajada norteamericana en Londres.
Las viviendas para estudiantes casados reciben el primer premio de honor del American Institute of Architects.

1966 Proyecto de zona residencial en Pittsburgh.
Proyecto para el nuevo campus de la Universidad de Guelph, Ontario (Canadá).
Proyecto «Interama» de exposición permanente para los países latinoamericanos en Miami (Florida).
Proyecto para la Escuela Regional de Bellas Artes, en Besançon (Francia).

1967 Proyecto del convento «Carmel de la Paix», en Cluny (Francia).
Construcción de una residencia de estudiantes, biblioteca central y escuela de artes y humanidades en Guelph, Canadá, en colaboración con Hancock, Little and Calvert, de Toronto.
Se publica el libro *José Luis Sert*, de Knud Bastlund, editado por Artemis, de Zurich.

1968 Primeras casas en Punta Martinet, Ibiza.
Proyecto de poblado de vacaciones en Sapphire Bay, isla de St. Thomas, en el Caribe.
Primer proyecto para las viviendas Les Escales Park, de Barcelona.
Proyecto de remodelación urbana en el área de South Station, en Boston.

1969 Sert se jubila como Decano y profesor de Harvard. Es nombrado «Profesor emeritus» y Doctor honoris causa por la misma universidad.
Proyecto de Hotel - poblado en Cala d'en Serra, Ibiza, en colaboración con Raimon Torres.

1970 Inicio del proyecto de Facultad de Ciencias de Harvard a nivel pregraduado, el *Science Center.*
Recibe el título de Doctor honoris causa por la Universidad de Boston.
Recibe la Medalla y Cátedra honorífica de Arquitectura «Thomas Jefferson», la más alta condecoración profesional de Estados Unidos.

1971 Plan general para un parque urbano en las Islas del Frioul, en Marsella (Francia).
Proyecto de oficinas en el n.º 44 de Brattle Street, en Cambridge (Massachusetts).

1972-1973 La Urban Development Corporation (U.D.C.) del estado de Nueva York encarga a S. J. & A. el primer proyecto de una serie de viviendas: East Hills, en Ithaca (Nueva York).
Primer proyecto de la Fundación Miró, en Barcelona.
Proyectos de viviendas para la U.D.C.: Roosevelt Island y Riverview, en Yonkers (Nueva York).
S. J. & A. se traslada a la 5.ª planta del edificio 44 Brattle Street.

1973 Terminación de las viviendas Les Escales Park, en Barcelona, con Anglada, Gelabert y Ribas como arquitectos colaboradores. (El proyecto es modificado sin su aprobación.)
Asiste a la exposición - homenaje a su obra organizada por el Colegio oficial de Arquitectos de Canarias, en Santa Cruz de Tenerife.

1974 Propuesta de sector piloto para la ciudad de Isfahan, Irán.
Actúa como consultor de la Oficina Project Planning Associates de Toronto,

Canadá, en el proyecto de la Universidad Rey Abdul - Aziz, para Jeddah, Arabia Saudita.

Se publica el libro *Sert: Arquitectura mediterránea,* de Maria Lluïsa Borràs, editado por Ediciones Poligrafa, S. A., de Barcelona.

Es invitado al Congreso Internacional de Arquitectura de Persépolis, Irán, organizado por el Ministerio iraní de Vivienda y Planeamiento.

En él es nombrado Presidente del Comité que prepara un borrador para un «Código Internacional del Hábitat Humano» *(Habitat Bill of Rights)* a presentar en la conferencia de las Naciones Unidas de Vancouver, en mayo - junio de 1976.

[Vancouver (May 31 - June 11 - 76)]

1975 Inauguración de la Fundació Joan Miró, en Barcelona.

Es invitado al Congreso de la Unión Internacional de Arquitectos en Madrid.

Es readmitido como miembro de pleno derecho en el Colegio Oficial de Arquitectos de Cataluña y Baleares, a petición unánime de la Asamblea del mismo.

1976 Terminación de las obras en Roosevelt Island y Riverview, en Yonkers.

Trabaja, en Barcelona, en el proyecto de «Puerta Catalana» para el área de servicio fronteriza de La Jonquera, sobre la autopista del Mediterráneo.

Se publica el libro *Arquitectura de Sert en la Fundació Miró,* con prólogo de Bruno Zevi y fotografías de Francesc Català - Roca, editado por Ediciones Poligrafa, S. A., de Barcelona.

Recibe la Medalla de Oro de la Académie d'Architecture de Francia.

Anteproyecto de nueva sede para la Caja de Ahorros de Cataluña, en Barcelona.

1977 S. J. & A. es nombrada «Oficina del año» por el American Institute of Architects.

Asiste al Congreso Nacional de Arquitectura de Medellín, Colombia, donde trabaja en la revisión del plan director elaborado por Town Planning Associates en 1949, y participa en la conferencia «Inter - Habitat» panamericana.

Biography

1902 Born in Barcelona on July 1st, into a family of textile manufacturers.

1923 Enters E.T.S.A.B., the Barcelona School of Architecture. Combines architectural studies with painting.

1927 Journey to Paris, where he acquires a copy of *Vers une architecture, Urbanisme* and other works by Le Corbusier. On his return he joins with other students in organising a protest movement against the academic bias in the School which ignores the problems of housing and community services. This group of students invites Le Corbusier and Pierre Jeannet to give a series of lectures in Barcelona.

1929 Receives the Diploma in Architecture and moves to Paris, where he works in the studio of Le Corbusier and Pierre Jeannet, contributing to the project for the League of Nations headquarters. Attends the C.I.A.M. II conference in Frankfurt. Along with Josep Torres-Clavé he contributes to the collective exhibition of modern art in the Galerias Dalmau in Barcelona with the project for a "Summer resort development on the Costa Brava".

1930 Takes part in the organisation of the Grup d'Arquitectes i Tècnics Catalans per al Progrés de l'Arquitectura Contemporania (G.A.T.C.P.A.C.).

1931 Attends the C.I.A.M. III conference in Brussels.
Galobart house.
Project for houses for artists.
House in Roselló street.
Duplex apartment building in Muntaner street.
The G.A.T.C.P.A.C. headquarters open on the 14th of April (day of the proclamation of the Republic). Works in partnership with Josep Torres-Clavé, Sixte Illescas and Joan-Baptista Subirana. Under the collective name G.A.T.C.P.A.C. they work on projects for the autonomous Government of Catalonia. The magazine *A.C.-Documents d'Activitat Contemporània* is founded.

1932 Projects for schools in Palausolitar and Avinguda Bogatell.
G.A.T.E.P.A.C. is set up in Zaragoza (on a national basis), composed of Centre, North and East groups, and immediately takes on the role of being the Spanish section of the Comité Internacional pour la Résolution des Problemes d'Architecture Contemporaine (C.I.R.P.A.C.), the executive branch of the C.I.A.M. (International Congresses on Modern Architecture).

1933 Project for collapsible houses.
Initiation of the Macià Plan for Barcelona, with Le Corbusier and Pierre Jeanneret.
C.I.A.M. IV conference in Athens.

1934 Public presentation of the Macià Plan and the Project for the Ciutat de Repòs i de Vacances in Gavà and Castelldefels, Barcelona.

1935 Weekend houses in Garraf, Barcelona.
Barcelona Central Dispensary for Tuberculosis Patients.

1936 "Casa-bloc" in Sant Andreu, Barcelona.
Studies of open-block alternatives for the blocks of the Barcelona "ensanche".

1937 Commissioned by the Government of the Republic, he and Luis Lacasa design and build the Spanish Pavilion for the International Exposition in Paris.
Contributions include works by Picasso, Miró, Calder, Alberto and Julio González.
Attends the C.I.A.M. V conference in Paris.

1938 Marries Ramona (Moncha) Longás and extends his stay in Paris, working for the C.I.A.M. on the preparation of a book which will bring together the theses put forward in the 4th and 5th congresses.
Sert's associate Josep Torres-Clavé dies at the front. The massive exodus of refugees across the border into France begins.

1939 The end of the Civil War is followed by a political purge, and Sert, along with many other professional people, is persecuted and declared "unfit to exercise his profession".
In June he arrives in the United States, making his home in New York, where he makes contact with an important colony of exiled and refugee European intellectuals.

1941 Publishes the book *Can Our Cities Survive?* with Harvard University Press, presenting the theses of the C.I.A.M. IV congress.
Sert is invited by Walter Gropius to give a series of lectures at Harvard University.

1943 Lectures at Columbia (New York), Princeton, Yale and Harvard universities.

1944 Gives classes as tutor in town planning at Yale University (New Haven).

1945 Together with Paul Lester Wiener and Paul Schulz, founds the Town Planning Associates studio.
Project for Cidade dos Motores in Brazil.

1947 Sert is named President of the C.I.A.M. at the 4th Congress in Bridgewater (Great Britain).

1948 Project for the new city of Chimbote in Peru.
Pilot plan for Lima.

1949 Attends the C.I.A.M. VII conference in Bergamo, where he presents the Project for

Chimbote.
Overall General Plan for Medellin, Colombia.
Builds a house for himself in Long Island (New York) in a remodelled coach-house.

1951 General Plan for Bogotá, in collaboration with Le Corbusier and the local planning office.
Adopts U.S. citizenship.
Plans for new cities in Venezuela (Puerto Ordaz), in the Orinoco delta and for the Pomona district of Maracaibo.
Studies for prefabricated houses and housing improvements in a tropical environment.
Attends the C.I.A.M. VIII conference in Hoddesdon.

1952 Publishes the book *The Heart of the City* with Jacqueline Tyrwhitt and Ernesto N. Rogers, published by Lund Humphries of London.

1953 Attends the C.I.A.M. IX conference in Aix-en-Provence.
Lecture on "The Scope of Architecture" in the Graduate School of Design at Harvard.
Sert is Appointed Dean of the faculty of the Graduate School of Design, and Director of Studies of the Department of Architecture, at Harvard.
From September on he devotes himself to his new role as teacher, spending part of each year in Cambridge (Massachusetts).

1954 Sets up in private practice as an architect with an office in Cambrdige.
Works with T.P.A. (Town Planning Associates) on the project for a leisure centre in Varadero (Cuba).
Lecture on "The Visual Arts in History" at the Museum of Fine Art in Boston.
Proposes the setting up of a department of *urban design* within the Graduate School of Design in Harvard, with an interdisciplinary programme which would draw on the expertise of several existing departments: Architecture, Landscape Architecture and Regional and Town Planning.
Lecture on "The Architect and the City" at the Detroit Institute of Arts.

1955 The State Department commissions Sert to design the United States embassy in Baghdad, Iraq.
Studio for the painter Joan Miró in Palma de Mallorca.

1956 Attends the last C.I.A.M. conference in Dubrovnik.
Lives for part of the year in Havana, where he works on the pilot Plan.

1957 The President of Harvard University commissions Sert to study the creation of a planning office for the entire Campus.
Chairs the Planning Commission for the city of Cambridge and establishes a programme to halt the territorial expansion of the University at the expense of the city.
Lectures on "The Architect and the City" at Harvard University.

1958 With the completion of the pilot Plan for Havana Sert ends his involvement with Town Planning Associates.
Expands his private architectural practice, forming a company with Huson Jackson and Ronald Gourley under the name Sert, Jackson and Gourley, with Joseph Zalewski as an associate.
Builds the Sert house in Cambridge, which he makes his permanent residence.
Sert's office carries out the executive project for the Harvard Center for the Visual Arts, designed by Le Corbusier.
Harvard University gives S. J. & G. the brief for the administrative and health centre for the whole Campus: the Holyoke Center.

1959 Starts work on the project for the Maeght Foundation after a detailed study, in collaboration with Aimé Maeght himself, of the programme for a living museum of contemporary art.
Project for the offices of the New England Gas and Electric Association (N.E.G.E.A.), in which Sert experiments with a new type of curtain wall which is in part translucent.

1960 Completion of the United States embassy in Baghdad.
The Harvard University Study Center for the World's Religions goes on site.
Project for a house for the painter Georges Braque in Saint-Paul-de-Vence.
S. J. & G. are asked to design the general plan for the expansion of the central campus of the University of Boston.
Gerd Hatje of Stuttgart publishes the book *Antoni Gaudí* by Sert and James Johnson Sweeney.

1961 Lecture on "Le Corbusier and the Image of Man" in the Fogg Museum in Harvard.

1962 Begins work on the project for the Harvard married students' residences.
Lectures "On Windows and Walls" at the Harvard Graduate School of Design.

1963 Lectures on "Changing Views in the Urban Environment" to the Royal Institute of British Architects in London.
Ronald Gourley leaves the office, and the name changes to Sert, Jackson and Associates, with Paul Krueger and William Lindemueller as new associate partners.

1964 Construction is completed on the married students' residences. Inauguration of the Maeght Foundation.

1965 Construction is completed on the Holyoke Center.
Completion of work on the University of Boston.
The work of S. J. & A. is a visible presence on the skylines of the cities of both Boston and Cambridge, on both banks of the Charles River.
Lecture on "Remembering Le Corbusier: what we have lost" at the Harvard Center for Visual Arts.
S. J. & A. submit an entry to the competition for the new United States embassy in London.
The married students' residences project is awarded the honorary first prize of the American Institute of Architects.

1966 Project for a residential zone in Pittsburgh.
Project for the new campus for Guelph University, Ontario, Canada.
"Interama" project for a permanent exhibition site for the Latin American countries in Miami, Florida.
Project for the Regional School of Art in Besançon, France.

1967 Project for the convent of "Carmel de la Paix" in Cluny, France. Construction of a students' residence, central library and school of arts and humanities in Guelph, Canada, in collaboration with the Toronto firm of Hancock, Little and Calvert.
The book *José Luis Sert* by Knud Bastlund is published by Artemis of Zurich.

1968 First houses at Punta Martinet, Ibiza.
Project for a holiday village at Sapphire Bay on the island of St. Thomas in the Caribbean.
First project for the Les Escales Park apartments in Barcelona. Project for the remodelling of the South Station area of Boston.

1969 Sert retires from his posts as Dean and professor at Harvard, and is named "Emeritus Professor" and Doctor "honoris causa" of the university.
Project for the hotel-apartment complex for Cala d'en Serra, Ibiza, in collaboration with Raimon Torres.

1970 Begins the project for the Faculty of Science at Harvard with the undergraduate *Science Center.*
Receives the title of Doctor "honoris causa" from the University of Boston.
Sert is awarded the Thomas Jefferson Medal and honorary Chair of Architecture, the highest professional honour of the United States.

1971 General Plan for an urban park on the Frioul islands off Marseilles, France.
Project for the office building at 44 Brattle Street, Cambridge, Massachusetts.

1972-1973 S. J. & A. are commissioned by New York State's Urban Development Corporation (U.D.C.) to taken on the first in a series of housing projects: East Hills, in Ithaca, New York.
First project for the Miró Foundation in Barcelona.
Housing projects for the U.D.C.: Roosevelt Island and Riverview, in Yonkers, New York State.
S. J. & A. move office, to the 5th floor of the building at 44 Brattle Street.

1973 Completion of the Les Escales Park apartments in Barcelona, with Anglada, Gelabert and Ribas as collaborating architects. (The project is modified without Sert's approval).
Visits the exhibition in honour of his work organised by the official College of Architects of the Canaries, in Santa Cruz de Tenerife.

1974 Scheme for the pilot sector of the city of Isfahan, Iran.
Sert is involved as consultant to the Project Planning Associates office in Toronto, Canada, on the project for the King Abdul-Aziz University in Jeddah, Saudi Arabia.
Ediciones Polígrafa, S.A., of Barcelona, publish *Sert: Arquitectura Mediterránea* by Maria Lluisa Borras.
Sert is invited to take part in the International Congress on Architecture in Persepolis, Iran, organised by the Iranian Ministry of Housing and Planning, and is elected President of the Committee sitting to prepare a draft *Habitat Bill of Rights* to present to the United Nations conference in May-June 1976.
[Vancouver (May 31 - June 11 1976)].

1975 Inauguration of the Miró Foundation, in Barcelona.
Sert is a guest at the Congress of the International Union of Architects in Madrid.
He is reinstated as a full member of the Official College of Architects of Catalonia and the Balearic Islands after a unanimous vote to that effect by the College Assembly.

1976 Completion of construction work on Roosevelt Island and Riverview, Yonkers.
Works in Barcelona on the project for the border service station at La Jonquera on the Mediterranean motorway.
Publication of the book *Arquitectura de Sert en la Fundació Miró,* with a prologue by Bruno Zevi and photographs by Francesc Català-Roca, by Ediciones Polígrafa, S.A., of Barcelona.

Receives the Gold Medal of the Academie d'Architecture de France.
Sketch design for the new head office of the Caixa d'Estalvis de Catalunya in Barcelona.

1977 S. J. & A. named "Office of the Year" by the American Institute of Architects.
Attends the National Congress on Architecture in Medellin, Colombia, where he works on the revision of the General Plan drawn up by Town Planning Associates in 1949, and takes part in the Panamerican "Inter-Habitat" conference.

Lista de fotógrafos

List of photographers

Richard H. Althoff, Greenwood Lake, New York
Ken Barton, Guelph, Ontario
René Burri-Magnum, Paris
Robert Campbell, Cambridge, Massachusetts
F. Català-Roca, Barcelona
Claude Gaspari, St. Paul (A.M.)
Gomis-Prats Photo Archive, Barcelona
Gottscho-Schleisner, Inc., New York
Robert D. Harvey Studio, Wilmington, Massachusetts
Hugo Herdeg, Erben, Zurich
David Hirsch, Brooklyn, New York
Pierre Joly - Vera Cardot, Paris
Bennett Jones, Cambridge, Massachusetts
Phokion Karas, Melrose, Massachusetts
Photo Jean Michel Kollar, Paris
Laurence Lowry, Beverly, Massachusetts
Joseph Molitor, Boston, Massachusetts
Museum of Modern Art, New York
Hans Namuth, Ibiza - Panda/Croydon, Toronto, Ontario
Louis Reens, New York
Marvin Richmond, Worcester, Massachusetts
Steve Rosenthal, Newton, Massachusetts
L.F. Webster, Pickering, Ontario